El Placer de Meditar

Título original: MEDITATION FOR THE LOVE OF IT
Traducido del inglés por Luz Monteagudo González
Diseño de portada: Editorial Sirio, S.A.

©   de la edición original
    Sally Kempton

©   de la presente edición
    EDITORIAL SIRIO, S.A.   EDITORIAL SIRIO   ED. SIRIO ARGENTINA
    C/ Rosa de los Vientos, 64   Nirvana Libros S.A. de C.V. C/ Paracas 59
    Pol. Ind. El Viso   Camino a Minas, 501   1275- Capital Federal
    29006-Málaga   Bodega nº 8,   Buenos Aires
    España   Col. Lomas de Becerra   (Argentina)
                                   Del.: Alvaro Obregón
                                   México D.F., 01280

www.editorialsirio.com
E-Mail: sirio@editorialsirio.com

I.S.B.N.: 978-84-7808-611-5
Depósito Legal: MA-2026-2012

Impreso en los talleres gráficos de Romanya/Valls
Verdaguer 1, 08786-Capellades (Barcelona)

Printed in Spain

Sally Kempton

El Placer de Meditar

editorial Sirio

Dedicado a mis alumnos

Agradecimientos

Mucho de lo que sé sobre meditación lo aprendí de Swami Muktananda y Gurumayi Chidvilasananda, a quienes estoy inmensamente agradecida.

Mi vida interior también debe mucho a la inspiración de Ramakrishna Paramahamsa, al gurú del shivaísmo de Cachemira Abhinavagupta y a su discípulo Kshemaraja, así como al sabio del siglo xx Ramana Maharshi.

Gracias a cada uno de los que leyeron este libro, tanto en sus primeros formatos como en los últimos, y me ofrecieron valiosas sugerencias, entre ellos Jonathan Shimkin, Margaret Bendet, Swami Ishwarananda, Paul Muller-Ortega, Rudy Wurlitzer, John Friend, Richard Gillet; así como a Tami Simon y Jennifer Coffee, de Sounds True, y a mi brillante editor, Haven Iverson.

Gracias a los estudiantes, cuyas preguntas y observaciones me enseñaron a comunicar con palabras verdades sutiles. Una respetuosa reverencia a mis compañeros de viaje, en especial a Ruthie Hunder, cuyo intuitivo apoyo ha sido indispensable en mi vida como profesora, y a Marc Gafni por su sabiduría y creatividad, tanto en calidad de colega como de provocador. La publicación de *El placer de meditar* no habría sido posible sin la ayuda de Michael Zimmerman: muchas gracias.

Finalmente, ahora y siempre, mis salutaciones al maestro de los maestros, Shiva Mahadeva, la guía interna que vive como Conciencia en todos nosotros y está presente dondequiera que la verdad se conozca y exprese. Y, por encima de todo, a la siempre juguetona Shakti, el amor que late en el corazón de la realidad, que se ha convertido en todo lo que es, y por cuya gracia, al final, somos liberados.

Prólogo

Una cosa que puedo decir sobre la meditación es que la practico bastante. Si la meditación es algo devocional, relacionado con centrarse en un solo pensamiento, idea o sentimiento... resulta que soy fantástica haciendo eso. ¿Quieres saber sobre qué medité esta mañana mientras paseaba con mi perro por un maravilloso bosque? Recientemente discutí con un amigo mío, y medité sobre lo injustamente que me había tratado. Con devoción, centrada, concentrada en un solo punto, reduje mi meditación a una sola palabra que resonaba incesantemente en mi cabeza: *injusto, injusto, injusto, injusto, injusto...*

Una manera estupenda y lúcida de pasar unas cuantas horas centrada.

¡Pero ésa no es mi única habilidad! A veces, me descubro perdida en esta profunda y vieja meditación: *cansada, cansada, cansada, cansada, cansada...*

Otros días es: *estresada, estresada, estresada, estresada, estresada...*

O: *tengo hambre, tengo hambre, tengo hambre, tengo hambre, tengo hambre...*

Y aunque estas meditaciones son, por supuesto, *profundamente* edificantes, después de un rato empiezas a preguntarte si tal vez no podrías hacer mejor uso de tu mente. Comienzas a cuestionarte si eso es todo lo que eres —una letanía constante de quejas, deseos, frustración y fatiga—. ¿Es así como quieres pasar el milagro de la vida humana? ¿En una ruidosa jaula mental de incesante bla-bla-bla?

Claro, yo tampoco.

Por esa razón, con los años, me he esforzado en sustituir mis arranques de meditación *accidental* por la práctica de la meditación *deliberada*; lo cual quiere decir que he luchado por aprender el arte de reemplazar el ruido mundano por una mente llena de calmado asombro. Lo que realmente quiero (lo que todos queremos, creo, en lo más profundo de nosotros) es la habilidad de elegir mis propios pensamientos, en lugar de vivir siempre en la a veces quejica, a veces rabiosa, a veces letárgica y siempre charlatana jaula de grillos de mi incontrolado cerebro humano.

Mi viaje comenzó hace unos diez años, cuando empecé a practicar *hatha yoga* a causa de un problema físico, encontrándome a mí misma extrañamente transportada por los cortos (pero poderosos) episodios de meditación guiada que seguían a cada práctica. Mi curiosidad por ese sentimiento —la absolutamente inusitada sensación de paz y bienestar que fugazmente provocaba en mí la meditación— me llevó a buscar verdaderos profesores que pudieran enseñarme a dominar esta práctica. Por fortuna, mi búsqueda me condujo a Sally Kempton, cuyos escritos sobre meditación fueron más que útiles para mí; resultaron vitales.

El maravilloso don de Sally es su profunda ausencia de pretensiones. No solo es una de las mejores profesoras de meditación del mundo, sino que también es *de los nuestros*. Es capaz de explorar sin miedo los límites externos del universo sin llegar a perder la cálida voz de tu querida amiga del barrio. Su mayor generosidad es que es honesta sobre sus propios defectos. No tiene miedo a hablar de sus propias decepciones, sus episodios de frustración cuando la meditación pierde la alegría para ella y se convierte en algo inaccesible o en una lata. Después, nos muestra cómo lo recuperó todo, cómo con tesón se hizo camino, una vez más, hacia la fuente de toda dulzura perdurable. Y, luego, nos enseña cómo nosotros también podemos llegar allí.

El carácter terrenal de Sally —su total accesibilidad— es un don sin medida en un campo de estudio en el que con frecuencia los maestros se convierten en monótonos déspotas autoritarios de un esoterismo oscuro. Dicho de una forma más sencilla, un perfeccionista protector no es precisamente lo que necesitas cuando estás aprendiendo la difícil y vibrante práctica de la meditación. No precisas a alguien que te haga sentir *peor* de lo que ya te sientes con respecto a tus naturales defectos humanos. En lugar de ello, necesitas calidez y compasión, paciencia y empatía. Y Sally tiene todo eso.

Sin olvidarnos, por supuesto, de que es una enciclopedia de profunda sabiduría. *El placer de meditar* es como un valioso mapa de carreteras que, con generosidad, te ha entregado un avezado y experimentado peregrino. Considera este libro como la más importante guía de viaje que jamás hayas encontrado, escrita por una verdadera nómada de la mente –alguien que se ha enfrentado a cada demonio, ha investigado cada puerta con trampa, y ha desenterrado cada aldea mística oculta que la Conciencia ofrece– que ahora se ofrece a mostrarte el sendero.

Sigue sus orientaciones. Siéntete cómodo con ella. Sí, incluso sigue sus consejos prácticos (los necesitarás en tu camino). Mejor aún, lleva contigo cierta dosis del espíritu de Sally Kempton –esa parte suya divertida e irresistible que reconoce que la meditación no debe ser solo un mero salvavidas, sino también una aventura, una estupenda exaltación, una emocionante revolución del Ser–. Al fin y al cabo, ¿qué otra cosa más importante podemos hacer con nuestras cortas y maravillosas vidas que transformarnos a nosotros mismos, molécula a molécula, en una experiencia de puro amor?

Acepta estas enseñanzas y observa cómo tu mente comienza a cambiar.

Y, después, observa cómo tu vida empieza a transformarse.

Como dice Sally: «Deja que la danza interna se despliegue».

¿Por qué no comenzar ahora?

Elisabeth Gilbert,
agosto de 2010

Prefacio

A prendí a meditar con un gurú indio, un maestro que adoraba la realidad como energía divina o Shakti. Era un destacado yogui con una disciplina increíble que usaba palabras abstractas como «Conocimiento», «Conciencia» y «Dios» para describir el misterio de la vida. Sin embargo, la gran lección que me enseñó fue cómo conectar con la pulsante energía que hace a la vida jugosa y deliciosa, y al mismo tiempo ser consciente de la Presencia observadora e imparcial que se hace a un lado, alejada de toda actividad. Durante los años que viví con él, y desde entonces, su ejemplo me empujó a hacer todo lo necesario para unir los dos lados de mi naturaleza —el de la devoción, la parte emocional que ama la emotiva dulzura de un corazón que se abre, y el Conocedor objetivo que contiene toda experiencia en su espaciosa conciencia—. Esa fusión de conocer y amar es lo que yo llamo *tantra* contemplativo devocional. Es lo que me inspira para meditar y lo que he tratado de transmitir en este libro.

Este modo de meditar es tántrico en el sentido de que reconoce al mundo y a nosotros mismos como un tapiz tejido de una sola energía inteligente. Es devocional porque cultiva una bondadosa atención hacia nosotros y el mundo. Es contemplativo porque pide que nos volvamos y descansemos en el espacio interior donde el ser se conoce como Conciencia pura trascendente.

15

También debo aclarar qué quiero decir cuando uso la palabra «tantra». Existen muchas escuelas de tantra, pero la tradición tántrica que yo sigo es, en esencia, una metodología, un conjunto de prácticas yóguicas con el objetivo de unirnos (yoga significa unión) con la luminosa energía del corazón de las cosas. Una premisa fundamental del tantra es que un practicante habilidoso puede usar cualquier cosa —cualquier momento, cualquier sentimiento, cualquier tipo de ejercicio— para unirse con lo divino.

El núcleo de la estrategia tántrica consiste en aprovechar y canalizar todas nuestras energías, incluso aquellas aparentemente molestas u obstructoras, en lugar de tratar de reprimirlas o eliminarlas. Cuando lo hacemos, la energía que hay en los pensamientos, en las emociones, en nuestro estado de ánimo, e incluso en los sentimientos intensos como la ira, el terror o el deseo, puede expandirse y revelar aquello que subyace a todo, el puro potencial creativo de la propia conciencia. En tantra, eso recibe el nombre de Shakti.

La Shakti, el aspecto femenino de la realidad divina (en la tradición hindú, personalizada con frecuencia como una diosa), es el pulso sutil de la potencia creativa que impregna toda experiencia. Normalmente se trata de algo tan sutil y oculto que sintonizar con la Shakti puede percibirse como si cayeran los velos de los sentidos, o como ese momento en *El mago de Oz* cuando el paisaje pasa de blanco y negro a tecnicolor. En nuestros momentos de reflexión, se puede acceder a sentir la Shakti al experimentar la fuerza de la vida que palpita en la respiración, y con frecuencia se experimenta como corrientes de energía que se mueven en el cuerpo. En las tradiciones yóguicas, esta Shakti interna recibe el nombre de *Kundalini*. Es, de un modo bastante literal, el poder que impulsa la evolución espiritual. Aunque la Kundalini presenta cientos de facetas, una de las formas más sencillas de experimentarla es como un sutil empujón energético —con frecuencia llamado «corriente de meditación»— que lleva la mente hacia el interior cuando meditamos. Muchas de las prácticas de este libro te ayudarán a llevar tu atención a esta presencia energética en la mente y el cuerpo.

También encontrarás en estas páginas algunas prácticas devocionales e invocaciones. Las ofrezco por la misma razón que las practico: porque ayudan a despertar el corazón y nos abren al amor, que es la verdadera esencia de la vida.

Introducción

Despertar a la meditación

Una tarde de verano, durante un retiro de meditación, descubrí que contengo la totalidad del universo. Sucedió de un modo bastante inesperado y repentino. Estaba sentada con los ojos cerrados en una sala con varios centenares de personas, demasiado consciente de las sensaciones de mi cuerpo y de los ligeros crujidos, toses y otros sonidos que se producían a mi alrededor. Lo siguiente que supe es que hubo una especie de implosión. La sala, con todas las sensaciones y sonidos, en lugar de estar alrededor de mí, estaba dentro de mí. Mi conciencia comenzó a aumentar hasta que pude sentir la Tierra, el cielo e incluso la galaxia dentro de mí. En ese momento, comprendí con una certeza estimulante y aterradora al mismo tiempo que solo existe una cosa en el universo, Conciencia, y que esa Conciencia soy yo.

La experiencia se desvaneció una hora después aproximadamente, pero la comprensión que obtuve de ella nunca se ha ido.

En aquella época, llevaba un par de años en un intrincado sendero espiritual. Como tantos otros, comencé a meditar no porque ansiara la iluminación, sino porque pasaba por una leve crisis vital y esperaba que la meditación me ayudara a sentirme mejor. Vivía en Nueva York, escribía para *Esquire*, *New York Magazine* y *Village Voice*, llevaba la vida que mi educación humanista de izquierdas había predispuesto para mí y me enorgullecía de mi estilo urbano bohemio. A nivel externo, estaba bien.

Tenía una propuesta de una importante editorial, un nuevo novio —de quien estaba convencida que era el amor de mi vida—, un apartamento de arrendamiento protegido... y un estado crónico de inquietud y ligera desesperación que nunca se iba. Ya había explorado el matrimonio, la política, las relaciones amorosas, la psicoterapia y los frutos del dinero sin llegar a descubrir un antídoto para mi pequeño dolor emocional. La meditación me atrajo porque me pareció un modo de llegar a la raíz de mí misma. Incluso en aquella época, en que la meditación todavía se consideraba una actividad para santurrones, *hippies* y otros excéntricos, se creía que era un buen método para calmar la mente.

Resulta que mi nuevo novio era un avezado turista en el circuito espiritual y me animó a seguir un programa de tres meses dirigido por un maestro boliviano llamado Óscar Ichazo. El programa prometía la iluminación —algo que no se produjo, al menos en mi caso—. Sin embargo, me enfrentó a algunos demonios internos que había hecho todo lo posible por ignorar. También me hizo enamorarme de la sabiduría yóguica y del delicado poder de la comunidad espiritual. Además de conocer algunas de las trampas de mi ego, comencé a anhelar una experiencia interior.

Por tanto, cuando llegué a aquel retiro de verano, estaba preparada para dejar que la meditación me transformara. Esa era la razón por la que había acudido: el retiro iba a ser dirigido por un reconocido maestro espiritual de la India, famoso por ser capaz de abrir la profundidad meditativa en los demás.

Tras esa expansión de la conciencia, entablé una nueva relación conmigo misma y con mi mundo interior.

Abrí los ojos a un mundo que centelleaba de amor y significado, y estaba convencida de que había encontrado la respuesta a todo lo que quería en la vida. Al igual que la expansión de mi conciencia, el éxtasis tampoco duró; pero, del mismo modo que esa expansión, lo cambió todo. El maestro de meditación en cuya presencia había surgido esa experiencia se convirtió en mi gurú —el profesor cuyas enseñanzas y orientaciones guiarían mi práctica en los años siguientes—. Y la meditación se convirtió en mi camino.

KUNDALINI Y MEDITACIÓN

Lo que sucedió aquella tarde fue un despertar de la *kundalini Shakti*, la energía interna que casi todas las tradiciones esotéricas reconocen como la fuerza que hay detrás de la transformación espiritual. La kundalini (literalmente «energía enrollada», llamada así porque cuando la energía está inactiva se dice que está «enrollada») puede ser despertada de varias formas: a través de posturas de yoga, empleando la meditación o, como sucedió aquella tarde, mediante la transmisión de energía de un maestro cuya propia kundalini está activa. El despertar de la kundalini puede ser sutil o espectacular, pero, siempre que se produce, lleva la energía del Espíritu al primer plano de nuestras vidas, cambiando nuestras prioridades y estimulando nuestros recursos ocultos de amor, entendimiento y comprensión.

El poder de la kundalini se despliega cuando meditamos. La energía despertada nos lleva a estados meditativos y comienza a mostrarnos los senderos de nuestro terreno interior, incluso mientras prepara cuerpo y mente para un nuevo nivel de delicadeza y de conciencia. Con el tiempo, la kundalini transforma nuestra visión hasta que vemos el mundo tal como es: no como algo difícil, agitado e irrevocablemente «otro», sino lleno de una única energía amorosa que nos conecta con los demás y con todo cuanto existe.

Los efectos de este despertar sobre mi vida han sido extensos y numerosos. Principalmente, cambió mi sentido de ser. Una vez vista aquella inmensidad, por muy atrapada que pueda estar en mis pensamientos, emociones o planes, una parte de mí siempre sabe que contengo una realidad que está más allá de todo eso; que, en verdad, «Yo» soy Conciencia expansiva. Con el paso del tiempo, he llegado a poder medir mis progresos espirituales por lo alineada que estoy con esa percepción inicial, por lo firmemente que puedo identificarme con la Conciencia, en lugar de con la persona que pienso que soy.

Ha sido un camino con muchos desvíos y curvas muy cerradas. Y sí, poco a poco, el alineamiento llega. He meditado a diario durante casi cuarenta años, y, aunque no sucedió todo de golpe, he logrado entrar en el espacio de la Conciencia expandida al menos un rato cada día. Con el tiempo, la meditación ha trabajado poco a poco mi sentimiento de ser únicamente esta persona física, definida por mi historia, mi apariencia, mi inteligencia, mis opiniones y mis emociones. La meditación me enseñó a identificarme —de una forma precaria al principio, y después más firmemente— con la parte más sutil de mí misma, con ese campo de amplitud que se halla más allá de los pensamientos, con la tierna energía de mi corazón. Con el pulso de la amplitud pura que surge cuando los pensamientos amainan. Con el amor.

Desde el principio, sentarse en meditación ha sido la manera más fiable que conozco de tocar la ternura del Ser puro, algo que he guardado como un tesoro. Desde luego, mi historia de amor con la meditación ha sido como la de cualquier relación que se desarrolla: ha tenido sus altos y sus bajos, sus temporadas fértiles y las aparentemente estériles. Los estados meditativos, al fin y al cabo, llegan de forma espontánea y natural. A su debido tiempo y a su manera, se revelan los dones de la kundalini que se despliega. He entrado espontáneamente en estados meditativos mientras caminaba, escribía o estaba sentada en una reunión. También he tenido semanas en las que no he podido entrar en absoluto en el ancho de banda de la meditación. Esta a menudo es sorprendente, y, desde luego, no puede forzarse.

Pero tampoco puede enfocarse de un modo pasivo, lo cual constituye el tema de este libro. El esfuerzo que se requiere del meditador es bastante sutil, es una cuestión de sintonización y conciencia. Aprendemos sobre esta sintonización gradualmente, y a través de la meditación. Afortunadamente, mucho de lo que aprendemos puede compartirse y, tras haber trabajado durante años con estudiantes, impartiendo clases y retiros de meditación, he descubierto que muchas de las actitudes y prácticas que me han resultado de ayuda también son útiles para los demás. Este libro se desarrolló como una ofrenda a otros meditadores comprometidos. Es una forma de compartir ciertos principios y actitudes que la meditación me ha enseñado, y que parecen funcionar no solo para mí, sino también para los demás.

El principio más importante que debe comprenderse en relación con la meditación es el siguiente: meditamos para conocernos a nosotros mismos. Con frecuencia vemos la meditación como una práctica o un proceso; sin embargo, la meditación también es una relación. Si es un proceso, es el proceso de entablar una relación de amor con tu propia Conciencia. En el *Bhagavad Gita*, Krishna le define así la meditación a su discípulo Arjuna: «*Dhyanen atmani pashyanti*» («En meditación, el Ser [la Conciencia pura, que es nuestra naturaleza esencial] es visto»).[1] Esto suena como una afirmación demasiado sencilla, pero, a medida que meditamos, nos damos cuenta de que conocer al Ser está muy lejos de resultar algo sencillo. ¿Qué «Ser» encontramos cuando meditamos? El Ser más elevado, con toda seguridad, el *atman*, como lo llaman los sabios hindúes, la Conciencia luminosa que está más allá de la mente discursiva. Sin embargo, también encontramos muchos otros aspectos de nosotros mismos, incluyendo aquellas partes que parecen dificultar la experiencia de nuestra esencia. Una de las bendiciones de la meditación es que, si nos permitimos comprometernos totalmente con ella, no solo llegamos a ver todo eso, sino que también aprendemos a atravesarlo con amor. En este acto diario de sumergirse en nuestro mundo interior, las partes separadas de

> ¡El espíritu está tan cerca que no puedes verlo! Pero échale la mano... No seas como el jinete que galopa toda la noche y nunca ve el caballo que está debajo de él.
>
> RUMI[2]

nosotros mismos se unen. Los cabos sueltos de nuestra personalidad se funden con nuestra conciencia y nos volvemos completos.

Por supuesto, este nivel de transformación no sucede de un día para otro. Ahí es donde a menudo nos confundimos. Muchos de nosotros, al principio, abordamos la meditación de una forma bastante ingenua. Albergamos expectativas, ideas y suposiciones. Por ejemplo, a veces imaginamos que una buena meditación es una especie de luna de miel prolongada en la que vagamos por campos de éxtasis y flotamos en profundos lagos de paz. Pero si nuestra relación con el mundo interior se vuelve problemática, aburrida o más íntima de lo que habíamos previsto, nos sentimos frustrados, decepcionados o incluso avergonzados. Podemos llegar a la conclusión de que realmente no se nos da tan bien la meditación, y ese es con frecuencia el punto en que la abandonamos.

Nos sentiríamos mucho mejor si nos diéramos cuenta de que la meditación es como otra relación íntima: requiere práctica, compromiso y una profunda tolerancia. Del mismo modo que nuestros encuentros con otras personas pueden ser maravillosos, pero también es posible que provoquen miedo, sean desconcertantes o incluso irritantes, nuestros encuentros con el Ser tienen sus propios humores y sabores. Como cualquier otra relación, esta también cambia con el tiempo. Y es mejor cuando se emprende con amor.

CAPÍTULO 1

El atractivo de la meditación

La meditación no es algo para lo que se necesite un talento especial, como el que se necesita para las matemáticas o el arte. La única clave para profundizar en la meditación es *querer* ir hacia dentro. Cuanto más anhelas el sabor del mundo interior, más fácil resulta meditar. En sánscrito, ese deseo recibe el nombre de *mumukshutva*, el deseo de libertad que se produce con el conocimiento del Ser. Ese deseo no tiene que ser enorme al principio. Incluso una pequeña chispa de interés es suficiente, porque el mundo interior ya anhela abrirse a ti. Una vez que tu energía meditativa se ha despertado, sigue latiendo dentro, en los huesos. Te envía señales continuamente, te susurra: «¡Estoy aquí! ¡Conóceme! ¡Soy tu guía! ¡Tengo tantas cosas que enseñarte sobre ti...!». Esa es la razón por la cual, en el momento en que te interesas de verdad en conocer a tu Ser, al entrar en el campo de tu propia Conciencia el mundo interior comienza a revelarse a sí mismo. No puede evitarlo. Vive para hacer eso.

El problema es que no siempre estamos interesados en la meditación. Muchos, si llegamos a meditar, lo hacemos porque sabemos que es bueno para nosotros. Tal vez forma parte de nuestro proyecto de mejora personal o se trata de una estrategia que utilizamos para mantener

23

el estrés controlado. Poco después de que este libro comenzara a tomar forma, una amiga se quejaba de su práctica meditativa. Decía que se había vuelto monótona. No captaba su interés profundamente. De hecho, no disfrutaba demasiado con la meditación. Por su tono pude ver que, como practicante espiritual seria que era, se sentía ligeramente avergonzada de esto. Por tanto, le pregunté:

—¿Qué es, para ti, lo mejor de la meditación?

Lo pensó un minuto y, después, dijo:

—Es mi terapia. Cuando me siento, normalmente estoy llena de agitación interior, preocupada por algo o simplemente repleta de negatividad. Repito mi mantra durante quince o veinte minutos, y cuando me levanto, mi mente está en calma. Me siento tranquila. Puedo continuar con mi jornada. —Después añadió:— Sé que tengo que hacerlo todos los días; si no lo hago, mi mente me vuelve loca.

Mi amiga obtiene algo importante de su práctica. De hecho, experimenta uno de los mayores dones de la meditación: su poder para aclarar la mente. Sin embargo, como eso es todo lo que quiere de ella, se levanta de la meditación justo en el momento en que la verdadera dulzura de su interior podría empezar a revelarse. Es precisamente en el momento en que la mente se calma cuando podemos empezar a percibir la amplitud de nuestro ser, el amor interno. Si, además de apreciar las virtudes terapéuticas de la meditación, mi amiga meditara con el propósito de entrar en sí misma, se quedaría meditando un poco más y profundizaría más en su interior.

Quienes parecen obtener más de sus prácticas son los que simplemente *disfrutan* del acto de meditar. Eso no significa necesariamente que tengan experiencias extraordinarias. En absoluto. Muchos juran que jamás han visto una luz, ni tenido una visión, ni sentido que sus pensamientos se disolvieran en el espacio. Sin embargo, si los escuchas cuando hablan de sus prácticas, te das cuenta de que, en todo momento, saborean la riqueza de su experiencia meditativa.

Cuando abordas la meditación con interés, el simple momento de sentarse se convierte en un disfrute en sí mismo. Escuchas el susurro de tu respiración, te recreas en el pulso del mantra —una palabra meditativa— mientras desciende por las diferentes capas de tu conciencia y disfrutas de la tranquilidad que surge, de las imágenes errantes que revolotean en el espacio interior y del paso gradual a una mente más tranquila. Cada momento, tanto si es espectacular como aparentemente aburrido, puede estar lleno de fascinación. Estás contigo mismo. Estás con Dios. Tu meditación es una entrada en la cueva del corazón, en la cueva del espíritu.

Por otra parte, si ves la meditación como una obligación, o si la abordas con impaciencia y rígidas expectativas de tener una *experiencia* y te sientes aburrido o te enfadas contigo mismo cuando tu mente no se calma de inmediato, te sales de tu relación con la meditación. Esto es así porque la meditación puede ser todo menos un acto mecánico. Al ver tu experiencia interna como algo aburrido, al sentirte desanimado cuando no se despliega como crees que debería hacerlo y te dices a ti mismo: «De todas formas, no soy bueno meditando», es como si rechazaras tu energía interna, tu Shakti. Del mismo modo que un amigo se muestra frío contigo cuando te distancias de él, la Shakti, que hace que tu meditación sea dinámica, se vuelve elusiva cuando la ignoras. Pero dará un salto para encontrarse contigo una vez que comiences a esperarla con amor.

De modo que uno de los secretos para profundizar en nuestra meditación es descubrir cómo despertar nuestro amor por ella y mantenerlo vivo, incluso cuando nuestra experiencia es sutil y aparentemente aburrida.

Tómate unos minutos para analizar tu propia relación con la meditación. ¿Cómo te sientes con respecto a ella? ¿Disfrutas de ella? ¿La abordas como una obligación o de forma metódica? ¿Te sorprende alguna vez? Si eres nuevo en la meditación, ¿no sabes por dónde empezar? ¿Te preguntas si lo estás haciendo «bien»? ¿Qué significa la meditación para ti? También puedes preguntarte cómo te sientes con relación al Ser que experimentas en meditación. ¿Qué relación tienes con ese Ser?

LA MEDITACIÓN COMO JUEGO

A muchos de nosotros nos gustaría amar nuestra meditación. Queremos que sea una delicia para nosotros, una fuente de alegría. Para que eso se produzca, resulta de gran ayuda dejar de preocuparse sobre si tu meditación es «buena» o no. La verdad es que eso de la «buena» o «mala» meditación no existe. Lo único que existe es tu conciencia interna que se despliega y tu relación con el Ser. No necesitas preocuparte con cuestiones como «¿y si desperdicio esta sesión?», «¿y si hago algo mal?», «¿y si pierdo el tiempo?». En lugar de eso, puedes contemplar la meditación como un experimento o, mejor aún, como un juego contigo mismo, como una exploración. Puedes darte permiso para ser creativo. Por ejemplo, cuando te sientes a meditar, puedes preguntarte: «¿Qué sucederá si respiro con el sentimiento de que estoy siendo respirado por el universo?». En ese caso, podrías intentarlo y percibir los resultados. Podrías preguntarte: «¿Qué ocurriría si este tiempo de meditación lo dedico únicamente a ser testigo de mis pensamientos?», e intentar hacer eso.

> *La verdadera práctica [de la meditación] es sentarse como si bebieras agua cuando tienes sed.*
>
> SHUNRYU SUZUKI[1]

Tal vez sientas el impulso de trabajar con algunas formas clásicas de autoindagación, como «¿quién soy?», y después dedicar la hora de meditación a percibir qué sucede con tu sentido de identidad. Quizá pienses: «Me gustaría tener un sentimiento más devocional en la meditación», y después desees pasar unos minutos dedicados a la plegaria o invocando la gracia con alguna forma imaginativa de adoración interna, como ofrecerle flores al altar de tu corazón. O puedes decidir «Hoy solo voy a pedir gracia y ver a dónde me lleva la corriente de la meditación», y después rendirte a la experiencia que te llegue. Puedes permitirte ser lúdico en tu forma de abordar tus sesiones de meditación.

Permiso para jugar

Llevaba ya años meditando cuando comencé a darme cuenta de que la meditación me ofrece sus mayores riquezas cuando me doy permiso para jugar. Sucedió en una época en la que me había distanciado seriamente de la práctica meditativa. Irónicamente, por entonces, yo era *swami*, monja renunciante, y profesora en una orden de monjes de la India. Sin embargo, al igual que muchas personas que viven en comunidades espirituales, había hecho del trabajo y el servicio –tradicionalmente llamado *karma yoga*– mis principales prácticas. Aunque en años anteriores había meditado con intensidad –y, de forma experimental, probado diferentes enfoques y técnicas–, en determinado momento mi meditación se quedó anclada en cierta rutina. Tenía mis modos habituales de sentarme y centrarme, y rara vez pensaba en ir más allá de ellos. No se me pasaba por la cabeza considerar mi experiencia con la meditación o trabajar sobre mi práctica. En lugar de eso, la tomaba como venía, disfrutando de los momentos de contacto con mi Ser más profundo. Cuando esos momentos no llegaban, me sentaba igualmente durante mi hora diaria, con la esperanza de que la kundalini, de algún modo, me hiciera avanzar. En verdad, la meditación se había convertido en un acto casi inconsciente —algo que hacía a diario y que daba por hecho, como comer o dormir.

Un día me encontré a mí misma evaluando mi práctica. Lo que descubrí me sorprendió. Llevaba veinte años meditando. Había experimentado muchos cambios positivos en mi carácter, y mi mente se había vuelto más tranquila, aguda y despierta. Mis emociones eran menos rebeldes. Sentía una ecuanimidad que nunca había sentido antes. Era más feliz.

Sin embargo, hacía ya tiempo que había empezado a profundizar en la meditación. Normalmente mis pensamientos permanecían allí, subyaciendo a todo. Por lo general mi conciencia se quedaba en la superficie de sí misma. De hecho, pasé mucho tiempo a la deriva por los reinos del pensamiento y la ensoñación.

Era, sin duda, momento de hacer una revaluación. Así que comencé por hacerme algunas preguntas básicas:

- ¿Por qué medito?
- ¿Cuál es mi verdadera meta en la meditación?
- ¿Qué me gusta de la práctica de la meditación?
- ¿Qué siento que necesito mejorar o cambiar?
- ¿Estaría dispuesta a vivir con mi nivel actual de experiencia interior los próximos diez años?

Las respuestas que me surgieron fueron un poco desconcertantes. Lo primero que comprendí era que la superficialidad de mi meditación era un síntoma de la pérdida de claridad con respecto a mi meta. Si me hubieras preguntado qué quería de la meditación, te habría contestado con mucha facilidad: «La realización mi verdadero Ser», pero en realidad no vivía como si la realización del Ser fuera una meta real. En lugar de eso, utilizaba mis prácticas espirituales como tiritas, o quizá como tónicos: técnicas nutritivas que empleaba para mantenerme en funcionamiento.

¿QUÉ QUIERES REALMENTE DE LA MEDITACIÓN?

En el proceso de descubrimiento, preguntarte qué quieres realmente de la meditación es el primer paso clave para construir o reconstruir tu práctica. En mi caso, las respuestas me llegaron con un poder sorprendente. Me di cuenta de que quería libertad. Deseaba terminar con la ansiedad, los anhelos y el miedo que creaban tanto sufrimiento innecesario en mi vida. Quería que la meditación me llevara más allá de las neurosis, apegos, creencias y miedos que todavía plagaban mi mundo interior. Y anhelaba que la meditación fuera lo que había sido cuando la descubrí por primera vez: dinámica y atractiva, un encuentro que abordaba con amor y emoción sin importar lo que sucediera.

> Prende fuego al Ser interior mediante la práctica de la meditación. Emborráchate con el vino del amor divino. De ese modo alcanzarás la perfección.
>
> SHVETASHVATARA UPANISHAD[2]

En ese punto me detuve y me recordé a mí misma que la meditación no puede ser siempre divertida. La meditación también es un proceso de purificación, me dije, así que habrá días en los que sentarse sea, de algún modo, aburrido e incluso doloroso —rodillas doloridas, largos lapsos de tiempo en los que solo intercepto pensamientos...—. Si continuaba insistiendo en que la meditación fuera divertida todo el tiempo, no duraría mucho meditando. No sería capaz de mantener el esfuerzo diario que se necesita para sentarse cada mañana y evitar que la mente deambule.

«Pero ¡espera un minuto! —me dije—. No seas tan puritana. Incluso si no siempre es divertida, la meditación tiene que atraerme de algún modo, tiene que interesarme y crearme ilusiones para la siguiente sesión. En caso contrario, ¿por qué tendría que hacerlo?». Está muy bien decir que meditamos para convertirnos en personas mejores o para darnos a nosotros mismos recursos internos que nos permitan vivir con compasión o ser mejores padres, escritores o banqueros. Desde luego, esas son razones importantes para meditar. «Sin embargo —pensé—, los sabios que en un principio me hicieron entrar en el sendero espiritual —Ramakrishna, Ramana Maharshi, Kabir, Muktananda— me atrajeron por la alegría de su búsqueda, por su asombro ante la experiencia del mundo interior». Había, de hecho, una promesa: que la meditación fuera dinámica, abriera algo no visto ni oído, me sorprendiera y ampliara mis sentidos a un nuevo nivel de conciencia. Eso sería gozoso. Realmente, deseaba alegría en mi meditación.

Con esto en mente, decidí retomar la práctica de la meditación como si fuera una principiante. De modo que abordé mi práctica diaria como un experimento. Decidí que me permitiría trabajar con mi meditación de un modo abierto, sin buscar resultados específicos. No esperaría nada cuando me sentara. Simplemente contemplaría el tiempo que pasaba en meditación como un tiempo de aprendizaje, como un tiempo para estar con mi propia conciencia y las enseñanzas básicas de mi tradición. Vería qué había allí. También decidí meditar con un sentido de diversión. En otras palabras, me daría permiso para introducir un elemento de ligereza y espontaneidad en mi meditación. Me permitiría jugar. De hecho, cada vez que me sentaba en meditación, conscientemente me recordaba a mí misma: «Está bien ser juguetona».

> *La bondad infinita tiene unos brazos tan grandes que acoge a quien se vuelve hacia ella.*
>
> DANTE ALIGHIERI[3]

Estas dos estrategias —ver la meditación como un experimento y darme permiso para jugar— resultaron ser cruciales para el proceso que tuvo lugar a continuación. Primero, me ayudaron a desoír mi voz crítica interior, el observador sentencioso interno que a menudo planeaba sobre mis hombros para señalarme los errores de mi práctica. Lo segundo fue que la actitud experimental me liberó de la tendencia a convertir la meditación en una rutina. El miedo a meditar de forma «errónea» o simplemente desperdiciar mi tiempo me había llevado a convertir algunas técnicas, que supuestamente eran útiles orientaciones, en reglas incuestionables que bloqueaban mi intuición y mi imaginación. Darme cuenta de que estaba bien jugar con la meditación liberó brotes de tensión, de forma que pude comenzar a ver qué había de verdad allí cuando cerraba los ojos y dirigía mi atención hacia dentro.

La primera instrucción con la que comencé a jugar provenía de Ramana Maharshi, uno de mis primeros héroes. Sus palabras eran: «Al tomar al Ser como objetivo de tu atención, debes conocerlo profundamente en tu corazón». Centrarse en el Ser —la Conciencia subyacente tras toda experiencia— era la parte crucial de la ecuación. Pero siempre encontré la segunda parte de la ecuación de Ramana igualmente esencial.

Por supuesto, pensaba que «conocía» al Ser interior. Incluso tenía formas habituales de dirigirme al corazón. Pero aquella mañana en particular, decidí llevar mi atención hacia dentro. No trabajar con una técnica en concreto, sino simplemente sentarme con la atención dirigida hacia dentro, en el terreno de mi propio corazón interior.

EJERCICIO: EXPLORAR EL CORAZÓN INTERIOR

Tal vez te gustaría intentar lo siguiente. Cierra los ojos y deja que tu atención vaya gradualmente hacia el centro interno situado detrás del esternón, a unos centímetros a la derecha del corazón físico. Puedes empezar por centrarte en la parte delantera del esternón, a unos ocho dedos por debajo del hueso en forma de U que se halla en la base de la garganta. Después, imagina una plomada que cae justo por detrás de las fosas nasales hasta el centro del pecho, detrás de ese punto del esternón. Deja que el aire entre y salga en ese punto. Percibe y siente la energía que hay allí, en el cuerpo interior, detrás del esternón. Sin juicios, nota cómo sientes la energía en ese centro del corazón. Podrá parecerte suave o espinosa, emotiva o dura. De momento, deja que la inspiración fluya desde las fosas nasales hasta el centro del corazón y regrese desde el corazón antes de salir por las fosas nasales.

EL CAMPO DE TU CONCIENCIA

Cuando nos volvemos a la energía del centro del corazón, podemos experimentarlo de diferentes maneras. Algunas veces, en especial al principio, afloran emociones —amor, tristeza, incluso ira—. Si nos centramos en la energía que hay en ellas, en lugar de hacerlo en el contenido, las emociones que encontramos comienzan a fundirse y su energía nos lleva a un lugar más profundo. En otros momentos, podemos ver colores o simplemente tener sensaciones energéticas. Aquel día, me centré en las sensaciones de energía en el campo de mi corazón. Dejé que mi atención retrocediera y «entrara» en el campo de energía. Me permití permanecer con ello, tal como estaba. Mientras me encontraba sentada en ese campo de energía, me di cuenta de que lo observaba como si fuera algo externo a mí. Comencé a preguntarme qué sucedería si, en lugar de mantenerme fuera del campo de mi corazón-energía, intentaba entrar activamente en él. ¿Me llevaría eso a un lugar más profundo de mi mundo interior?

En ese punto, hice algo que resulta bastante difícil de describir: entré en el campo. Lo hice imaginándome una abertura en el espacio del corazón y proyectando mi atención a través de ella, como si estuviera entrando en la energía del corazón. Cuando hice esto, el corazón pareció expandirse. Fui consciente de un espacio aparentemente interminable detrás de él. Comencé a «moverme» a través de él —no con el cuerpo, desde luego, sino con la atención.

Tras unos minutos de viaje por ese campo interior, me descubrí a mí misma en un profundo espacio del corazón. Lo llamo así porque, cuando estaba en él, me sentía anclada en mí misma: tranquila, reconfortada y llena de ternura amorosa —todos ellos son sentimientos que asocio con el corazón—. Mi mente estaba bastante despierta y, de vez en cuando, me enviaba un pensamiento o una pregunta. Pero yo permanecía profundamente sumergida en ese espacio del corazón.

Comencé a explorarlo, a sentir sus cualidades y sus sutiles atributos. Podía sentir una pulsación, una onda sutil de movimiento, una resonancia, y, al centrarme en la pulsación, se abrió más. Cada vez que lo hacía, me llevaba a una sensación de amor más profunda. Tenía también una cualidad luminosa. Era como estar dentro de un cristal suave, profundamente transparente y brillante.

A partir de entonces, mis meditaciones se convirtieron en exploraciones del campo de mi corazón interior, de ese mundo de sensaciones sutiles, amor y claridad. Cuando más entraba en él, más sutil se hacía, y el truco para profundizar en la experiencia (al menos para mí) era seguir avanzando en ese campo de energía.

A veces el campo de luminosidad adoptaba colores o se convertía en un paisaje. Con frecuencia se quedaba en una experiencia energética, una sensación sutil de que me tocaba desde dentro una energía amorosa, una presencia que se movía y fluía, a veces de forma ligera y sutil, y otras con una intensidad emocionante.

EL AMADO INTERIOR

Tras unos cuantos meses con este tipo de práctica, fui consciente de una Presencia amorosa y escurridiza dentro de mi campo. Había algo intensamente personal en esa Presencia, como si me hubieran presentado a un amante interior, el Amado del que los santos sufíes hablan tan apasionadamente. Él (en aquella época me refería a esa Presencia como «él», aunque obviamente no era masculina ni femenina) parecía llamarme desde dentro a ciertas horas del día —alrededor del mediodía y a última hora de la tarde—. La llamada tomaba la forma de una sensación de presión en el corazón. Mi atención era arrastrada hacia dentro de una forma tan poderosa que resultaba doloroso resistirme. Si me encontraba en una reunión o de paseo cuando venía esa fuerza, me sentía irritada porque resistir el empuje interno de meditar era tan incómodo como tratar de resistir los retortijones de hambre o la necesidad de dormir; se trataba de algo muy físico e intenso. Si estaba sentada a mi mesa de trabajo, me veía casi forzada a abandonar lo que hacía, cerrar los ojos y correr por los pasillos de la conciencia en dirección a esa Presencia.

> Hay un Ser Secreto dentro de nosotros. Los planetas de todas las galaxias pasan por sus manos como abalorios.
>
> KABIR[4]

Mis meditaciones de la tarde y noche se convirtieron en una serie de encuentros sucesivos con esa Presencia interna. Era escurridiza, siempre estaba ligeramente fuera de mi alcance; sin embargo, en todo momento me rodeaba con un manto de amor que, dependiendo del día, vibraba con fuerza o con suavidad. Los días en que me rendía completamente a la llamada y me sentaba hasta que salía espontáneamente de la meditación, los encuentros con el Amado eran tan fascinantes, extáticos y sutilmente deliciosos que su luminiscencia invadía toda la jornada. Me descubría a mí misma viendo belleza y dulzura oculta en personas a las que hasta entonces había ignorado o que me resultaban irritantes, como si viera a través de los ojos de mi Amado interno. Había días en los que me sentía literalmente intoxicada de ternura.

Durante varios meses, mis horarios me permitieron sentarme en meditación más de una hora por la mañana y por la tarde. Descubrí, no obstante, que tenía que convertir la meditación en una de mis prioridades. En caso contrario, una resistencia —casi una resistencia a la intimidad del encuentro— me tentaba a leer, a caminar o a llenar esas horas con actividades. Pero descubrí que, si mantenía mi práctica con firmeza, el proceso de profundización permanecía también firme, y que, cuando no respetaba esa llamada interna, se creaba una especie de distancia, una barrera energética que me dificultaba entrar en el espacio del corazón la vez siguiente.

El encuentro con el Amado interno es uno de los frutos más atrayentes de la meditación, aunque la conciencia puede abrirse de muchas formas diferentes cuando te sientas. A través de estos viajes, llegué a darme cuenta de que el mundo interno está lleno de esa Presencia amorosa —y creo que tú también lo descubrirás cuando emprendas tus propios viajes internos en el sutil campo de tu propia conciencia—. Un secreto para encontrar esa Presencia amorosa en ti es prestarle una atención persistente y tierna a la energía que se presenta cuando meditas. Es una forma de atención suave, una disposición relajada, pero también calculada, de estar totalmente presente en ti mismo, de prestarle atención a la sustancia energética de tu propia mente, en lugar de a su contenido. Percibes con ternura aquello que surge —un pensamiento, una imagen, una emoción (incluso si es dura o dolorosa)— mientras te abres paso en la meditación. Sin embargo, no te quedas anclado en su contenido, en su «historia». En lugar de eso, permaneces con la sensación de la energía. La Presencia es un estado de sensación, y surge cuando abordamos nuestro mundo interior con la intención de percibir y sentir nuestro camino a sus misterios.

LOS FRUTOS DE LA PRÁCTICA PROFUNDA

El proceso que he descrito —cuestionar mis actitudes en relación con la práctica, experimentar con la meditación de una forma lúdica, abordar mi práctica no como una tarea, sino como una forma de estar presente conmigo misma— cambió mi experiencia de la meditación, y también cambiará la tuya. De un modo más misterioso, transformará tu relación contigo mismo. Pasados solo unos meses de esta exploración, tenía más confianza en mí misma. Sentía una solidez interna y una determinación bastante nuevas en mí. En lugar de sentirme confusa sobre mi verdad y necesitar la aprobación de los demás para poder aceptar la validez e importancia de mis propias comprensiones, comencé a confiar

en que mis experiencias internas, mis sentimientos intuitivos y mis reacciones eran guías válidas para actuar. Mis amigos me decían que me había vuelto más espontánea y más «real» en mis relaciones. Y, lo que es más, me desprendí de profundas capas de vergüenza y de la sensación de poca valía. Todo esto era –y continúa siendo– el resultado de haber entrado en relación directa con mi propia Shakti, con la energía sutil de mi interior. Una de las principales enseñanzas de las tradiciones yóguicas es que nuestros miedos, dudas y sufrimientos surgen de la ignorancia de nuestra naturaleza real y quedan arrasados con el conocimiento del Ser. Durante años he tenido la sensación de experimentar esto directamente –la experiencia de que una hora de inmersión en mi propia mente expandida, o unos momentos de reconocimiento del juego de mi propia energía profunda en el movimiento de los pensamientos, podía cambiar mi comportamiento y mis relaciones.

> Usa tu propia luz y regresa a la fuente de la luz. Esto se llama practicar la eternidad.
>
> LAO-TZU[5]

La meditación es la base de todo el trabajo interno. Podemos luchar conscientemente para cambiar nuestras condiciones limitadoras; podemos saturarnos de instrucciones y ayudas, tanto concretas como sutiles. Sin embargo, al final, es el encuentro directo y desnudo con nuestra propia Conciencia lo que cambia nuestra comprensión de lo que somos y nos da el poder de permanecer con firmeza en el centro de nuestro Ser. Nadie puede hacer por nosotros que eso suceda. La meditación lo logra.

Para hacer uso de los principios y prácticas que vienen a continuación, no necesitas obligarte a meditar varias horas en cada sesión. Lo que necesitas es continuidad en tu práctica, incluso si al principio solo es de quince o veinte minutos diarios. El acto de sentarse cada día con la clara intención de explorar tu Ser interior dará comienzo al proceso. Después, mientras aprendes a prestarles atención a las señales internas, sabrás cuándo es el momento de comenzar a meditar durante periodos más prolongados. Es tu intención, tu sentido de tener una meta, lo que hace que incluso una meditación corta sea poderosa y te permita entrar en tu núcleo.

Te sugiero que pruebes con los ejercicios de los diferentes capítulos mientras lees. Puedes hacerlo de varias formas. Tal vez desees leer primero todo el capítulo y, después, volver a él y practicar los ejercicios. O puedes dejar de leer cuando te encuentres con un ejercicio y probarlo una o dos veces. Muchos de ellos, en especial los de los primeros capítulos, han sido diseñados para ayudarte a asimilar algunos de los principios básicos de la meditación. Practicar el ejercicio puede hacer que el concepto cobre vida. Tal vez también desees tener un diario o cuaderno a tu lado mientras lees para poder registrar cualquier percepción o cambio interno que surja cuando lo practiques. De esta forma, leer este libro puede convertirse en un experimento de meditación y contemplación, así como en una exploración de tu mundo interior. Mi deseo es que esta exploración te aporte revelaciones y gozo; eso te ayudará a abrirte más profundamente a ti mismo y a la grandeza que hay en tu interior.

> *El mundo de las cualidades se vuelve verde y se seca, pero Kabir medita sobre el Ser que es la esencia del mundo.*
>
> KABIR[6]

CAPÍTULO 2

¿Cómo experimentamos el Ser interior?

P ara muchas personas, el primer avance importante en la meditación llega cuando comienzan a contemplar sus metas. Hasta entonces, con frecuencia es un proceso bastante caótico. Cerramos los ojos, seguimos las instrucciones que nos han dado y esperamos que suceda algo. Nos preguntamos si lo hacemos bien. ¿La meditación correcta implica pegarse como una lapa al punto en el que nos centramos? ¿Es el enfoque lo que produce resultados? ¿O es la experiencia deseada algo que simplemente se supone que tiene que «ocurrir», que sucede por su cuenta? Algunos de los meditadores más entregados que he conocido han perdido meses, incluso años, preguntándose qué deberían buscar o hacer para que surja el estado meditativo. Cuando no tenemos una idea de hacia dónde vamos, con frecuencia terminamos en una especie de trance o ensueño.

> *Aquel que buscas es el que te mira.*
>
> San Francisco de Asís[1]

Existe una leyenda sobre Roy Riegels, un centrocampista de fútbol americano de la Universidad de California, del equipo Rose Bowl de 1929, que llevó el balón en dirección contraria por el campo y fue placado cuando casi había alcanzado el área de su propio equipo. La historia nos dice que Riegels era un magnífico jugador, pero, por supuesto, sus habilidades no le sirvieron de nada cuando empezó a correr en dirección opuesta.

Del mismo modo, por muy serio que seas con la meditación, no te ayudará no saber hacia dónde te diriges. De manera que, incluso si estás comenzando tu aventura en la meditación, es muy importante que comprendas tu meta.

La meta definitiva en meditación, desde luego, es experimentar la total emergencia de tu Conciencia pura, el estado interior de luminosidad, amor y sabiduría que las tradiciones hindúes llaman el «Ser interior», el «verdadero Ser» o el «Corazón» (un budista lo llamaría la «naturaleza Buda» o «Gran Mente»; y un cristiano, «Espíritu»). De hecho, deseamos algo más que simplemente experimentar ese estado. Queremos darnos cuenta de que somos eso —no solo un cuerpo o una personalidad, sino Conciencia pura—. Según este parámetro, una buena meditación es aquella en la que entramos en el Ser, aunque solo sea un momento. Nuestra intención de comprender y experimentar el Ser le proporciona sentido de dirección a nuestra conciencia. Es como apuntar con una flecha. Sin embargo, aunque apuntemos nuestra atención hacia el Ser, necesitamos recordar que *somos* el Ser. Como dijo Ramana Maharshi: «Conocer al Ser significa ser el Ser».[2] Cuando olvidamos esto —que el Ser no solo es nuestra meta, sino también quienes somos realmente—, inevitablemente nos quedamos atrapados en una de las incontables carreteras secundarias del mundo interior.

La más común de estas carreteras es el ensueño —caer en las embrolladas esferas de pensamientos e imágenes—. Te sientas a meditar y terminas atrapado en un hilo de pensamientos irrelevantes que te lleva de asociación en asociación: «¿Quién era aquel cantante de *blues*? Estaba ciego, era de las Bahamas. Creo que se llamaba John. No, Joseph. Seguro que Jonathan sabe quién es. Se titulaba *I gonna live that life I sing about in my song*. ¿Cómo se llamaba la mujer de Jonathan? ¿Rachel? ¿Roberta? ¿Cuántos hijos tenían?...».

Perderse en los pensamientos no es la única manera de distraerse. Conozco a personas que tienen meditaciones sorprendentemente dinámicas: cascadas de luz, hermosas visiones, momentos de percepción extraordinarios —expansiones de la mente en la amplitud absoluta—. Sin embargo, su práctica no parece cambiar la relación que tienen consigo mismas, ni les ayuda a cambiar la base de su vida. Esto es así porque contemplan su meditación como un espectáculo de luces, un entretenimiento o una especie de logro. No buscan su base, el Ser, su propia esencia, en el movimiento dentro de la meditación. Por esa razón, a pesar de los regalos que reciben en la meditación, no sienten que han profundizado. No notan paz. No experimentan satisfacción.

> *El ojo a través del cual veo a Dios es el mismo ojo a través del que Dios me ve. Mi ojo y el ojo de Dios son un solo ojo, una sola visión, un solo conocimiento, un solo amor.*
>
> MEISTER ECKHART[3]

De modo que, para empezar tu práctica meditativa, sé claro con respecto a tu meta. Comienza a buscar, a identificar y a *identificarte* con tu esencia.

IDENTIFICAR AL SER

Como hemos visto, el gran secreto sobre el Ser, el Dios interior, es que eres tú. Ramana Maharshi solía decir: «Sé como eres. Ve quién eres y permanece como el Ser».[4] Este es el conocimiento que todos los maestros espirituales iluminados, desde Shankara-charya hasta Meister Eckhart o Bodhidharma, han compartido. No tienes que entrar en un estado alterado de conciencia para experimentarlo; todo lo que necesitas es ser consciente de esa parte de ti que ve y conoce. Cuando entras en contacto con tu Conocedor interno, aunque solo sea durante un segundo, entras en contacto con tu esencia.

> *Incluso cuando una persona dice «yo soy», «esto es mío», etc., este pensamiento va al «Yo» absoluto, que no depende de ningún apoyo. Cuando contempla eso, obtiene la paz permanente.*
>
> VIJNANA BHAIRAVA[5]

La forma más sencilla que tengo de comprender esto consiste en verme como si estuviera compuesta de dos aspectos diferentes: una parte que cambia, crece y envejece; y una parte a la que no le sucede eso. La parte cambiante de mí —la del cuerpo, la mente y la personalidad— tiene un aspecto muy diferente al que tenía con trece años, cuando jugaba al escondite con los niños del vecindario en Princeton, Nueva Jersey. Sus ocupaciones y preocupaciones han cambiado radicalmente desde entonces. No solo ha adoptado todo tipo de roles diferentes durante los años —estudiante, periodista, buscadora espiritual, discípula, monja, profesora—, sino que también ha adoptado varias docenas de roles internos. Por tanto, esta parte cambiante tiene varias personalidades externas y apariencias secretas. Existen aspectos de la personalidad que parecen antiguos y sabios, y otros que parecen impulsivos, poco desarrollados y alocados. Estos asumen también diferentes actitudes. Hay una enorme imparcialidad, así como una gran capacidad para la confusión emocional, frivolidad y profundidad, compasión y egoísmo. Hay, en resumen, numerosas características internas que habitan en nuestra conciencia, cada una con su propio conjunto de patrones de pensamientos y emociones, y con su propia voz.

> *¿Quién es ese que sabe cuándo la mente está llena de ira o de amor? ¿Quién es ese que está despierto cuando dormimos? ¿Quién es ese que sabe que dormimos y nos informa sobre nuestros sueños? Tenemos que meditar en Ese que es testigo de todo.*
>
> SWAMI MUKTANANDA[6]

Sin embargo, entre todos estos diferentes, y a veces conflictivos, roles externos y personajes internos, hay algo que permanece constante: la conciencia que los mantiene. Esa es la parte del Ser que no cambia. La conciencia de tu propia existencia es la misma en este momento que la de cuando tenías dos años. Esa conciencia de ser es profundamente impersonal. No tiene planes. No favorece a una personalidad por encima de otra, sino que mira a través de ellas como si fueran diferentes ventanas, pero nunca está limitada por ellas. A veces experimentamos esa conciencia como un observador imparcial —el testigo de nuestros pensamientos y acciones—. Otras, simplemente, la experimentamos como la sensación de ser: existimos y sentimos que existimos. El autor anónimo de *Orientación privada*, un texto cristiano del siglo XIV, la describe como «la conciencia desnuda, cruda y elemental de que eres como eres».[7] En el shivaísmo de Cachemira recibe el nombre de *purno'ham vimarsha*, «la Conciencia pura de que yo soy», el «Yo» verdadero que está libre del cuerpo y continúa existiendo incluso tras la muerte.

Cuando te centras en tu interior y llegas a conocer esa conciencia, esta se convierte en la puerta a tu Conciencia más profunda o Conciencia. (Para evitar confusiones, la c inicial en la palabra «conciencia» está en mayúscula cuando se refiere a la Conciencia pura o absoluta. Se escribe en minúscula cuando se alude a la conciencia en el sentido psicológico común, como ser consciente de algo o como sinónimo de la psique humana con sus facultades de percepción, cognición, sensación y voluntad.)

EJERCICIO: SER CONSCIENTE DE LA CONCIENCIA

Siéntate cómodamente con la espalda recta, pero relajada, y los ojos cerrados. Dedica unos instantes a escuchar los sonidos de la habitación. Después, lleva la atención a tu cuerpo. Nota cómo lo sientes sentado en esa postura. Sé consciente de las sensaciones de los muslos sobre el asiento, de cómo sientes el aire sobre la piel y la ropa sobre el cuerpo. Nota si este siente frío o calor. Ahora, fíjate en las sensaciones que experimentas dentro de tu organismo. Tal vez eres consciente del ruido del estómago. Tal vez percibas sensaciones de contracción o relajación en los músculos.

Sé consciente de tu respiración –la sensación del aire al entrar en las fosas nasales, el ligero frescor cuando entra y la leve calidez cuando sale.

Sé consciente de lo que sucede en tu mente. Observa los pensamientos e imágenes que se mueven por tu pantalla interna. Percibe los sentimientos profundos, las emociones, cualquier ruido mental que surja. No trates de cambiar nada de esto. Simplemente, mantenlo en tu conciencia.

Ahora, dirige tu atención a la propia Conciencia. Sé consciente de tu propia Conciencia, el conocimiento que te deja percibir todo esto, la amplitud interna que mantiene unidos las sensaciones, los sentimientos y los pensamientos que constituyen tu experiencia de este momento. Centra tu atención en tu propia Conciencia, como si le prestaras atención a la propia atención. Permítete ser esa Conciencia.

Si continúas explorando la Conciencia en la meditación, esta emergerá más y con mayor claridad. Los pensamientos y otras sensaciones se retirarán gradualmente y comenzarás a experimentar, tranquilo y sin embargo fluido, el campo de la Conciencia pura, que es tu terreno subyacente. Con el tiempo, la Conciencia, que en un principio solo se percibía por instantes, se revelará como una enorme extensión del Ser. «No se necesitan palabras para ver dentro de la realidad. Simplemente sé y Eso es»,[8] decía Rumi.

> Hay algo más allá de nuestra mente, que soporta en silencio dentro de nuestra mente. Es el misterio supremo más allá del pensamiento. Dejemos que la mente y el espíritu se apoyen en Eso, y no en otra cosa.
>
> KENA UPANISHAD[9]

Según la mayoría de las principales tradiciones espirituales de Oriente, nuestra conciencia/energía interna es, de hecho, una forma limitada y contraída de la gran Conciencia/energía que subyace, crea y mantiene a todas las cosas. Los Upanishads la llaman *Brahman*, la Vastedad. Los sabios del shivaísmo de Cachemira, *Chiti* (Conciencia universal), *Paramashiva* (Auspicio supremo), *Parama Chaitanya* (Conciencia suprema) o *Paramatma* (Ser supremo). El gran filósofo shivaíta Abhinavagupta la denominaba *Hridaya*, el Corazón. Y los físicos de la actualidad, campo cuántico. En el budismo recibe el nombre de *Dharmakaya*, el «cuerpo» de la Verdad. Y, por supuesto, también es conocida como Dios.

En su forma original y expandida, esa vasta inteligencia creativa comprende y subyace a todo. En un individuo es la materia de la mente (en sánscrito, *chitta*) que forma el fondo de nuestros pensamientos, percepciones y sentimientos. El shivaísmo de Cachemira, que describe detalladamente las diferentes etapas por las que pasa esta inteligencia creativa en su proceso de convertirse en el mundo material, tiene una simple fórmula final para ello: «La Conciencia suprema (*chiti*), al descender de su estado de completa libertad y poder, se convierte en la conciencia de un ser humano (*chitta*) cuando comienza a contraerse en la forma de los objetos de percepción». En otras palabras, en el momento en que empezamos a centrarnos en objetos —incluyendo pensamientos, sentimientos, sensaciones e ideas—, perdemos el contacto con la vastedad subyacente que reside en nuestro interior. Y como esos pensamientos, sentimientos, sensaciones y percepciones llenan nuestra conciencia durante casi todos los momentos de nuestra existencia, no es extraño que solo percibamos en raras ocasiones el océano de Conciencia de nuestro interior.

Hace unos años, una amiga tuvo un accidente de tráfico. Salió disparada del coche. Mientras estaba tirada en el asfalto, se descubrió a sí misma en un estado sutil de conciencia que, aunque era nuevo para ella, le resultaba extrañamente familiar. Se sentía sin cuerpo, aunque muy segura, alegre y libre. Durante lo que le pareció mucho tiempo, se limitó a descansar en un amplio espacio de amor. Después, tan despacio como una hormiga que camina por el cristal de una ventana, las palabras comenzaron a deslizarse por su mente: «Me... pregunto... si... pensarán... que... fue... culpa... mía».

En el momento en que percibió ese pensamiento con claridad, ya había regresado a su cuerpo, a su supuesto estado normal, y sintió las magulladuras. Entendió que había experimentado el modo en que los contenidos de la mente limitan la Conciencia.

No solo los pensamientos la limitan. El simple acto de percibir algo como un objeto separado contrae la Conciencia, como también lo hacen los patrones de energía creados en nuestro interior por los deseos, las emociones que estos comportan y las ondas que erigen los sueños y las fantasías. En resumen, todo aquello que coagula la energía sutil de la mente o la convierte en olas y rizos, impidiendo que permanezca firme y en calma, colabora a la hora de ocultar la luminosidad y transparencia de nuestra Conciencia interna.

El trabajo de la meditación consiste en persuadir a la mente de que se libere de las percepciones e ideas que la mantienen atrapada, de forma que pueda expandirse y revelarse a sí misma tal como es. Como una vasta Conciencia creativa. Pura luz y éxtasis. Un océano de paz y poder. El Ser.

¿QUÉ ES EL SER? O DESCRIBIR LO INDESCRIPTIBLE

La palabra «Ser», tal como es utilizada en la mayoría de las traducciones de los filósofos hindúes, hace referencia al término sánscrito *atman*, que a veces también se traduce como «sí mismo». Esta es, de hecho, una buena palabra para describir algo silencioso, sin forma y, esencialmente, inaprensible —algo que no tiene el aspecto del universo sensorial y solo puede conocerse mediante la experiencia directa—. La ausencia de forma tampoco tiene nombre. De modo que los sabios la llamaron *atma* (Sí mismo) o *tat* (Eso). Los sabios de la tradición védica que habitaban en los bosques —cuyas enseñanzas, recogidas en los Upanishads, son la base del cuerpo filosófico espiritual de la India– trataron de describir lo indescriptible mediante el lenguaje del símil, la analogía y la metáfora. Imágenes como estas sugieren la experiencia del Ser puro:

Como el aceite en las semillas de sésamo, como el ghee* en la mantequilla, el Ser está dentro de la mente.
El Ser es aquello que hace que la mente piense; sin embargo, no puede ser pensado por la mente.
Aquello que brilla a través de todos los sentidos, pero está fuera de los sentidos.

Cualquiera de estas declaraciones, si reflexionas sobre ellas, puede darte un sentimiento del Ser, de la Conciencia pura. El aceite y el *ghee* son elementos sutiles que han sido extraídos respectivamente de la semilla y la mantequilla en bruto, del mismo modo que la Conciencia pura que es el Ser es una esencia sutil que necesitamos descubrir dentro de la sustancia empañada de la mente. El Ser da poder a la mente y a los sentidos para que puedan pensar o percibir. Sin embargo, como el Ser da poder al pensamiento, tu mente ordinaria no puede llegar a él, del mismo modo que una marioneta no puede percibir a la persona que maneja los hilos. Cuando buscas al Ser, lo que en realidad buscas es aquello que está buscando. Los maestros zen se deleitan al describir la imposibilidad de ver al Ser con nuestra percepción ordinaria. «Es como un ojo que examina a un ojo», escribió un maestro japonés.

Aunque el Ser es indescriptible, los sabios encontraron varias formas de describir sus características para que podamos comenzar a reconocerlas. Una de las cosas más importantes que aclararon es que el Ser, *atman*, no es lo mismo que el ego personal y empírico. No es el «yo» que se identifica con el cuerpo y la personalidad, que crea barreras y establece límites y que siempre nos dice dónde termina el «Yo» y el «fuera» empieza.

Una forma de saber que experimentas el ego y no el Ser es que el primero (*ahamkara* en sánscrito) siempre se experimenta a sí mismo en comparación con los demás. El ego nunca se siente totalmente igual a los demás: ve a los otros por encima o por debajo de él; mejores o peores,

---

* N. de la T.: Mantequilla a la que se le ha extraído la materia grasa.

como amigos o enemigos potenciales. El Ser, por su parte, simplemente es. El Ser lo ve todo y a todos como iguales.

El ego mantiene con el Ser la misma relación que la bombilla con la corriente eléctrica que pasa a través de ella. La bombilla parece que da luz de manera independiente, pero, en realidad, no es así. Solo se trata de un contenedor. La verdadera fuente de iluminación es la corriente eléctrica que la atraviesa.

> No, mi corazón no duerme. Está despierto, despierto. Ni duerme ni sueña; mira, los claros ojos abiertos, señas lejanas y escucha a orillas del gran silencio.
>
> ANTONIO MACHADO[10]

Del mismo modo, es el Ser el que le da energía al ego y le permite realizar su función de hacerte pensar que las barreras que establece son tu yo real. El ego es un instrumento útil. Si no fuera por él, no tendríamos la sensación de ser seres individuales. El ego nos dice quiénes somos en el sentido limitado y mundano: de dónde viene el cuerpo, qué edad tiene, qué nos gusta y qué nos disgusta. Por tanto, no siempre es algo malo, ni un enemigo que haya que eliminar. Simplemente es limitado –y limitante–. Para sumergirse totalmente en el Ser, para experimentarlo tal como es –Conciencia generalizada y totalmente impersonal que está conectada a todo y no tiene límites–, necesitas ir más allá de los mensajes restringidos del ego. Una vez que abandonas la tendencia a identificarte con tu cuerpo, mente y emociones, te experimentas a ti mismo de forma natural como amplitud, como puro Ser, como alegría, como Conciencia, como luz –de hecho, como cualquiera de todas las formas en que el Ser puede manifestarse a sí mismo–. Según los sabios de la tradición Vedanta, el Ser tiene tres cualidades básicas: es *sat,* es decir, siempre existe y es permanentemente real; es *chit*, es decir, consciente de sí mismo y de todo los demás, y es *ananda*, es decir, alegre.

El Ser siempre está presente

Al contrario que el ego, que va y viene, se infla y se desinfla dependiendo de su posición con respecto a otros egos, el Ser nunca va a ningún lado. Es la parte de nosotros que jamás cambia. Todo lo demás en tu vida se modifica y se transforma. Tu cuerpo crece y después envejece. Engordas y después adelgazas. Las circunstancias de tu vida cambian, a veces de forma alarmante. Tu personalidad es objeto de extrañas transformaciones y discontinuidad. Pero, a través de todo esto, el hilo del Ser permanece constante. Está presente cuando duermes y sueñas, como la Conciencia que recuerda tus sueños. También está presente durante el sueño profundo, aunque de esto la mayoría no somos conscientes hasta que avanzamos considerablemente en la meditación. Cuando estás despierto, desde luego, el Ser está presente como la conciencia que te permite experimentar tu vida. De hecho, este es el gran secreto liberador del Ser: te provee de un contexto para toda la experiencia de tu vida, el hilo en que se ensartan los abalorios de tus pensamientos, experiencias y percepciones.

Aunque es más fácil experimentar la pureza de la Conciencia cuando la mente se halla en calma, el Ser no se va cuando la mente está llena de pensamientos. De hecho, él es la fuente de esos pensamientos: todos tus pensamientos y emociones surgen y se hunden en la misma materia de la Conciencia. Tanto si estás feliz como triste, agitado o tranquilo, el Ser, como tu campo interior de Conciencia, subyace a todos esos sentimientos y los contiene.

Esto significa que en cualquier momento, incluso en mitad del pensamiento, puedes entrar en el Ser. Como dijo Kabir, el poeta y santo del siglo xv: «Dondequiera que estés, ahí se encuentra el punto de entrada». Este es uno de los secretos que revela cualquier tradición espiritual auténtica. Aunque hay muchas técnicas que pueden ayudarnos a entrar en meditación, la verdad final es que el Ser está tan presente en nuestra experiencia ordinaria que podemos entrar en contacto con él solo con centrarnos en el intervalo entre respiración y respiración, o entre un pensamiento y otro. La minúscula pausa en el flujo de la respiración o de los pensamientos se abre en la inmensidad de la Conciencia, en lo que, en sánscrito, recibe el nombre de *madhya* (punto medio), el centro, el espacio interior donde experimentamos nuestra conexión con el Todo.

Tradicionalmente, la forma de entrar en el *madhya*, el espacio del corazón, es a través de las instrucciones y la gracia de un maestro espiritual autorrealizado. Como esos maestros viven en contacto permanente con ese espacio interior, no solo pueden indicarnos dónde encontrarlo, sino que también pueden abrir la puerta interna que lo revela. Esa es la razón por la que seguir las instrucciones de esos maestros puede ser algo tan revolucionario: las instrucciones contienen un poder sutil con capacidad para hacer que se cumplan.

En cierta ocasión, cuando meditaba con un maestro, me dio la siguiente instrucción: «Medita en el espacio del que surge tu mantra y en el que se hunde». Intrigada, comencé a buscar el pequeño hueco en el flujo de las palabras que repetía, el espacio al final de la última sílaba del mantra y antes de la primera. ¿Realmente salía el mantra de ese espacio en la mente? Mientras «miraba», me centraba y trataba de sentir el espacio entre las repeticiones del mantra, sentí que caía, como Alicia por la madriguera del conejo, en un espacio enorme. Todavía podía sentir mi cuerpo, pero ya no parecía estar confinada en él. En lugar de eso, «Yo» rodeaba al cuerpo y, de alguna forma, lo contenía. Mis pensamientos y emociones también estaban dentro de mi Conciencia. En ese estado era imposible que me tomara en serio mi mente pequeña y ansiosa. No había duda de que toda esa extensión de calma era mi yo real.

Ese estado duró varios días. Mientras permanecí en él, lo sentí todo de manera diferente, en especial al estar con otras personas. Por lo general, en las situaciones sociales solía sentir una ligera alienación e inseguridad, una especie de ligera incomodidad. En aquel estado, ese sentimiento ya no estaba. Me sentía a gusto, flexible, tierna y segura de mí misma de una manera totalmente nueva. Literalmente, sentía que estaba en mi propio centro.

¿Qué había sucedido? Había entrado en el espacio de la Conciencia pura, la experiencia base del Ser. La instrucción había abierto la puerta, y seguirla me permitió atravesarla.

El Ser es Consciente

EJERCICIO: CENTRARSE EN EL ESPACIO ENTRE LOS PENSAMIENTOS

Este ejercicio resulta más fácil con un pensamiento tipo mantra –un pensamiento positivo que puedas repetir una y otra vez– que con otro que se produzca al azar. Usaremos el pensamiento tipo mantra «Yo soy», pero siéntete libre para sustituirlo por cualquier otro pensamiento corto y positivo o por el mantra que utilizas normalmente.

Cierra los ojos y préstale atención a tu respiración, siguiendo el flujo del aire durante unos minutos para permitir que la mente se calme. Comienza a repetir en silencio la frase «Yo soy». (Resiste el impulso de añadir algo al final de la frase, como tu nombre.) Cuando la hayas repetido unas cuantas veces, empieza a centrarte en el lugar de la mente donde la palabra «soy» se apaga. Percibe la diminuta pausa que hay allí, el hueco. Mientras las palabras «Yo soy» surgen de nuevo, trata de ver, sin forzar nada, si puedes permanecer atento a esa pausa. Comienza a sentir cómo las palabras surgen y se hunden en ese espacio de la mente. Permítete centrarte en ese espacio, en lugar de hacerlo en el contenido de la mente. Tu mente puede detenerse allí; en ese caso, descansa en la pausa durante el tiempo que dure esta.

El Ser impregna nuestra experiencia de la misma forma que la luz impregna la habitación donde estás sentado. Si te pidieran que describieras la habitación, ¿qué dirías? Tal vez mencionarías los muebles, el color de las paredes, los objetos situados sobre la mesa, incluso las lámparas. Pero ¿mencionarías la luz de la habitación? ¿Llegarías incluso a fijarte en ella? Sin embargo, puedes ver la habitación y su contenido únicamente gracias a que la luz está presente. De la misma forma, el eternamente presente Ser nos da nuestra sensación de ser, es él lo que nos permite experimentarlo todo. El Ser es la pantalla sobre la que experimentamos nuestra vida interna y externa. Es lo que hace posible que veamos, conozcamos y experimentemos. El *Kena Upanishad* afirma que el Ser «brilla a través de la mente y los sentidos», lo cual es una forma poética de decir que es su poder lo que permite que la mente y los sentidos funcionen. De manera que el eternamente consciente Ser es lo que nos hace conscientes. En esencia, es luz.

En los momentos en que nuestra visión interna se vuelve lo suficientemente pura como para dejarnos ver a través de las capas de escombros psíquicos que espesan nuestra conciencia

> *Aquello que no puede expresarse en palabras, pero mediante el cual la lengua habla –conocido como el Absoluto–. Aquello que la mente no conoce, pero mediante el cual la mente conoce –conocido como el Absoluto.*
>
> Kena Upanishad[11]

y la vuelven opaca, nos damos cuenta de que todo está hecho de luz. Entendemos que somos luz, que el mundo es luz y que la luz es la esencia de todo. Esta es la razón por la que las experiencias de muchas personas de tocar el Ser son experiencias de luz – visiones, luminosidad interna o una claridad profunda y cristalina.

Sin embargo, hay otras formas de experimentar la luminosidad del Ser. También se revela como nuestra capacidad de conocer, de ser conscientes y de experimentar. No tienes que ver la luz interna para sentir cómo el Ser ilumina la experiencia; solo has de darte cuenta de qué es lo que te permite saber cosas. El «conocimiento» en tu mente está separado de los pensamientos. En otras palabras, no es el proceso de pensamiento lo que te permite conocer lo que experimentas –los pensamientos son parte de lo que puedes ver o conocer–. Si puedes conocer algo, eso significa que tú no eres eso. Está fuera de ti. Puedes ser testigo de tu mano –de ese modo sabes que no eres tu mano–. Del mismo modo, eres testigo de tus pensamientos. Por tanto, una forma de localizar al Ser es tratar de ser consciente de la parte de ti que observa tu experiencia, la parte de ti que siempre es testigo de tu cuerpo, emociones y pensamientos.

Una manera sencilla e inmediata de hacer esto es imaginar que observas tu cuerpo desde todos los ángulos, como si tuvieras una conciencia de 360 grados.

EJERCICIO: CONCIENCIA DE 360 GRADOS

Cierra los ojos y realiza tres respiraciones profundas y lentas. Después, lleva la atención detrás de tu cuerpo, de forma que puedas verlo desde todos los ángulos –desde arriba, abajo, delante y detrás–. Nota el cambio que se produce en la perspectiva. Mira si puedes situarte como el testigo observador de tu cuerpo desde todos los ángulos.

Ahora, todavía con esa perspectiva, pregúntate: «¿Quién o qué es testigo de mi cuerpo? ¿Quién o qué es testigo de mis pensamientos?». No trates de responder la pregunta con palabras. En lugar de eso, deja que tu atención se dirija hacia la sensación que surge en respuesta a la pregunta.

Muchas personas, cuando prueban alguna versión de este ejercicio, perciben una amplia Presencia que con frecuencia parece estar localizada en algún lugar por encima y por detrás de la cabeza.

Si te centras durante un rato en esa Presencia observadora, puedes ser consciente de otra Presencia observadora justo más allá de ella. Puedes continuar centrándote en el testigo del testigo del testigo casi indefinidamente, sin llegar a comprenderlo por completo. Por tanto, ahora, en lugar de tratar de *encontrar* al observador, ten la sensación de que tú *eres* el observador. Si lo haces durante un tiempo, tarde o temprano notarás un cambio en tu estado. Los pensamientos pasan al fondo y la Conciencia que conoce se sitúa en el primer plano. Puedes experimentar una sensación de enorme claridad y libertad, como si las paredes lineales que normalmente contraen tu conciencia hubieran caído, dejándote suelto en un estado de amplitud potencialmente infinita, e infinitamente relajado, infinitamente en paz, silencioso y consciente. Habrás pasado a la experiencia de lo que podríamos llamar el «Conocedor absoluto», la Conciencia pura que no cambia ni se escabulle, la Conciencia que no solo lo conoce todo, sino que también se conoce a sí misma. Estarás meditando sobre aquello que siempre está meditando sobre ti: la conciencia frente a la Conciencia, la conciencia meditando sobre la Conciencia, el *aham vimarsha* o «Yo me experimento a mí mismo».

El Ser es alegre

El tercer aspecto del Ser es *ananda*, o alegría. El aspecto *ananda* del Ser abarca diferentes tipos de experiencias, como amor, dicha o éxtasis. *Ananda* también es la fuente de la verdadera creatividad: el impulso de hacer algo —de hacer cualquier cosa— proviene de nuestra alegría, entusiasmo y deleite innatos. Abhinavagupta, el brillante filósofo del shivaísmo de Cachemira, explicaba cómo el mundo entero surge del deleite divino, denominado *ananda chalita Shakti*. El *Taittiriya Upanishad* dice: «Todas las cosas nacen de la dicha, viven en la dicha y se disuelven en la dicha».[12]

Ésta es una enseñanza básica de la sabiduría tradicional hindú. Una de las primeras cosas que leemos o escuchamos cuando comenzamos a ser conscientes de esta visión de la vida es que nuestras experiencias de felicidad son posibles solo porque la felicidad ya está en nosotros. En resumen, no es la otra persona, el maravilloso ambiente, la película o el tiramisú lo que crea la alegría. Todo eso puede *desencadenarla*, pero la alegría es algo intrínseco en nosotros. De hecho, el placer que experimentamos a través de los sentidos es, literalmente, una sombra de la alegría que tenemos en nuestro interior.

> *¿Quién podría vivir, quién podría respirar si ese Ser dichoso no morara en el corazón? ¡Eso es lo que da alegría!*
>
> TAITTIRIYA UPANISHAD[13]

La profunda alegría llamada «la dicha del Ser» tiene el mismo parecido con nuestros estados ordinarios de placer que una pantera con un gatito siamés. Se trata de la misma felicidad, es verdad, pero es infinitamente más satisfactoria, poderosa y emocionante. Y, lo que es más, nos produce una sensación de realización. En lugar de excitar la mente y crear un anhelo de más, la experiencia del *ananda* se siente como algo completo. Esta es la razón por la cual el *ananda* del Ser es autosuficiente: no va y viene en función de las circunstancias de nuestra vida. Una vez que aprendemos a sacar la pura dicha que hay en nuestro interior, a menudo esta se apresura a salir por sí misma, sin necesidad de un estímulo sensorial que la desencadene. *Ananda* está ahí cuando las cosas nos van bien. Y también está ahí cuando las cosas se desbaratan.

La experiencia de *ananda* permitió a san Juan de la Cruz escribir una poesía sublime cuando vivía en una celda demasiado pequeña para acostarse. Le dio al sufí Mansur al'Hallaj la habilidad de reírse cuando lo estaban ejecutando. Muchas personas descubren ese puro *ananda* cuando la kundalini se despierta. «¡Oh, ahora entiendo qué querían decir cuando hablaban de dicha!», me indican con frecuencia al describirme cómo han vislumbrado por primera vez esa felicidad subyacente.

La experiencia de esa alegría profunda, que se vuelve todavía más profunda con nuestra práctica meditativa, es uno de los regalos supremos del viaje espiritual. A pesar de que en Occidente tenemos una rara tendencia a desconfiar de la alegría por considerarla, de alguna forma, frívola, lo cierto es que los místicos cristianos, así como los profetas musulmanes y también los sabios de las tradiciones místicas de la India, contemplaban la alegría del amor divino como una experiencia interna cumbre. El amor es en sí mismo la meta más elevada de la meditación, porque el propio tejido del Absoluto es amor. El amor que sientes —cualquier tipo de amor— es, en su esencia, amor divino. Si quieres ser teísta respecto a esto, el amor es lo que Dios siente. Es también la esencia de todo, el terreno interno de nuestra experiencia.

Todo aquel que se encuentra en el camino hacia la realidad final llega, en algún momento, a descubrir esto. Aunque las diferentes tradiciones le dan diferentes nombres y atributos, la mayoría están de acuerdo en que la naturaleza de la realidad final es amor o dicha.

> *Es mi naturaleza la que me hace amarte frecuentemente, porque yo soy el amor en sí mismo. Es mi anhelo el que me hace amarte intensamente, porque yo ansío ser amado desde el corazón. Es mi eternidad la que me hace amarte durante tanto tiempo, porque no tengo fin.*
>
> MECHTHILD OF MAGDEBURG[14]

Como la alegría y el amor son intrínsecos al Ser, los sabios nos dicen que podemos llegar a la experiencia de la alegría expansiva del Ser a través de la puerta de nuestros sentimientos ordinarios de alegría y afecto. Todos tenemos momentos de alegría espontánea en nuestra vida, y, tanto si somos conscientes de ello como si no, estos momentos nos ofrecen profundos y significativos vislumbres de nuestra verdad más profunda. La clave consiste en separar la experiencia de felicidad de su desencadenante externo. Si crees que estar con Joan es lo que te hace feliz, la buscarás con la expectativa de sentirte bien —¡a pesar de que puedes ser consciente de que estar con Joan no siempre te hace sentirte así!—. Sin embargo, si puedes entrar en el momento de alegría o felicidad inmediatas, el momento en que sientes amor, y *mantener el sentimiento sin apegarte a la persona o sensación que ha podido desencadenarlo*, en ese caso el sentimiento puede expandirse y te permitirá entrar en el Ser.

El Vijnana Bhairava, considerado uno de los textos clave sobre meditación en el tantra hindú, es un compendio de técnicas para entrar en el Ser puro a través del sendero de nuestra experiencia ordinaria. El siguiente ejercicio está basado en un verso de este texto.

EJERCICIO: CENTRARSE EN UNA EXPERIENCIA DE AMOR

Cierra los ojos. Céntrate en tu respiración siguiendo el aire durante unos momentos para permitir que tu mente se calme. Después, piensa en alguien por quien sientas amor o a quien hayas amado en el pasado. Imagina que estás con esa persona. Visualízala ante ti o a tu lado. Para anclarte en la memoria, puedes hacerte consciente del escenario o fijarte en la ropa que lleva esa persona. Permítete sentir amor por ella. Ábrete al sentimiento. Una vez que estés totalmente presente con el sentimiento de amor, deja de pensar en esa persona. Céntrate completamente en el sentimiento de amor. Permítete descansar en él. Siente la energía del amor dentro de tu cuerpo y en tu corazón.

Tal vez necesites repetir este ejercicio unas cuantas veces hasta que llegues a dominarlo. Una vez que hayas experimentado cómo la sensación de amor y felicidad permanece después de haber abandonado la idea de la persona que la inspira, comenzarás a darte cuenta de que tu amor es, de hecho, independiente de cualquier cosa externa a ti. Esta es una de esas comprensiones que pueden cambiar tu relación con los demás y, con toda seguridad, también contigo mismo.

***

Por tanto, la experiencia del Ser —cualquier experiencia del Ser— tiene las siguientes cualidades: es una experiencia del Ser puro, es una experiencia de conciencia —el Ser se conoce a sí mismo, es testigo de su propia existencia, así como de la de todo lo demás—, y es una experiencia de dicha, porque el Ser es alegre, amoroso. A veces, una de estas cualidades es tan dominante que podemos no llegar a percibir las otras. Pero cuando entramos en cualquier experiencia de nuestra realidad más profunda y permitimos que sus facetas se revelen por sí mismas, con el tiempo descubriremos que todas esas cualidades también están allí.

El asunto es: ¿cómo podemos saber que experimentamos el Ser? ¿Es realmente tan sencillo como decir que el Ser es nuestra propia Conciencia libre de pensamientos? ¿O solo es verdaderamente certero llamar Ser al estado de la Conciencia expandida, la amplitud en la que entramos cuando pasamos de nuestra conciencia ordinaria a un estado más profundo y amplio? ¿Nos encontramos en el Ser cuando experimentamos pura alegría? ¿O es la alegría del Ser ese amor enorme que todo lo abarca, el cual, a veces, parece demasiado grande como para que nuestro cuerpo pueda resistirlo? ¿Es esa pequeña luz que, a veces, vemos cuando meditamos sobre el Ser? ¿Es el Ser ese estallido de exaltación que sentimos cuando vemos la luna salir sobre el océano o el primer copo de nieve? ¿O son esos momentos sólo atisbos de algo más grande y más extraordinario, algo que únicamente podemos experimentar por completo en un estado de Conciencia expandida o transpersonal?

Hay una forma de contemplar todo esto. Nuestra experiencia del Ser es un continuo. Puesto que él siempre está presente, lo podemos experimentar en diferentes grados y de formas diversas. El Ser es tanto una experiencia extraordinaria como algo muy cercano, simple y familiar. Es luz, dicha y una Conciencia tan global que sentimos que todo es parte de nosotros mismos. Es también la calma que surge cuando te identificas con el observador de tus pensamientos. Experimentas al Ser cuando ves los ojos de alguien que te molesta y te das cuenta de que la Conciencia que mira a través de sus ojos es la misma que experimentas en ti. O cuando contemplas una flor y sientes la fuerza creativa que se manifiesta en forma de color, fragancia, pétalos y hojas. O cuando entras en el estado de «fluir», de la acción perfectamente hábil sin tener la sensación de hacer algo. O cuando experimentas un momento de verdad profunda en el proceso de la vida. Una de las mayores bendiciones de la kundalini despierta junto con la práctica diaria de la meditación es que se tienen esas experiencias con cierta frecuencia –y no siempre durante la meditación–. La experiencia puede surgir en cualquier momento.

> *El que va al fondo de su corazón conoce su naturaleza; y, al conocer su naturaleza, conoce el cielo.*
>
> MENCIO[15]

Como, por ejemplo, este momento que describió uno de mis alumnos en una carta: «Ayer, caminé por el bosque y estuve observando la caída de las hojas. Miré hacia arriba y me vi siguiendo el rastro de una sola hoja que caía. Había una especie de silencio. Mi conciencia cambió. No había nada más en la existencia, solo yo y la hoja. Vi la hoja caer, y parecía caer a través de un amplio espacio, y mi propia conciencia se convirtió en ese espacio».

Para muchos de nosotros, las «grandes» experiencias de expansión suceden fuera de la meditación, con los ojos abiertos. Las experiencias más grandiosas y completas de Conciencia expandida, los poderosos cambios de visión, son regalos. No podemos hacer nada para que sucedan. Llegan a nosotros a través de la gracia, a su debido tiempo – como dice el *Katha Upanishad*, «el Ser se revela a sí mismo por voluntad propia»–.[16] No hay técnica, práctica ni cantidad de anhelo que puedan obligar al Ser a revelar su amplitud.

Y, sin embargo, aquí hay una paradoja. A pesar de que no podemos hacer que la experiencia suceda, podemos invocar el poder que trae la revelación. Por ello, la relación que establecemos con el Ser, mediante nuestra práctica meditativa y nuestra Shakti interna, crea semejante diferencia. Cuanto más aprendemos a honrar al poder amoroso que inspira nuestra práctica meditativa, más lo recordamos e invocamos; y cuanto más aprendemos a amarlo, más experimentamos su presencia y sus bendiciones.

CAPÍTULO 3

Prepararse para la práctica

Hace varios años, un alumno de uno de mis talleres me contó una interesante historia. A principios de la década de los setenta, había comenzado una búsqueda espiritual que lo llevó de la India a Japón y de profesor en profesor. Como muchos otros durante esos años, deseaba tener una experiencia palpable de la Verdad. Deseaba conocer la unidad; anhelaba conocer a Dios. Finalmente, tras varios años de prácticas infructuosas, decidió darle un ultimátum a su Ser interior. Se sentó una tarde en su esterilla de meditación y dijo:

—Voy a sentarme aquí hasta el anochecer. Si no experimento nada para entonces, me levantaré y no volveré a meditar nunca más.

No sucedió nada. Nada en absoluto. Se levantó y continuó con su vida, decidido a no volver a su interior.

Diez años después, un amigo lo llevó a un centro de meditación de Los Ángeles. Fue a la sala de meditación y se sentó en la oscuridad. Allí sentado, tuvo una sensación de gran sacralidad. Se dio cuenta de que estaba en un lugar donde mucha gente había realizado prácticas espirituales. Se sintió extrañamente humilde al imaginar la sinceridad y el esfuerzo de esas personas. Su corazón dio un giro con una inusitada sensación de reverencia.

De repente, sin previo aviso, un vasto sentimiento de amor emergió en él. Después, como si una ventana interna se hubiera abierto, salió expulsado de su ser ordinario hacia un enorme cielo interior. Todo a su alrededor era una luz profunda y resplandeciente —una luz con los colores del arco iris, que brillaba con un amor igualmente sorprendente.

> *Hay una presencia oculta a la que honramos, que da los dones.*
>
> RUMI[1]

Desafiar al universo para que le ofreciera una experiencia de su mundo interior no le ayudó en absoluto. El amor, la gratitud y la reverencia abrieron la puerta. El *Katha Upanishad* dice: «El Ser se revela a sí mismo por voluntad propia». No se puede obligar al mundo interior a abrirse. Por mucho que lo intentemos, no podemos hacer que la meditación suceda. Pero nuestra actitud interior puede convencerla. Como escribió Rumi, con amor puedes «hacerte un camino dentro de ti».

Finalmente, esto tiene que ver con la relación. El Ser, la Conciencia interna, es tanto un «Yo» como un «Tú», una inteligencia viva, dinámica y llena de amor, a la que algunos poetas místicos llamaron «el Amigo». Como cualquier amigo, revela sus secretos cuando hay verdad y respeto. El Ser es amor, de modo que responde al amor. Es Ser es sutil, así que se siente atraído por lo sutil. El Ser es tierno, por lo que, desde luego, la ternura le inspira. Nos acercamos al Ser cuando nos volvemos como él —bondadosos, sutiles, tiernos y generosos—. El Ser se acerca a nosotros cuando lo invocamos con respeto, y pedimos su gracia siendo tiernos tanto con nosotros mismos como con la energía que reside en nuestro interior.

En este capítulo analizaremos diferentes formas de crear este estado amoroso y abierto, el estado que puede sacar a la luz la gracia del Amigo interior.

HONRA TU PRÁCTICA

La forma más básica de invocar el estado meditativo es simplemente honrar tu práctica, contemplar el tiempo que dedicas a la meditación como algo sagrado y entrar en ella con respeto. También ayuda crearse determinados rituales a la hora de llevarla a cabo —actos físicos que realizas para inducir un sentimiento de respeto.

Si es posible, destina un lugar para meditar asiduamente. Ese espacio recogerá la energía sutil, y, con el tiempo, el simple hecho de sentarse allí disparará sensaciones o recuerdos de tranquilidad cuando pases por él durante el día. Tradicionalmente, se suele preparar un altar. A veces, he utilizado como altar una caja de cartón cubierta con una tela bonita, o lo he preparado en una estantería. Incluso puedes tener uno portátil –una tela que puedes guardar junto a tu cojín de meditación.

Sobre el altar, tal vez quieras poner una vela o una pequeña lámpara (que te recuerde la luz de la Conciencia). Puedes añadir flores u hojas de árboles, fotos de personas o lugares que tengan para ti un carácter sagrado y algún objeto especial, una piedra o un cristal.

***

Antes de sentarte a meditar, tómate un tiempo para limpiar tu cuerpo. Cuando te duchas o simplemente te lavas la cara, las manos y los pies antes de meditar, realizas un acto básico, y de larga tradición, de purificación mental y física. Los sabios recitaban mantras mientras se bañaban. Pero, aunque tú no hagas eso, puedes cultivar la sensación de que el agua sobre tu cuerpo también lava los desechos de la mente. También puedes llevar un tipo de ropa que reserves para meditar; con el tiempo, se llenará de la energía de tu meditación, de modo que, al llevarla, te resultará más fácil ir a tu interior. Antes de sentarte, puedes encender una vela o incienso. Y también hacer una reverencia.

Hacer una reverencia es la forma más directa que tenemos de honrar el poder que nos puede llevar más allá del miedo del ego, el orgullo y la distracción. En la tradición hindú, los yoguis, antes de meditar, hacen reverencias en dirección a cada uno de los puntos cardinales para reconocer así que la fuente divina se encuentra en todas partes. Después, hacen una reverencia hacia su propio asiento de meditación. Cuando pruebes a hacer esto, pronto descubrirás todo tipo de matices. Honrar el asiento de meditación no solo es una forma de honrar el poder de la meditación que se concentra en el lugar donde te sientas, sino una manera de señalarle a tu Ser interior que te honras a ti mismo. El gran poeta sufí Hafiz escribió:

El amigo tiene un gusto tan exquisito
que cada vez que le haces una reverencia

tu mente se vuelve más ligera y más refinada.
Tu espíritu preparará su voz para reír
en una extravagante libertad.[2]

Tanto si le haces una reverencia al altar como al propio universo, puedes albergar uno de los siguientes pensamientos: «Que el caparazón que me separa del amor se derrita», «Me ofrezco a mí mismo tal como soy, con humildad y amor» o «Me refugio en el Ser». La idea es suavizar la rigidez que se adhiere a tu corazón y permitir que emerja un sentimiento de rendición interna y de ternura.

Resulta de ayuda realizar todo esto lentamente y de forma consciente. Si entras en la meditación con prisas, llevarás una sensación de inquietud a todo el proceso. De hecho, si percibes un sentimiento de agitación durante la meditación, puedes considerar volver atrás y rehacer mentalmente el ritual preliminar —la reverencia, el incienso— de manera muy lenta, notando que, al hacerlo, llevas tu mente a un estado más equilibrado. La práctica del ritual es un método consagrado para concentrar la mente.

Otra forma muy básica para acercarse al Ser al comienzo de la meditación es relajarse. Parece algo muy simple y obvio: simplemente relajarse. Sin embargo, a veces es lo último que pensamos en hacer. En muchas ocasiones me he sentado con la espalda rígida y recta durante una hora, manteniéndome centrada con un poderoso esfuerzo y una práctica difícil. Después, pasada la hora, al llevar las piernas hacia el pecho, tenía la sensación de quitarme un cinturón muy apretado y, entonces, me relajaba. En ese preciso momento, la contracción que había limitado mi conciencia y mantenido mi corazón empequeñecido se soltaba, y podía entrar en una profunda meditación.

En lugar de esperar a terminar la meditación para relajarse, es más sensato hacerlo al principio. Relajas el cuerpo con la respiración. Relajas la mente al aceptarte como eres en ese momento, en el estado en que te encuentres, y al entrar en la meditación sin demandas ni expectativas. La expectativa es diferente de la intención anteriormente descrita. Tener una fuerte intención, una conciencia de tu meta, te ayuda a centrarte en la dirección correcta. Pero tener una expectativa bloquea tu experiencia, porque superpone la idea de lo que se supone que debe ocurrir por encima de la realidad espontánea del momento que se despliega.

Es una buena idea darte tiempo al comienzo de la meditación para «escanear» tu cuerpo y percibir los músculos que están en tensión. Después, puedes respirar en cada uno de estos lugares –en los hombros rígidos, el vientre y la frente– y espirar cualquier tensión que hayas encontrado en ellos. Igualmente, también puedes espirar la energía que mantienes en tu mente, la opresión de tus pensamientos coagulados, y dejar que los pensamientos fluyan hacia fuera con la espiración. Mientras te centras en tu práctica, mantén la sensación de relajación, recordando mantener tu atención con suavidad y soltando cualquier tensión. Esta forma de atención relajada, a veces, recibe el nombre de «esfuerzo sin esfuerzo».

INVOCAR LA GRACIA

¿Qué nos permite relajarnos en la meditación, hacer un esfuerzo sin estar en tensión? Esencialmente, es cuestión de confianza. Primero, confiamos en que el Ser, la meta de la meditación, es real y puede experimentarse. Segundo, confiamos en que estamos conectados a un poder superior, un poder que apoya nuestra meditación y la hace fructificar. En casi todas las tradiciones espirituales, ese poder se llama «gracia» –la fuerza cósmica que despierta al corazón a su propio amor y amplitud–. La gracia es la energía que conecta a la verdad definitiva, a la fuente de nuestro Ser, a lo que un amigo mío llama «El campo de Dios». Los maestros del shivaísmo de Cachemira –una tradición hindú que lo ve todo en la vida como una expresión de la energía divina– señalan que la gracia es una fuerza eternamente presente en el universo, más dominante que la gravedad (e infinitamente más sutil). Eso significa que podemos acceder a ella en cualquier momento y lugar –en la naturaleza, en presencia de alguien a quien amamos– al sintonizar con la Presencia que se abre en los periodos de calma y de otras innumerables formas. Al fin y al cabo, la gracia se encuentra dentro de nosotros, nunca está lejos. Sin embargo, al igual que necesitas sintonizar el dial de la radio para escuchar la emisora que deseas, o conectarte a un servidor para estar en línea, también necesitas invocar de manera intencionada el tipo particular de gracia que directamente da vida a la meditación.

En la meditación existen cuatro formas de gracia con las que podemos sintonizar:

- La primera es la gracia del propio Espíritu, el amor-inteligencia impersonal y sin forma que fluye como el cosmos.
- La segunda es la gracia de nuestro propio Ser —nuestra Conciencia, pero también nuestro cuerpo, mente y corazón.
- La tercera es la gracia del arquetipo de una deidad, como Shiva, Laksmi o Kuan Yin.
- La cuarta —y, para mí, siempre la más inmediata y poderosa— es la gracia de un maestro iluminado, en especial si está conectado a uno de los principales linajes espirituales.

Al experimentar con tu práctica, puedes jugar con cualquiera de estas cuatro invocaciones. Tal vez decidas trabajar con una en particular, o incluso conviertas las cuatro en parte de tu rutina.

Invocar la gracia del propio universo

Sabemos que hay una Presencia en el universo. Los nativos americanos se dirigen a esa Presencia universal con el nombre de Gran Espíritu. Se manifiesta como la fuerza de la vida, la inteligencia de las células, el poder que empuja al niño fuera del vientre de su madre o la sensación de estar vivo, tan presente en nuestra experiencia que no solemos apreciarla. La gracia del universo es impersonal y, por ello, a veces recibe el nombre del «Espíritu de la Tercera Persona» —el espíritu que se manifiesta como la esencia que todo rodea e impregna—. Esta es la forma de gracia que con más facilidad experimentamos en la naturaleza —¿cuántos de nosotros no hemos tenido nuestras primeras experiencias del Espíritu en las montañas, bajo una noche estrellada o al borde del mar?

EJERCICIO: CONECTAR CON EL ESPÍRITU DEL UNIVERSO

Cierra los ojos y céntrate durante un momento en la respiración. Si te apetece, puedes recordar un momento en que te sentiste verdaderamente abierto a una presencia amorosa y benigna, la presencia del Espíritu, del poder que fluye con este mundo. Tal vez hayas estado en un bosque de secuoyas, cerca del mar, mirando el cielo abierto. La conexión puede haber tenido lugar durante un momento de amor con la pareja, un amigo o un niño.

Conecta durante un momento con la sensación de presencia. Si no la sientes, no te preocupes; la invocación sigue teniendo poder. Ahora di o piensa estas palabras, o bien crea tu propia plegaria:

Invoco la gracia del universo, la gracia de Dios, la gracia del Espíritu siempre presente en este mundo. Con gratitud, me abro a la gracia benigna que guía mi meditación y me llena de paz, claridad y amor.

Quizá prefieras una forma abreviada de la invocación, como decir simplemente: «Pido a la gracia que llene mi meditación» o «Que la gracia eleve mi cuerpo, mente y espíritu». Y, desde luego, puedes sustituir las cualidades que he mencionado por otras como conciencia, dinamismo, iluminación y sabiduría.

Invocar la gracia de tu cuerpo, tu mente y tu corazón

Wilhelm Reich no fue el primero en reconocer la sabiduría del cuerpo. Los ejercicios de *hatha yoga* están especialmente diseñados para sintonizarnos con el poder meditativo que se oculta en nuestros músculos, huesos y canales de energía sutil. Cuando el ritmo del cuerpo y sus intenciones están en sintonía con nuestro propósito de meditar, el propio cuerpo puede llevarnos a la meditación profunda. Del mismo modo, la mente (hablaré más de esto después) puede ser tanto una amiga de la meditación como la distracción más turbulenta.

EJERCICIO: PEDIRLES AL CUERPO, A LA MENTE Y AL CORAZÓN QUE TE AYUDEN A IR HACIA TU INTERIOR

Siempre me gusta tomarme un momento para pedirles a mi cuerpo, mente y corazón permiso para entrar en meditación –y también su gracia–. Solo se tarda un momento en hacer esto, pero puede marcar la diferencia.

*Querido cuerpo: por favor, dame permiso para sentarme tranqui-
lamente y llevar mi conciencia a mi interior. Por favor, ayúdame a
entrar en la meditación.*

*Querida mente: te pido con amor que apoyes mi meditación. Por
favor, revélame tu calma y profundidad.*

*Querido corazón interno: te honro. Por favor, ábrete a la dulzura
que es tu verdadera naturaleza, y permite que mi meditación se
llene de tu gracia.*

Si te parece raro pedirles algo a tu cuerpo y a tu mente, prueba
con lo siguiente:

*Mi intención ahora es meditar, permitir que mi atención fluya hacia
mi interior y descansar en la profundidad de mi Ser interior. Invoco
la gracia y la ayuda de mi cuerpo, mente y corazón.*

Conectar con la energía del Gurú

Si en el tantra existe un secreto fundamental relacionado con la meditación es que invocar la energía de un ser iluminado puede encender
la llama de tu práctica, llevar dulzura a una meditación árida y abrirte a
las fuerzas sutiles, protectoras y transformadoras del cosmos. En el budismo Vajrayana, la práctica de sintonizar con la energía de un maestro
iluminado se llama «gurú yoga». Es, de hecho, un tipo de yoga, una práctica esotérica poderosa y transformativa. Muchas tradiciones místicas
tienen métodos similares: el sufismo, el cristianismo contemplativo y
el judaísmo hasídico usan meditaciones y plegarias para invocar al gran
maestro de su sendero. Y en las tradiciones tántricas indias y tibetanas,
simplemente no se empieza la meditación sin invocar antes la ayuda del
Gurú —escrito con G mayúscula, porque invocar al Gurú no tiene nada
que ver con obedecer a un ser humano—. Una famosa observación tántrica describe al Gurú como «el poder que otorga la gracia de lo divino».
El cuerpo y el corazón de un gurú individual son, de hecho, *el vehículo*, el
contenedor de ese poder, que también es una energía dentro de tu propia alma.

El maestro específico que invoques puede ser alguien vivo de la
Tierra, aunque también es muy poderoso (y para muchas personas,

preferible) conectarse con uno de los maestros legendarios que ya se han ido. Cristo, Buda, Padmasambhava, Ramakrishna Paramahamsa, Ramana Maharshi o un maestro hasídico como Baal Shem Tov. Cualquiera de estos seres puede ser una conexión a la fuente secreta que da vida a la meditación. Tukaram Maharaj, uno de los santos poetas de la tradición Maharashtra, escribió en el siglo XVII: «Dios vive con el Gurú. Así que recuerda al Gurú. Llévalo a tu meditación. Cuando recuerdes al Gurú, encontrarás a Dios en el bosque y en la mente».

> *Oh, gracia del Gurú, quien recibe el apoyo de tu favor se vuelve como el creador de todo el mundo de conocimiento.*
>
> JNANESHWAR MAHARAJ[3]

A menudo pienso en lo que Tukaram quería decir con la frase «Dios vive con el Gurú». Es uno de los grandes misterios de este universo: cómo el poder universal de la gracia, el principio de la ayuda divina, fija sus raíces en la persona de un maestro iluminado y, luego, fluye hacia quienquiera que conecte con ese maestro –años, e incluso siglos, después de que el maestro deje de estar presente en la Tierra.

No es casualidad que tantas tradiciones místicas insistan en que, cuando un meditador se vincula a un linaje espiritual, se vincula específicamente a la forma de gracia que enciende la llama de estados más elevados de Conciencia en su interior. En cada fase del viaje, desde el momento de la iniciación hasta después de la realización, la gracia del gurú le da poder a nuestra práctica y abre el mundo interior. «Mi gurú me dio la gracia de ver que dentro y fuera son uno», escribió Sikh Guru Nanak, y el *Katha Upanishad* afirma:

*A menos que lo enseñe un maestro, no hay acceso para llegar allí,
porque –al ser más sutil que lo sutil–
es inconcebible.
¡Querido! Ese conocimiento no se obtiene
a través de la razón.
Realmente, para que pueda ser fácilmente comprendido, otro deberá enseñarlo.[4]*

El poeta y santo Kabir cantaba:

Piensa en esto y compréndelo.
El camino es muy estrecho y precario,
es tan sutil que necesitas la ayuda
del Gurú para percibirlo.[5]

Pero la cuestión es: ¿qué queremos decir con la palabra «gurú», especialmente en una época en la que este término se aplica a cualquier experto, como en el caso de «gurú del deporte» o incluso «gurú de los peluqueros»?

Las sílabas *gu-ru*, en sánscrito, significan «oscuridad-luz», de modo que «gurú» a veces se define como aquel que nos guía de la oscuridad a la luz. Sin embargo, aquí es donde se produce la confusión. En la vida espiritual, se utiliza la misma palabra para describir tanto al arquetipo de la guía divina como al maestro humano —que puede estar iluminado o no—. En la India, el profesor de música, el de sánscrito o incluso el de biología reciben el tratamiento de *guruji*, porque se considera que todos los maestros merecen respeto. Del mismo modo, en la vida espiritual, tal vez conozcas primero al gurú-guía a través de un maestro o mentor, que no es más que un ser humano ordinario con algún conocimiento espiritual. En sánscrito, este tipo de maestro recibe el nombre de *acharya*, que significa «aquel que instruye». El terapeuta que te enseña la respiración profunda, el profesor de yoga que te lleva a tu primer *shavasana* meditativo y el autor de tu libro de meditación favorito son importantes para las distintas etapas de tu práctica —y cualquiera de ellos, en la India tradicional, sería tratado de *guruji* o «respetado profesor»—. Cada *acharya* puede proporcionar un tipo particular de formación. Si eres un estudiante serio, aprenderás a reconocer quién puede ayudarte en cada etapa, cuándo permanecer con un maestro a pesar de las dudas y las resistencias y cuándo es el momento de dejarlo.

No es preciso que tu *acharya* de meditación esté totalmente iluminado, pero deberá tener experiencia, haber recibido buena formación y estar especialmente versado en los textos y las transmisiones del estilo de meditación que estés aprendiendo. Es muy probable que un maestro que se encuentre conectado a un linaje de maestros lleve la energía de ese linaje, lo cual es posible que mejore profundamente tu práctica. Un maestro hábil puede hacer mucho más que simplemente impartir instrucciones de meditación –puede ayudarte a solucionar los problemas que encuentres en tu práctica, darte orientaciones basadas en su experiencia en los momentos más cruciales y ayudarte a entrar en estados sutiles–. La energía-gurú puede fluir a través de este tipo de profesor ocasionalmente. Al mismo tiempo, no debes confundirlo con un *sadguru*, o verdadero maestro –un ser iluminado que tiene la capacidad de transmitir la iluminación a los demás.

El Gurú como fuerza de despertar

Un *sadguru* es un maestro que encarna totalmente la función de gurú. Ese «maestro de la verdad» tiene la capacidad de despertarte a tu propia verdad oculta, y después guiarte hasta que hayas aprendido a encarnar la verdad dentro de ti. No todo el mundo tiene la buena suerte de entrar físicamente en contacto con un maestro así. Sin embargo, si comprendes los principios del gurú yoga, es posible que tengas un encuentro con un gurú, aunque nunca te topes con ese maestro en carne y hueso. No necesitamos el contacto físico para experimentar el poder de despertar de lo que el tantra llama el gurú. A nivel místico, lo que recibimos de él es una especie de aceleramiento, una transmisión constante y sutil de un estado despierto. Esta transmisión puede tener lugar en cualquier estado de conciencia, incluyendo el sueño (el propio Tukaram recibió en sueños la iniciación de un maestro ya fallecido), la meditación o incluso estados posteriores a la muerte. Cuando hay una auténtica conexión interna con el gurú, su guía está con nosotros pase lo que pase.

Por esa razón, tanto en las tradiciones orientales como occidentales, lo que más importa es la conexión *interna* con un linaje espiritual. Como la animada savia que en primavera lleva brotes y flores a un árbol yermo por el invierno, la fuerza espiritual que fluye de la sutil conexión con el gurú y su linaje da vida, jugo y potencia a la práctica. Puede despertar nuestro deseo de meditar, hacer perceptible el Ser oculto y animar una técnica de forma que los paisajes secretos de nuestra conciencia interna se abran a nosotros. Simplemente recuerda que el gurú puede abrir la puerta a esa transmisión y llevar una meditación rutinaria a un plano totalmente diferente.

Aquí tienes un ejemplo. Hace muchos años, sentada en meditación en un *ashram* de la India, me encontraba en un estado de enfado radical.

El día anterior había tenido un encuentro difícil, y no podía sacármelo de la cabeza. Mis emociones no paraban de dar vueltas, tenía el cuerpo agitado y, por momentos, sentía que iba a explotar en mi asiento.

De repente, en mis adentros, apareció el rostro de mi gurú; era una visión vívida. Acercó su cara a unos centímetros de la mía y dijo:

—Tu mente está loca. Voy a...

No llegué a escuchar el final de la frase porque, al momento siguiente, su cara se fundió con la mía, y mi cabeza explotó en la luz. Mi cuerpo se llenó de cascadas de resplandor blanco, además de una dulce calma. Cuando salí de la meditación, mi mente estaba tranquila. Y aunque regresaron algunos pensamientos, no volví a tener esa característica de mi universo interno que era la preocupación obsesiva.

> *Fija en el arco la flecha afilada del culto devocional; después, con la mente absorta y el corazón fundido en amor, tensa el arco y da en el blanco —el imperecedero Absoluto.*
>
> MUNDAKA UPANISHAD[6]

Cuando le pedimos a un gurú, a una figura divina o a un ser despierto que estén presentes en nuestra meditación, lo que realmente pedimos es que el estado interno de claridad, amor y sutil Conciencia de estos seres cobre vida en nosotros. De hecho, nos abrimos a la luz que hay en nuestro interior, a la presencia de nuestro maestro interno que facilita la meditación, al guía oculto que todos llevamos en nuestro interior.

Durante vidas enteras, este maestro interno ha vivido dentro de nosotros, oculto e ignorado; sin embargo, constantemente nos lleva con él, nos guía a través de diferentes experiencias y nos conduce al punto en el que estamos preparados para volvernos hacia dentro y conocernos a nosotros mismos. Cuando llega ese momento, el maestro interior nos enviará a aquellos maestros que puedan ayudarnos en nuestro proceso. A veces, puede traernos a un ser humano destinado a ser nuestro maestro, nuestro *sadguru*. Pero a la larga nos lleva a un maestro externo para que este pueda hacernos conscientes de la presencia del maestro que llevamos dentro. Con el tiempo, llegamos a ver al maestro humano como la forma encarnada de la sabiduría y el amor de nuestra propia alma, nuestra propia conciencia crística o la naturaleza de Buda. Como dice el *Guru Gita*, un poema sánscrito: «El gurú no es diferente del Ser consciente».[7]

De modo que, cuando invocas a un gurú o a una divinidad al comienzo de la meditación, no lo haces por superstición ni para crearte una dependencia psicológica. Invocas a ese ser para que su estado de iluminación pueda tocar tu propia iluminación oculta, activar al maestro iluminado que hay en tu interior y dar vida a tu meditación.

Algunas veces reprimimos este tipo de práctica porque no nos sentimos especialmente amorosos o predispuestos a la devoción. Sin embargo, paradójicamente, estas actitudes con frecuencia tienen lugar cuando más necesitamos de esas prácticas. Una amiga mía, que es científica, tiene una actitud eficiente y «de ir al grano» con respecto a su práctica, y también cierta preferencia por meditar sobre la Conciencia pura en lugar de hacerlo sobre figuras de cualquier tipo. En cierto momento, su meditación se volvió tan árida que apenas podía encontrar el interés necesario para sentarse. Entonces se inscribió en un retiro de meditación en el que cada sesión comenzaba con una serie de elaboradas prácticas devocionales: hacer reverencias en dirección a los cuatro puntos cardinales, recitar plegarias para los maestros de su linaje y entonar cánticos. Una vez de vuelta a casa, añadió ese ritual al principio de sus sesiones de meditación.

—Lo hice mecánicamente, no ponía demasiado sentimiento en ello. Simplemente lo hacía: mis reverencias, recordar a mi maestro, rezar —dijo—. A las pocas semanas, mi corazón comenzó a ablandarse. Literalmente, se ablandó. Ahora, acabo de empezar con las invocaciones; ese sentimiento tierno emerge y mi meditación está llena de amor.

Su historia me recordó algo que me contó un profesor de interpretación hace años. Me aseguró que cuando tienes que interpretar el papel de estar enamorado de alguien, lo haces prestando mucha atención al actor del que tienes que enamorarte. El público, según me dijo, sentirá tu atención como amor. A nivel espiritual, prestar mucha atención no solo sirve para aparentar amor, sino que, de hecho, lo provoca. La práctica de la plegaria, la invocación y la rendición, con el paso del tiempo, siempre crean sentimientos de devoción, incluso si empezamos mecánicamente. Esa es la razón por la que realizamos este tipo de prácticas: porque suscitan el amor en nuestro interior. La palabra

> *Soy el mismo Ser en todos los seres; no hay nadie aborrecible o querido para mí. Pero quienes me rinden culto con devoción están en mí y yo también estoy en ellos.*
>
> Bhagavad Gita[8]

sánscrita para designar la devoción es *bhakti*, que proviene de una raíz que significa «saborear». La plegaria, la invocación, el recuerdo, la adoración y el ritual —las prácticas que provienen de la tradición del *bhakti*— son, de hecho, medios para saborear los diferentes gustos y dulzuras que hay en nuestro interior. Suscitan elevados y sutiles sentimientos de placer, y ese placer lleva vida a nuestra práctica.

> *Desde el loto en flor de la devoción, en el centro de mi corazón, álzate, maestro compasivo, ¡mi único refugio!*
>
> JIKME LINGPA[9]

Invocar al Gurú puede ser algo tan sencillo como tomarse un momento para invitarlo a estar presente o tan elaborado como el ejercicio tántrico de imaginar que tu cuerpo es el del Gurú. Sea como sea la invocación, es importante comenzar recordando que llamas a un poder universal, la fuerza de la propia gracia. De hecho, los tantras dicen que nuestra actitud hacia el Gurú y nosotros mismos determina el grado en que llegamos a imbuirnos de él.

Una invocación como la del siguiente ejercicio nos tocará más poderosamente si la realizamos con el sentimiento de que el Gurú es una forma de nuestro propio maestro interno —la forma que invocamos no es algo separado del Ser.

Puedes practicar esta invocación con el maestro espiritual que sientas más cercano a ti o con la imagen de un ser como Buda, Cristo o Baal Shem Tov, el maestro hasídico del siglo XVI. Tal vez también quieras realizar esta práctica con la forma de alguna deidad de gran poder transformativo —como Shiva, Krishna, Kuan Yin, Tara o las diosas hindúes Laksmi, Durga o Kali, que encarna la función de la feminidad divina dadora de gracia—. Puede ser interesante experimentar invocando diferentes formas, especialmente si eres nuevo en la práctica devocional. Sin embargo, este ejercicio solo empieza a dar sus frutos cuando lo practicas, un día tras otro, con una forma particular. En toda práctica, pero sobre todo en las devocionales, la repetición enciende la llama del poder dentro de la práctica. Cuanto más conectes con un ser en particular, más liberarás el torrente de la gracia que fluye dentro de la forma con la que estás conectando.

EJERCICIO: INVOCAR AL GURÚ

Siéntate en una postura cómoda con la espalda recta y cierra los ojos. Deja que tu atención se funda con la respiración, y sigue el aire que entra y sale. Imagina que estás sentado delante de tu gurú, de un gran santo o del maestro iluminado con quien te sientes más conectado. Sé consciente de que tu gurú no es simplemente un ser individual. Comprende que es la encarnación de todo el poder de la gracia que corre a través de incontables linajes de maestros iluminados.

No es necesario «ver» la forma del gurú. Lo más importante es que sientas su presencia, que permitas que esa presencia sea totalmente real para ti. Siéntela como una fuerza divina de despertar, un poder de gracia con el que sientes una gran confianza y estás profundamente conectado. Reconoce que es la encarnación particular del poder dador de gracia que ha elegido acercarte al estado de iluminación, al estado de la Verdad. El gurú te llena de bendiciones, y eso se produce a través de la respiración.

Cuando el gurú espira, inspira en ti todo el poder del amor y todas las bendiciones de un vasto linaje de seres iluminados. Cuanto inspiras, te llenas de esas bendiciones a través de todo tu cuerpo y sientes que los buenos deseos del gurú te llenan de la cabeza a los pies.

Ahora, siéntate con la sensación de que el amor del gurú y de todo su linaje llena tu cuerpo. Siente la energía de esas bendiciones en ti. Descansa en las bendiciones que has recibido. Da las gracias.

Si no deseas realizar una práctica de invocación tan elaborada, simplemente limítate a pensar en el gurú que has elegido y pídele su gracia. Tu invocación puede ser sencilla y corta, o elaborada y poética. Si estás lleno de anhelos, colma la invocación de anhelos. Si te sientes árido y poco interesado, confiesa tu falta de interés y pide ayuda. Si tu mente está inquieta por la ira, el miedo o las preocupaciones,

> *Abandónate a la gracia. El océano cuida de que todas las olas lleguen a la orilla. Necesitas más ayuda de lo que crees.*
>
> RUMI[10]

ofrécela para que sea transformada. Tu invocación es tu diálogo con el poder de la gracia, y cuanto más personal, directa y sentida sea, más efectiva resultará. Del mismo modo que es importante sentir la amplitud del poder dador de gracia de un maestro, es igualmente esencial comprender lo cerca que está de ti tu gurú. Una vez más, el gurú está presente dentro de ti, es parte del tejido de tu ser. El poder de la gracia que invocas no viene de otro lugar. Se manifiesta desde tu interior.

Una vez que te has abierto de esta manera y has tocado el poder de la gracia, te hallas ante el umbral de la meditación. Es el momento de elegir tu puerta de entrada, el portal que atravesarás.

CAPÍTULO 4

Elegir la puerta
de entrada adecuada

urante mis primeros años de meditación, malgasté incontables horas preguntándome qué técnica debía utilizar. ¿Debía hacer ejercicios de concienciación? ¿Practicar una de esas complicadas visualizaciones que me enseñó mi primer profesor? ¿Repetir mi mantra? ¿Limitarme a seguir la respiración? Uno de mis primeros consejeros me dijo que me decidiera por una técnica y que me ciñera a ella, y yo pensé que, puesto que tenía que elegir una práctica en concreto, más me valía elegir la más adecuada. Así que me preocupé. Me preocupé sobre qué mantra usar, sobre si debía meditar en el «testigo» o en la «respiración», sobre si estaba permitido dejar la técnica y simplemente relajarse... No fue hasta que paré de convertir las técnicas en iconos cuando comencé a descubrir lo liberador que puede ser trabajar con diferentes prácticas —y lo importante que es ir más allá de ellas.

En meditación, utilizamos técnicas por una sencilla razón: la mayoría de nosotros, al menos cuando empezamos a meditar, necesitamos un apoyo para la mente. Una técnica la provee de un lugar en el que descansar mientras se tranquiliza para llegar a su naturaleza esencial. Eso es todo: una especie de cojín para la mente. Ninguna técnica de meditación es un fin en sí mismo, y sea cual sea la técnica que utilices, al final se disolverá cuando tu meditación se vuelva más profunda.

Me gusta pensar que las técnicas de meditación son como portales, puntos de entrada a la inmensidad que subyace a la mente. La amplitud interna siempre está ahí, con su claridad, amor y bondad innata. Es como el cielo que, de repente, «aparece» sobre nuestras cabezas cuando salimos por la puerta de casa y miramos hacia arriba después de haber tenido una mañana frenética. El Ser, al igual que el cielo, está siempre presente, aunque escondido por el techo y las paredes de nuestra mente. Al acercarnos al Ser, resulta útil contar con una puerta que podamos cruzar cómodamente en lugar de tener que atravesar el muro de pensamientos que nos separan de nuestro espacio interior.

> *La mente es verdaderamente inconstante. Pero... frecuenta lugares que le resultan familiares. Por lo tanto, muéstrale con frecuencia la dicha de la experiencia del Ser.*
>
> JNANESHWAR MAHARAJ[1]

Al igual que tu práctica, la técnica se convierte en un vehículo que te conecta con la sutil corriente interna de la meditación, el poder natural de ir hacia el interior. Luego, la propia corriente natural de la meditación lleva la conciencia hacia el interior, a un estado meditativo. (Esa ha sido también mi experiencia; como veremos en el capítulo 8, esas técnicas pueden surgir espontáneamente de la energía meditativa despierta, la Shakti.) Con frecuencia, cada técnica parece conducirnos a una esquina diferente de nuestro reino interior. El Ser es uno; sin embargo, tiene innumerables facetas. De manera que trabajar con una técnica nueva para ti puede llevarte a una parte de tu país interno que tal vez todavía no conozcas.

Existe otra razón por la que es bueno experimentar con diferentes técnicas: la que utilizas normalmente puede mantenerte estancado. Esto le sucede a mucha gente. Aprenden un tipo de práctica y se ciñen a ella, incluso cuando no les ayuda a profundizar. Pasado un tiempo, piensan que meditar no se les da bien, o que la meditación es demasiado difícil o aburrida, o incluso es fácil que echen en falta cierta sensación de crecimiento. Con frecuencia, su único problema es que tratan de acceder a la meditación a través de la puerta equivocada o de una puerta que, en un principio, se abrió fácilmente pero ahora tiene las bisagras oxidadas.

La mejor razón para realizar cualquier tipo de práctica meditativa es que te guste. Este consejo viene nada menos que de los *Yoga Sutras* de Patanjali, un texto sobre la meditación tan fundamental que constituye la base de las prácticas meditativas de todas las tradiciones yóguicas de la India. Tras enumerar una serie de prácticas para centrar la mente, Patanjali termina su capítulo sobre la concentración con las palabras: «Concéntrate en aquello que satisfaga a tu mente».[2] ¿Cómo saber que la mente encuentra satisfacción en una técnica? Muy sencillo: debes disfrutar de ella. Debes poder relajarte en ella. Debe darte un sentimiento de paz. Una vez que te hayas familiarizado con ella, deberás sentirla como algo natural. Si tienes que trabajar demasiado con la práctica, eso puede ser una señal de que no es la técnica adecuada para ti.

La mayoría de los que han meditado durante un tiempo saben qué modalidades de meditación son más naturales para ellos. Algunas personas tienen una inclinación visual y responden bien a las prácticas que trabajan con las visualizaciones. Otras son más quinésicas y perceptivas a las sensaciones de energía. También hay individuos auditivos, cuyo mundo interior se abre a menudo en respuesta al sonido, y otros cuyas prácticas se animan mediante una comprensión o sentimiento.

Una vez que eres consciente de cómo respondes a las diferentes modalidades de percepción, podrás ajustar la forma en que realizas tu práctica para que esta funcione para ti. Alguien con problemas para visualizar puede crear una forma visual en su interior si la imagina como energía o una sensación interna, en lugar de tratar de verla como una imagen visual. Una persona muy visual puede aburrirse con la repetición de mantras si se enfoca en los sonidos de las sílabas, pero podrá sentir el impacto del mantra si visualiza las letras en su pantalla interna. Otra puede experimentar mucho amor cuando repite un mantra con un sentimiento devocional, mientras que la meditación de su amigo solo despega cuando deja a un lado todos los apoyos y se concentra en la Conciencia pura.

> *Solo esto es obligatorio: que la mente esté firmemente asentada en la verdadera realidad. Poco importa cómo se logre esto.*
>
> MALINI VIJAYA TANTRA[3]

Cada uno tiene que encontrar su propia forma. Para ello, debemos darnos permiso para jugar con las diferentes prácticas que aprendemos.

LA POSTURA

El núcleo, los cimientos, la base de toda práctica es la postura. Una postura correcta en meditación debe ser lo suficientemente cómoda como para que puedas mantenerla durante un tiempo, de forma que sientas que tienes libertad para olvidarte de tu cuerpo, aunque también deberá ser firme para que te ayude a permanecer en un estado de alerta. Aquí tienes un conjunto de instrucciones sencillas que puedes utilizar cuando practiques los ejercicios de meditación de las siguientes páginas. Ahora, mientras lees, tal vez quieras mantener tu cuerpo en esta postura.

> *Un yogui con una postura firme se sumerge fácilmente en el corazón.*
>
> SHIVA SUTRAS[4]

Instrucciones sobre la postura

- Lo más importante de la postura en meditación es que la columna vertebral se mantenga recta de manera natural, de forma que la energía de la meditación pueda fluir libremente. Para ello, no es necesario que te sientes en la postura de meditación tradicional, como la flor de loto o el medio loto. Es evidente que esta postura favorece la meditación, puesto que redirige el flujo de energía sutil en tu cuerpo, de manera que este puede comenzar a volverse hacia dentro por su cuenta. Por tanto, si tu cuerpo es flexible, te animo a que aprendas a sentarte en una de esas posturas el tiempo suficiente para entrar en meditación. (Una buena forma de entrenarse con la postura es comenzar con diez minutos y, después, añadir un minuto cada día durante un mes hasta que logres permanecer en ella a lo largo de cuarenta minutos.) Al mismo tiempo, es recomendable que practiques algo de *hatha yoga* para abrir los flexores de las caderas. Prueba con la postura del zapatero, en la que juntas las plantas de los pies y llevas estos hacia el cuerpo.
- Sin embargo, al principio, el aspecto más importante de la postura es simplemente que puedas sentarte con comodidad, y con la columna vertebral recta, el tiempo suficiente para adentrarte en la meditación. Por ese motivo, con frecuencia recomiendo a los principiantes con problemas de espalda o rodillas que se sienten en una silla con respaldo recto o contra la pared, utilizando cojines para apoyar la espalda y mantenerla recta.

- Si puedes sentarte en el suelo, adopta una postura cómoda con las piernas cruzadas y coloca una almohada dura, un cojín de yoga o una manta doblada debajo de las caderas. Elevar las caderas ayuda a evitar que la columna se vaya hacia atrás o se redondee, y mantiene la curva natural de la parte baja de la espalda. Las rodillas deben estar ligeramente más bajas que las caderas.
- Si prefieres sentarte en una silla, apoya la planta de los pies en el suelo y mantenlos separados a la distancia del ancho de tus caderas. Siéntate con la espalda recta sobre la silla o el cojín, de modo que la parte alta de la espalda no se recline ni se redondee. También puedes sostener la parte baja de la espalda colocando un cojín pequeño entre la curva de esta y el respaldo de la silla.
- Coloca las palmas de las manos hacia abajo y haz que el pulgar y el índice se toquen, o pon las manos sobre el regazo con las palmas hacia arriba y el dorso de una mano apoyado sobre la palma de la otra.
- Siente las caderas y los muslos pesados y bien apoyados, como si se hundieran en la silla o en el suelo. Siente cómo la columna vertebral se eleva de esta base y se alza, bien derecha, hasta la coronilla. Mantén el cuello flexible.
- Deja que la cabeza se mantenga libre y erguida en línea con la columna. Afloja el rostro. Permite que los párpados y las mejillas se relajen. Deja que la lengua descanse en la parte inferior de la boca.
- Inspira suavemente y, al espirar, permite que el pecho suba y se abra, como si lo elevaras desde el corazón. Inspira y, con la espiración, deja que los omoplatos se fundan con la espalda.
- Una vez que tu cuerpo esté alineado, deja que la respiración te ayude a relajarte en la postura. Con la inspiración, lleva el aire a aquellas partes del cuerpo más cansadas o tensas. Al espirar, permite que las tensiones y opresiones se vayan con el aire. Esto abre el cuerpo, lo afloja y lo prepara para conservar la energía que se libera en la meditación.
- Mantente en la postura. Cierra los ojos y deja que el aire entre y salga de forma natural. Escucha los sonidos de la habitación. Siente las diferentes sensaciones en tu cuerpo. Permítete experimentar

totalmente la sensación de estar dentro de tu cuerpo, en esta postura, en este momento. Permítete estar donde estás.

Es importante sentirse cómodo con la postura; si notas que tu cuerpo está incómodo, siéntete libre para acomodarte. Sin embargo, haz que tus movimientos sean lentos y conscientes para evitar salir de la meditación.

PRÁCTICAS BÁSICAS

Cada tradición espiritual tiene sus propias técnicas meditativas y su propio lenguaje para describirlas. Por razones prácticas, la mayoría de las técnicas pueden entrar dentro de tres categorías diferentes. En primer lugar están las prácticas de concentración, las cuales te piden que te centres en algo: un sonido, una forma visual, la respiración, un punto central del cuerpo —como el corazón— o un canal central —como la columna—, una idea sutil o una sensación interna.

En segundo lugar están las prácticas que integran tu conciencia meditativa con la experiencia ordinaria. La atención básica —estar presente con las sensaciones, la respiración y los pensamientos que surgen— es una práctica integradora. También lo es la «conciencia de testigo», el proceso de reconocer a la Conciencia que conoce, presente en toda tu experiencia.

Finalmente, hay prácticas meditativas contemplativas y analíticas en las que puedes indagar en la verdad más profunda que está más allá de la experiencia ordinaria, o centrarte en una pregunta o idea espiritual y permitir que se hunda profundamente en tu conciencia para traer un cambio interno o comprensión.

Las tradiciones tántricas son conocidas por sus técnicas de meditación creativa y de contemplación. Un texto de tantra práctico como el *Vijnana Bhairava* ofrece un amplio abanico de opciones para profundizar en el Ser, entre las que están prácticas radicales como contemplar el vacío que se halla en el hueco de las axilas o el sabor de tu dulce favorito. En este capítulo analizaremos algunas prácticas básicas de concentración desde la perspectiva tántrica: una práctica de sonido (repetición de un mantra), una quinésica o de energía (seguir la respiración o centrarse en el espacio entre respiración y respiración) y varias visuales. También veremos algunas prácticas sobre los centros internos, como el *sushumna nadi* (el canal de energía sutil que sube por la columna vertebral) o el centro del corazón. Y dedicaremos un tiempo a otra práctica básica: meditar sobre el testigo o sobre la Conciencia pura, que trabaja directamente con lo que no tiene forma, con la propia Conciencia.

Ten en cuenta que, con frecuencia, las técnicas pueden combinarse. Por ejemplo, puedes combinar un mantra con la respiración, o bien observar la respiración y hacerte gradualmente consciente de la Conciencia que, de hecho, «realiza» esa observación. A menudo comienzo la meditación centrándome en el espacio entre las respiraciones hasta que mi atención está centrada y descansa en el espacio del corazón.

Antes de examinar estas prácticas en profundidad, veremos algunos principios que pueden ayudar a darles más vida.

LA ESENCIA SUTIL DE UNA PRÁCTICA

La clave más esencial para cualquier práctica que lleves a cabo es que no dejes de buscar su esencia sutil. Cada técnica tiene su propia tonalidad y crea un espacio de energía en nuestro interior. Por ejemplo, cuando repites un mantra siguiendo la respiración, puedes sentir el aire que se mueve entre la garganta y el corazón, así como una sutil sensación de expansión o pulsación en el espacio del corazón cuando las sílabas del mantra «chocan» contra él. Al centrarte en el espacio entre las respiraciones, tal vez comiences a sentir cómo el aire entra y sale de tu corazón y percibas una sutil expansión en el espacio del corazón hasta que parezca que este abarca todo lo que existe fuera de ti. Quizá notes que ciertas partes de tu cuerpo interno se activan con determinadas prácticas: el espacio entre las cejas, por ejemplo, puede comenzar

> *Dios está en el punto medio entre todas las cosas.*
>
> JULIAN DE NORWICH[5]

a palpitar cuando llevas la atención hacia tu propia Conciencia. Hacer una respiración profunda puede hacerte especialmente consciente de las corrientes de energía que fluyen por tu cuerpo.

Esa sensación energética o percepción es el efecto sutil de la técnica y su esencia real. Es la sensación que crea la técnica, y no la técnica en sí, la que abre la puerta hacia el Ser. Por esta razón deseamos adentrarnos en el espacio creado por la práctica: en la sensación energética del mantra cuando gotea en nuestra conciencia, en la sensación de la respiración cuando se detiene entre la inspiración y la espiración, o en la intensidad del objeto que visualizamos. Al hacer esto, automáticamente te liberas para entrar en un lugar más sutil de tu Ser.

Otra forma de descubrir la esencia interna de una técnica es trabajar con un *bhava*. *Bhava* es una palabra sánscrita que significa «sentimiento», «actitud» o «convicción» sobre uno mismo. Según la tradición hindú, el *bhava* es algo tan poderoso que puede transformar nuestra experiencia de la realidad.

Siempre nos aferramos a un tipo de *bhava* u otro. Lo que sucede es que no consideramos que nuestra identificación con ser mujer, o contable, o con nuestro sentimiento de incomodidad o de responsabilidad con el universo sean actitudes o convicciones. En lugar de ello, pensamos que son verdades, que eso es lo que somos. Miramos el mundo a través de las gafas de nuestro conjunto particular de *bhavas* e imaginamos que lo que vemos es la realidad, cuando en verdad lo que vemos solo es un reflejo de nuestros *bhavas*. Esta es la razón por la que un cambio en tu actitud crea una transformación considerable en tu experiencia cotidiana del mundo. Siempre que decidas centrarte en el perdón en lugar de la ira, mirar una situación determinada desde la perspectiva de la otra persona, o hacer hincapié en tus cualidades positivas en lugar de rumiar sobre tus fracasos, descubres el poder del *bhava* para transformar tu experiencia.

> *Cuando un hombre medita sobre el pensamiento de que tiene sus raíces en lo divino y reza a Dios, realiza después un acto de verdadera unificación.*
>
> Baal Shem Tov[6]

La práctica de crear conscientemente un *bhava* interno, o formular un sentimiento espiritual específico, recibe el nombre de *bhavana*, que a veces se traduce como «contemplación creativa». Cada *bhavana* tiene su propio efecto. Por ejemplo, si practicas el *bhavana* de ofrecer tu práctica a Dios o en beneficio de los demás, crearás un sentimiento de altruismo en tu práctica y te ayudará a ir más allá de tu lucha por tener una experiencia en concreto o un estado interno. Recordar el amor o la gracia —como en la práctica de respirar con el sentimiento de que inspiras amor— expande el corazón y crea una sensación de satisfacción y protección. Sentir que todo es parte de tu propia Conciencia ayuda a aflojar el amarre de la limitación.

Si practicas con un determinado *bhava* durante algún tiempo, se convertirá en algo natural —en el sentido de que se convertirá en tu experiencia real—. Esto es así porque tu conciencia es tan creativa que puede darse forma a sí misma completamente basándose en cualquier sentimiento que mantengas, y recrearse a sí misma en esa imagen. Una vez que el sentimiento que has practicado comienza a surgir espontáneamente como experiencia, descubres lo que Tukaram Maharaj quería decir cuando escribió: «Dios está en tu *bhava*».[7]

Tukaram era un tendero pobre de una pequeña aldea llamada Dehu, al oeste de la India. Tenía nueve hijos y una mujer profundamente decepcionada —los yoguis tan entregados no suelen tener contentas a sus parejas—. A pesar de todo, se pasaba los días salmodiando y cantando a Dios, hasta que, con el tiempo, alcanzó el estado de comprensión de Dios. Era un maestro del *bhava*, y solía hablarle a Dios cada día con un estado de ánimo diferente. A veces lo llamaba con amor, en ocasiones lo clamaba con frustraciones iracundas, y algunas veces declaraba que pertenecía a Dios y que Dios le pertenecía a él.

Fue Tukaram quien formuló el secreto del *bhava*. Entendió que nuestros sentimientos espontáneos nos conectan con nuestro poder superior. En pocas palabras, cuando amas a Dios, experimentas la realidad divina en tu amor. Si lo temes o estás enfadado con él, experimentas a Dios como miedo o enfado. Cuando te sientes uno con Él, la presencia de Dios se revela a sí misma como tu Ser más íntimo. Cuando lo anhelas, descubres que Dios está en cada uno de tus deseos. Al practicar estos *bhavas*, haces que cobren vida en tu interior.

A continuación, analizaremos algunas técnicas básicas de meditación y también veremos cómo podemos combinarlas con diferentes *bhavas*.

REPETICIÓN DE UN MANTRA

La palabra «mantra» significa «herramienta para la mente». En concreto, los mantras son sonidos articulados que se aproximan al «sonido que no suena», la vibración del Infinito que late en el silencio de la Conciencia pura. Estas vibraciones internas son demasiado sutiles para ser percibidas por el oído físico o articuladas por la lengua. Sin embargo, la línea de mantras de las diferentes tradiciones espirituales —escuchadas por sabios durante meditaciones profundas y después transmitidas a sus discípulos– lleva esa elevada y sutil vibración en sus sílabas. Se dice de esos mantras que están «despiertos», animados por el poder de la Conciencia, porque todo el poder de la Conciencia pura y universal está dentro de ellos. La repetición de esos mantras llenos de vida lleva a la mente hacia dentro de forma gradual, de vuelta a la fuente del mantra –que es el espacio de la gran mente original, el Ser profundo–. Ese es el principio básico de la práctica del mantra. Sin embargo, el modo en que el mantra funciona y los secretos de cómo lo hace son bastante sutiles. Para comprender su mecánica interna, debemos ir a los textos de las tradiciones tántricas indias, donde se explica toda la complejidad de la ciencia del mantra.

> *La Palabra sin una palabra, la Palabra dentro del mundo y para el mundo. Y la luz brilló en la oscuridad y contra la palabra el mundo agitado todavía giraba sobre el centro de la palabra silente.*
>
> T. S. Eliot[8]

Los textos de las enseñanzas tántricas como los *Shiva Sutras* nos dicen que las palabras de un mantra solo son su cáscara, una especie de funda. La esencia real del mantra es la energía sutil impregnada en sus sílabas, algo así como el código de una llave electrónica. Como en la llave, esa energía necesita ser activada para que trabaje para nosotros.

El mantra puede activarse de dos formas. Una es a través de tu práctica: repites el mantra con sentimiento y atención hasta que gradualmente se hunde en tu cuerpo y mente a niveles cada vez más profundos. El segundo método, que según los textos tántricos no solo es más sencillo sino también más poderoso, consiste en recibir un mantra que ha sido investido de poder por un maestro o un linaje de maestros. Esto es como tener el mantra activado en su fuente, porque está impregnado del esfuerzo y la experiencia interna de los maestros que han trabajado con él durante siglos.

Cuanto más directa sea la transmisión, mayor poder se habrá alojado en el mantra. Pero la transmisión no tiene por qué venir bajo la forma de un susurro al oído como en las viejas historias de gurú-discípulo. La transmisión puede ser verbal o escrita, o bien recibirse en un sueño o durante una meditación. Cuando te transmiten un mantra, su clave ya ha sido activada para ti.

Practicar con un mantra

La forma más básica y sencilla de trabajar con un mantra es combinarlo con la respiración. Inspiras suavemente, formulando en silencio el mantra con la inspiración. Después, espiras suavemente, formulando en silencio el mantra durante la espiración. Si practicas con un mantra más largo como *Om Namah Shivaya* u *Om Mani Padme Hum*, tal vez te resulte difícil combinarlo con la respiración. Una solución es ajustar la velocidad de la repetición del mantra a la de tu respiración. Si comienzas repitiendo el mantra a bastante velocidad, probablemente descubras que la repetición se ralentiza automáticamente cuando profundizas en la meditación y tu respiración se hace más lenta. Otra solución es tratar de no coordinarlo con la respiración, y limitarse a repetir el mantra una y otra vez.

Muchas personas descubren que hay mucho poder en el hecho de articular las sílabas de un mantra con precisión y claridad. Pero, en mi caso, siempre he encontrado que el mantra se abre más fácilmente si no me esfuerzo demasiado al enunciarlo. Me permito arrastrar ligeramente las sílabas, difuminándolas. He notado que cuando procuro centrarme en repetir el mantra, tratando de mantener cada sílaba separada, tiendo a crear una especie de distinción entre el mantra y yo, y esto puede convertirse en una barrera que me impide soltarme en la meditación. En la práctica del mantra, al igual que en cualquier técnica, el esfuerzo debe ser suave y sutil —el esfuerzo sin esfuerzo que mencioné en el capítulo 3—. Te centras, sí, pero no te aferras a la concentración, no es un puño mental que agarre la técnica. En lugar de eso, mantienes el mantra en tu conciencia con la misma delicadeza con la que sostendrías un pájaro que se te hubiera posado en el brazo.

> *La única verdad, sin forma... eterna... infinita, imperecedera, inaccesible para la mente y el habla, brilla en la conjunción del gran mantra y su profundo significado.*
>
> KULARNAVA TANTRA[9]

Los niveles del mantra

A medida que te familiarizas con el mantra, comienzas a experimentarlo a niveles cada vez más profundos. Un mantra tiene tres aspectos básicos. En su nivel más sencillo, desde luego, un mantra es un objeto de enfoque, un pensamiento al que puedes aferrarte para mantener otros pensamientos controlados. A un nivel más profundo, es una energía que proviene de un torrente de gracia, de un maestro o linaje de maestros o de la energía de una deidad y que te conecta a ellos. En este nivel canaliza la energía sutil en tu sistema y opera en ti como una fuerza transformativa sutil. En su nivel más profundo, el mantra es puro resplandor, puro silencio y puro amor. Según el *Shiva Sutras*, este es el *rahasya*, o secreto, que reside dentro del mantra. En su núcleo, un mantra es la luz de la propia Conciencia suprema.[10] El *Parasurama Kalpa Sutra*, uno de los textos esotéricos de la tradición yogui del norte de la India, dice «mantra maheshvara» o «el Mantra es [una forma de] la Realidad suprema». En la tradición tántrica, los mantras se contemplan como formas de sonido de determinadas divinidades. El practicante lo repite como una forma de conectar con el poder sutil personificado en una deidad como Durga o Tara. De hecho, la tradición afirma que el mantra es la forma más poderosa de energía divina, porque conecta con la energía vibratoria esencial del corazón de la deidad. Sin embargo, se dice que ciertos mantras retienen en su interior la luz de la realidad sin forma más allá de todas las formas. *Om* es uno de ellos, al igual que *Om Namah Shivaya*. Es por esta razón por lo que estos mantras pueden ofrecer una experiencia tan directa e inmediata de lo sagrado. Se dice que el tetragrámaton YHWH, usado en ocasiones como mantra en la meditación cabalística, está codificado en el ADN y conecta al ser humano con su esencia espiritual innata. De igual forma, tradicionalmente se cree que el mantra de respiración *Hamsa* o *So'ham*, que corresponde a sonidos mántricos similares encontrados en el hebreo y el árabe, está registrado en la estructura celular sutil del sistema energético.

Cómo funciona el mantra

Todo esto no resulta necesariamente aparente al principio. Cuando comienzas a practicar con un mantra, normalmente te limitas a trabajar con las sílabas y te parece que pasas mucho tiempo de tu meditación perdiendo el hilo de estas. Intentas permanecer con el mantra, pero, sin saber cómo, no paras de encontrarte en otro lugar —piensas en la ropa sucia que tienes para lavar, te preocupas por lo que ayer dijo tu cuñado, te preguntas si debes ir en coche a la ciudad o si es mejor tomar el autobús...—. Sin embargo, este momento en que te descubres pensando en esos asuntos es un poderoso punto de la práctica. En ese momento, puedes hacer dos cosas: seguir el pensamiento original o dejarte atrapar por un comentario interno —como reprenderte por pensar—, o bien decidir regresar al mantra. La práctica consiste, claramente, en regresar al mantra. Sin rendirte al ensueño o enfadarte contigo mismo por pensar, te limitas a volver al mantra. Después de un tiempo, el mantra comienza a actuar como una especie de imán que alinea las partículas de tu atención dispersa. En los *Yoga Sutras* de Patanjali la práctica de reunir los rayos de tu energía mental y alinearlos recibe el nombre de *dharana*, que literalmente significa «concentración».

En cualquier punto de este proceso, la Shakti oculta en el mantra puede sumergirte en la meditación —¡a veces justo en mitad de un pensamiento especialmente insistente!—. Aquí es cuando el *bhavana* adecuado puede ofrecer ayuda, acelerando la energía del mantra al añadirle sentimiento a la práctica.

> *Durante el culto, todas las acciones realizadas se funden en el mantra. El mantra, que es el nombre, se funde en la mente. Cuando la mente se funde, todo se disuelve. Después, el mundo de lo visible, junto con el que ve, asume la forma de Conciencia.*
>
> LALLA DED[11]

En cierta ocasión, alguien me dijo que el mantra que su maestro le había dado le parecía impenetrable —solo palabras en sánscrito sin ningún significado— hasta que le pidieron que lo repitiera con el sentimiento de que dejaba caer suavemente las sílabas en su corazón. Ese *bhavana* hizo que su mantra le resultara más personal. Empezó a notar que, cuando lo dejaba caer en la zona del corazón, experimentaba una suave expansión de ternura, como si recibiera caricias internas. El amor comenzó a emerger en ella. Las sílabas del mantra parecían fundirse con su corazón.

En el caso de esta mujer, el *bhavana* devocional la ayudó a abrir el mantra. Para otra persona, repetir el mantra con el sentimiento de que las sílabas laten con energía iluminadora u ofrecérselo al Amado interior puede provocar la apertura. Puedes pensar en el mantra como si fuera luz o incluso visualizar las sílabas como letras de luz dentro de tu conciencia. Si eres visual, tal vez necesites hacer visualizaciones mientras repites el mantra para poder abrirlo. Si responds más al sonido, prueba a tener el sentimiento de que lo cantan para ti; trata de escucharlo como si lo cantaran en tu interior. Si eres quinésico, busca los latidos, la experiencia energética, en él. Yo soy meditadora quinésica, y la práctica del mantra solo comenzó a darme buenos resultados cuando aprendí a ver las sílabas como energías y a sentir cómo cada una de ellas latía en mi interior mientras la repetía. Después, la energía del mantra comenzó a abrirse como una dulzura intensa, un sentimiento de amor en aumento.

Con el tiempo, cuando nos sensibilizamos con el mantra, aprendemos a mantener las sílabas dentro de nuestra conciencia de forma que podemos sentir la vibración, el latido de la Shakti, en las sílabas. En este punto, comenzamos a poder fundir nuestra atención en la energía del mantra; al hacerlo, sentimos cómo el mantra empieza a hundirse a través de las capas de nuestro ser sutil y a llegar a niveles cada vez más profundos. El mantra nos lleva del nivel consciente, en el cual tenemos que repetirlo claramente con cada respiración, a un espacio más subconsciente, donde a veces podemos sentir cómo late por debajo de nuestra conciencia consciente. Llega un momento en que las sílabas parecen latir con amor, con Conciencia, con un sentimiento de expansión o incluso con luz. En otras palabras, comenzamos a experimentar una sensación palpable de Presencia en el mantra mientras lo repetimos. Uno de los principales textos shivaítas, el *Spanda Karikas*, se refiere a esa Presencia con el término *spanda*, que significa «latido» —el latido original de la energía divina que crea el universo y permanece alojado en todas las partículas—. El mantra, de hecho, es uno de los vehículos principales que podemos usar para ser conscientes de esa energía base.

> *Si quieres la verdad, te diré la verdad: escucha el sonido secreto, el sonido real, que está dentro de ti. Aquel del que nadie habla cuenta el sonido secreto, y es aquel que lo ha hecho todo.*
>
> KABIR[12]

Una vez que comienzas a sentir esa energía, empiezas a disfrutar repitiendo el mantra. Al igual que los poetas y santos Tukaram y Namdev, cuya práctica esencial consistía en repetir los nombres de Dios, experimentas una profunda alegría con la simple repetición, una y otra vez, de las sílabas en tu mente.

Esa experiencia de una presencia energética en las sílabas es una señal de que el mantra se ha resquebrajado y se ha abierto para ti y estás experimentando el «verdadero» mantra, el mantra interno. Ramana Maharshi dijo en una ocasión: «El mantra es nuestra verdadera naturaleza. Cuando reconocemos al Ser, la repetición del mantra prosigue sin esfuerzo. Lo que, en una fase, es el medio, se convierte en la meta en otra».[13]

Esta experiencia puede producirse bastante pronto en tu práctica. Cuando estás sumergido en profunda meditación, a veces sientes que el mantra se disuelve en la luz, en pura energía, en dicha. Algunos han «visto» la forma de una deidad emergiendo del mantra. En meditación, un hombre se vio a sí mismo cabalgando sobre las sílabas del mantra, las cuales formaban un arco de luz que terminaba en un mar de resplandor. Una mujer joven, mientras repetía el mantra *So'ham*, comenzó a escuchar cómo el mantra se repetía espontáneamente por sí mismo, y después sintió cómo su conciencia se abría hasta que se experimentó a sí misma como pura amplitud.

Cuando repito mi mantra con mucho sentimiento, a veces siento que su energía llena mi cuerpo, y a continuación parece convertirse en un *lingam* blanco —estatua con forma de pilar que es adorada en la India como representación del Absoluto sin forma—. Luego, esa forma desaparece y me quedo con un sentimiento de silencio y presencia pulsante.

Cuando el mantra comienza a revelarse en el nivel más profundo, tanto las sílabas como la sensación de pulsación desaparecen completamente, y solo experimentamos Conciencia pura, el mantra como puro silencio. Ese es el estado de *samadhi* —un estado consciente de ensimismamiento en el amor, el poder y la Conciencia cristalina.

Desembalar un mantra: So'ham

Para la práctica básica que realizaremos más adelante, trabajaremos con uno de los grandes mantras sánscritos, *So'ham*. Sin embargo, si ya trabajas con un mantra, siéntete libre para usar aquel con el que ya estás familiarizado.

So'ham a veces es denominado el mantra natural o el mantra de la respiración, porque su sonido es como el susurro natural que produce la respiración cuando entra y sale de las fosas nasales.

> *Trata de conseguir un momento en que solo veas a Dios en cielo y tierra.*
>
> ABU YAZID AL'BASTAMI[14]

So'ham significa «Yo soy Eso». «Eso» hace referencia a la Conciencia pura en el corazón de la realidad. De modo que el mantra *So'ham* te recuerda que tu verdadero Ser es idéntico a la Conciencia pura. Expresa la comprensión que alcanzan los seres iluminados. Cuando lo coordines con tu respiración, tal vez comiences a sentir que tu propio aliento te recuerda la verdad más profunda de quién eres. Sin embargo, si el ejercicio con la respiración te resulta incómodo, siéntete libre para limitarte a repetir el mantra a un ritmo relajado, dejando que se convierta en parte del torrente de tu conciencia y llegue a ser tu pensamiento dominante.

EJERCICIO: PRÁCTICA BÁSICA DEL MANTRA *SO'HAM*

Siéntate con la espalda recta en una postura cómoda y cierra los ojos. Céntrate en el flujo de tu respiración. Con suavidad y una atención relajada, comienza a pensar en el mantra *So'ham*. Coordina las sílabas con la respiración –*so* en la espiración y *ham* en la inspiración–. O, simplemente, recita el mantra para ti mismo con un ritmo suave y relajado.

Escucha las sílabas mientras las repites. Permite que tu atención se centre cada vez más en las sílabas del mantra.

Siente cómo cada sílaba cae suavemente dentro de tu conciencia. Con delicadeza, sintoniza con la sensación energética que el mantra crea en tu interior. Cuando surjan pensamientos, lleva tu atención de nuevo al mantra tan pronto los detectes. Si tu atención divaga, llévala con suavidad de regreso al mantra. Poco a poco, deja que se convierta en el pensamiento predominante de tu mente.

El bhava esencial: sentir la Presencia en las sílabas

Cualquier mantra funcionará con mayor rapidez si puedes recordar que el resplandor de la suprema Conciencia está presente en sus sílabas. Esta es la instrucción principal, aplicable no solo a la repetición del mantra, sino a cualquier práctica que realices. Es el *bhava* definitivo, y, sin embargo, puede parecer demasiado abstracto y difícil de practicar al principio.

La mejor manera de operar con esta instrucción es tratar de no «comerla de un solo bocado», por así decirlo, y usarla como una invitación para investigar tu experiencia con el mantra. Trabajar con una instrucción como «siente la Presencia de Dios, de la Conciencia universal, en las sílabas del mantra» te enfrenta al intervalo entre la enseñanza y la experiencia. Te desafía a comprender cómo la Conciencia pura puede estar presente dentro de una palabra. La respuesta que encuentres deberá ser una verdadera respuesta, no una simple formulación intelectual. Para que eso suceda, necesitas preguntarte a ti mismo, indagar: «¿Qué experimento verdaderamente? ¿Cómo debo mantenerme para que el mantra revele su esencia interna? ¿Cómo puedo profundizar en el mantra?».

Mantener este tipo de estado despierto y contemplativo mientras repites el mantra da vida a tu práctica. Impide que se vuelva mecánica. Te lleva a la comprensión. Recientemente hablé con un hombre que me dijo que cuando le dieron por primera vez la instrucción «siente la Presencia divina en las sílabas del mantra», se volvió tan loco que terminó por pedirle al propio mantra que le ayudara. «¿Qué quieren decir con eso de que eres divino?», preguntaba una y otra vez. Un día, el mantra le «respondió». Comenzó a vibrar con ondas de éxtasis a través de su pecho. El sentimiento de éxtasis se expandió y, junto con el mantra, la conciencia de este hombre y su sentido de ser comenzaron a expandirse hacia fuera, hasta que sintió que su cuerpo contenía un amplio espacio.

El sabio de Cachemira Somananda dio una instrucción clave sobre la repetición del mantra. Dijo que hay que hacerlo con el sentimiento de que tú, el mantra y la meta del mantra no sois diferentes. En otras palabras, todo tiene que ver con la identificación. La idea es que pienses que *el mantra describe quién eres, del mismo modo que normalmente asumes que tú eres tu cuerpo o tu historia personal*. Cuando alguien te llama por tu nombre, respondes. De la misma manera, si te identificas con el mantra, con su luz y su energía transformadora, esto te lleva inmediatamente a un estado meditativo. Una vez más, la instrucción es una invitación a la contemplación. Es una forma de establecer una relación más vibrante con el mantra.

Cuando pienses en cómo hacer para identificarte con el mantra, tal vez te sorprendas descubriendo mucho sobre quién eres y sobre lo que el mantra es realmente. ¿Cómo haces para poder identificarte a ti mismo con una palabra? Durante años, les he preguntado a muchas personas cómo hacen para identificarse con un mantra, y he escuchado muchas respuestas imaginativas. Una forma es imaginar que el mantra es una nube que te rodea por todas partes. Otra es visualizarlo como agua o luz, y verte sumergido en él. Y otra consiste en acercarte como energía cada vez más al mantra hasta que sientas que estás dentro de él. Todas estas prácticas ayudan a abrirse a la experiencia de repetir un mantra.

EJERCICIO: SENTIR EL MANTRA COMO LUZ

Siéntate tranquilamente y comienza a respirar con el mantra *So'ham*. Céntrate con delicadeza y no trates de controlar la respiración de ninguna forma. Inspira con el pensamiento sutil *ham* y espira con el pensamiento *so* (o simplemente repite en silencio *So'ham, So'ham* a un ritmo relajado).

Considera que, mientras te centras en el mantra, sus sílabas te están recordando que eres Conciencia, que en esencia eres la luz de la propia Conciencia. Permítete asimilar esto. El mantra dice tu nombre, el nombre de tu verdadero Ser. Tómate un momento para sentir y contemplar el significado de esto.

Después, abandona esa contemplación y simplemente céntrate con suavidad en la energía que reside en las sílabas del mantra mientras estas caen en tu espacio interior.

Siente la energía que late dentro de los sonidos, e imagina que las sílabas del mantra emiten luz. Deja que la luz aparezca a su manera. Tal vez sea dorada o blanca, o quizá la sientas simplemente como una luminosidad energética. Incluso si no eres una persona visual, podrás sentir la luz como energía dentro de las sílabas del mantra.

Siente que esa luz, esa energía, lleva infinitas bendiciones. Siente que la energía de la luz en las sílabas se derrama por tu cuerpo con cada respiración.

Mientras *ham* fluye hacia dentro con la inspiración, se derrama en tu cuerpo en forma de luz y bendiciones. Cuando *so* fluye hacia fuera con la exhalación, se expande a través de tu cuerpo como luz y bendiciones. Con cada respiración, deja que la energía luminosa que hay en las sílabas se expanda. Comienza a sentir que te encuentras dentro de la energía del mantra y que la luz de este se derrama por tu cuerpo hasta que te llena y te rodea por todas partes, como un río de luminosidad líquida o una nube de energía pulsante. Relájate sumergido en esas sensaciones, descansa en el mantra mientras llena todo tu ser.

Si surgen pensamientos –incluso grandes comprensiones–, deja que se vayan tan pronto los percibas y lleva tu atención de vuelta al mantra y a la sensación expansiva de su energía y su luz.

El espacio entre las respiraciones

El sabio de Cachemira Kshemaraja, en su libro *Pratyabhijna Hrdayam* (El corazón del reconocimiento), ofreció en muy pocas palabras uno de los grandes secretos místicos al afirmar que la forma de experimentar la plenitud de la realidad definitiva es expandir el *madhya* o centro.[15] *Madhya* es un término técnico que hace referencia al punto inmóvil situado entre las dos fases del movimiento. Cuando un péndulo oscila, hay una fracción de tiempo al final de cada oscilación en el que el movimiento se detiene, justo antes de que el péndulo vuelva a oscilar de regreso. Ese momento de pausa es el *madhya*, el punto inmóvil central a partir del cual surge el movimiento del péndulo. Todo movimiento, tanto si es el balanceo de un hacha como la corriente o el flujo del pensamiento, surge de ese punto de quietud. Ese punto fijo es una puerta abierta al corazón del universo, un lugar donde podemos adentrarnos en la gran Conciencia más allá de nuestra pequeña conciencia. Como escribió el santo medieval inglés Julian de Norwich: «Dios está en el punto medio entre todas las cosas».[16]

Una de mis descripciones favoritas de esta realidad proviene del poema «Burnt Norton», de *Cuatro cuartetos,* de T. S. Eliot:

En el punto inmóvil del mundo en rotación.
Ni carnal ni descarnado.
Ni desde ni hacia; en el punto inmóvil está la danza.
Ni detención ni movimiento. Y no digan que es fijo
el lugar que reúne pasado y futuro. Ni movimiento desde ni hacia.
Ni ascenso ni descenso.

De no ser por el punto, el punto inmóvil, no habría danza
Y solo existe la danza.
Solo puedo decir que allí estuvimos, pero no sé dónde.
Y no puedo decir cuánto tiempo,
porque eso sería situarlo en el tiempo.[17]

El *Tripura Rahasya*, un maravilloso texto del *Vedanta*, llama a estos significativos puntos inmóviles «*samadhis* efímeros».[18] Estos puntos existen en muchos momentos diferentes. Uno de ellos es el intervalo entre el sueño y el despertar, el momento en que te despiertas pero aún no eres totalmente consciente. Otro es el momento previo a un estornudo o el punto más alto de un bostezo. Otro, el espacio entre los pensamientos. Si centramos nuestra atención en uno de esos intervalos, este puede abrirse para nosotros, y entonces nos encontraremos en el *madhya*, «el punto inmóvil del mundo en rotación», el lugar sin ubicación donde dejamos la actividad del universo manifiesto y entramos en el vacío del corazón de la manifestación.

Este es, de hecho, el reino interno que Ramana Maharshi, Abhinavagupta y otros sabios han llamado el Corazón —refiriéndose no al corazón físico, ni siquiera al chakra del corazón, sino al Gran Corazón místico que contiene Todo-lo-que-Es—. Este es el lugar de la quietud definitiva, donde el microcosmos de la conciencia humana se expande en la amplitud macrocósmica de lo fundamental. Es la Conciencia que subyace a todas las formas. La mente divina. El Ser.

Uno de los puntos de entrada al *madhya* más accesibles es el espacio entre la inspiración y la espiración, y entre la espiración y la inspiración.

En el siguiente ejercicio tendrás la oportunidad de acceder al espacio entre las respiraciones centrándote en el sonido de la propia respiración. El secreto para entrar en ese espacio es la conciencia y una atención relajada y sutil. El espacio entre las respiraciones es diminuto y sutil —tan sutil que, al principio, parece que apenas está ahí—. De modo que, para entrar en él, necesitas prestar mucha atención.

EJERCICIO: EL ESPACIO ENTRE LAS RESPIRACIONES

Sentado con la espalda recta en una posición firme, pero relajada, centra tu atención en el movimiento de la respiración. Permite que la inspiración llegue a la zona del corazón, en el centro del pecho, y que la espiración salga de allí.

Mientras respiras, deja que el aire, al pasar por las fosas nasales, haga un pequeño sonido. Tal vez notes el sonido *ham* ligeramente audible en la inspiración y, a veces, el sonido *so* o *sah* cuando espiras. Como vimos anteriormente, *ham* significa «Yo» en sánscrito y *so/sah* quiere decir «Eso». El sonido de la respiración es un mantra natural, como si se nos recordara con cada inhalación y exhalación nuestra identidad con el Infinito. Pero no es necesario escuchar el sonido como un mantra. Basta con escucharlo tal como es.

Presta atención al sonido que hace la respiración y nota que cuando termina, en la zona del corazón, hay una pausa infinitesimal, un diminuto «espacio» de quietud. Céntrate en esa pausa. No trates de alargarla, simplemente percíbela.

Después, cuando comience la espiración, sigue el sonido del aire hasta que termine en el espacio exterior. Una vez más, nota la pausa. Céntrate con suavidad allí, pero no trates de alargarla.

Mantente siguiendo la respiración de esta forma, centrándote suavemente en el espacio interno y el espacio externo. Deja que la práctica absorba tu atención.

No necesitas preocuparte por si sientes que sucede algo o no, y no tienes que sentirte frustrado si el espacio no se abre más. La puerta al *madhya* se abre mediante la gracia, por su propia voluntad. Si te limitas a permanecer ahí, la expansión se producirá en algún momento.

En mi caso, ¡se abrió con un golpecito en la cabeza! Unas semanas después de que mi maestro me hubiera enseñado por primera vez esta práctica, estaba sentada en la sala de meditación de su *ashram* y trataba de sentir el espacio entre las respiraciones. Sin embargo, por mucho que lo intentara, el espacio no se ampliaba. Era tan pequeño que parecía no existir.

De repente, la puerta se abrió y mi gurú entró en la sala. Caminó hasta donde yo estaba y, repentinamente, me dio un golpecito en la cabeza. Al momento siguiente, se abrió un vasto abismo entre mi inspiración y mi espiración. La respiración cesó, y yo estaba dentro de un espacio inmenso, una especie de océano de Conciencia.

Hay que reconocer que este es un ejemplo bastante espectacular de cómo un gurú puede ayudar al alumno a abrir el espacio interior. No necesitas que un gurú o un maestro zen te aporree en un lado de la cabeza para que el espacio interior se abra. Basta con sentarse, practicar la técnica y esperar. Con el tiempo, te sensibilizarás a la sensación del espacio que hay allí. Después, un día, quizá cuando tus pensamientos se hayan debilitado o ralentizado lo suficiente como para que puedas percibir de una forma más sutil, notarás que el espacio se alarga. Podrás sentir el hueco entre las respiraciones y entrar en él durante un tiempo –incluso cuando el aire continúa entrando y saliendo.

Una forma de saber que estás ahondando en la práctica es cuando comienzas a notar que tu respiración se mueve «horizontalmente». En lugar de sentir la totalidad del arco de la respiración que entra a través de las fosas nasales, va al corazón y regresa, te parecerá que inspiras y espiras desde el pecho. A veces, en lugar de una respiración horizontal, el aire entra y sale en un movimiento circular que parece operar independientemente del cuerpo. En ese punto, puedes comenzar a experimentar cómo el espacio interior del organismo está conectado con el espacio exterior. Puedes reconocer que ese campo de Conciencia conecta ambos espacios y que la separación que normalmente hacemos entre dentro y fuera no es más que una ilusión.

En general, es mejor dejar que el aire entre y salga de forma natural –no retener la respiración ni tratar de forzarla para que se extienda–. Sin embargo, he descubierto que, en algunos momentos –quizá al comienzo de la práctica diaria– el siguiente ejercicio puede darle un pequeño empujón al proceso, al ofrecerte una muestra del espacio entre las respiraciones. Recrea el estado que queremos que surja espontáneamente; en este caso, el momento en que el *madhya* comienza a revelarse en la meditación.

EJERCICIO: DESCUBRIR A DIOS AL FINAL DE LA ESPIRACIÓN

Cuando la espiración termine, permanece así durante treinta segundos o el tiempo que te resulte cómodo. Descansa en ese estado en el que no hay más respiración. Después, nombra a ese espacio «Dios», «Ser» o «Conciencia pura». Permitirte permanecer en ese momento de vacío al final de la espiración es una forma de entrar en el espacio del Ser. Nota cómo cuando permaneces dentro de él estás totalmente en el presente. No hay pasado ni futuro, solo la experiencia del ahora.

MEDITACIÓN SOBRE LA CONCIENCIA

Meditar sobre la Conciencia pura con frecuencia se considera una práctica avanzada, principalmente porque es tan elusiva e insustancial que a un principiante puede resultarle muy difícil encontrar en ella un punto de apoyo. Pero una vez que la mente se ha desprendido de parte de su agitación superficial y ha adquirido un poco de sutilidad, esta práctica suele presentarse de forma natural. De hecho, con frecuencia se produce espontáneamente.

Cualquier técnica que utilices para meditar desaparecerá con el tiempo, incluso si tratas de aferrarte a ella. En la India, hay un dicho que afirma que una técnica es como el coche que conduces para ir al templo: cuando llegas al templo, dejas el coche. De hecho, «el coche» de tu técnica de meditación normalmente falla mucho antes de que llegues al templo. En cierto momento, las sílabas del mantra se disuelven en latidos de energía, la forma visual se funde con el espacio que la rodea y la respiración se ralentiza o se detiene. Te quedas solo con tu propia conciencia desnuda, tus propias sensaciones internas, la pulsación básica de tu propia energía.

Algunas personas se preocupan cuando llegan a ese punto. Piensan que han perdido la técnica y que algo va mal. Sin embargo, esto significa que la técnica da sus frutos. Una vez que la mente está centrada y relativamente en calma, nuestra Conciencia más profunda emerge de forma natural y se presenta a sí misma como el objeto primario de meditación. Usando la metáfora de Emily Dickinson:

Los puntales sostienen la casa
hasta que la casa está construida.
Luego los puntales se retiran,
y adecuada, erecta,
la casa se sostiene a sí misma.[19]

La Conciencia, desde luego, no es una casa ni ningún otro objeto. Es la materia eterna, aquello que Meister Eckhart llamaba «el terreno del ser». Como esta técnica es tan directa, puede crear un gran cambio en nuestra comprensión, incluso si solo podemos seguirla durante unos instantes.

La mayoría de los días comienzo mi práctica meditativa trabajando con una forma, del modo que hemos visto cuando hablé, en este mismo capítulo, de las técnicas con mantras. A veces me centro en el mantra, y otras sigo la respiración o busco el espacio al final de la espiración. En un determinado momento, normalmente media hora o cuarenta minutos después del inicio de la sesión, el torrente de pensamientos disminuye hasta convertirse en un hilo, el objeto de enfoque se funde en la Conciencia de donde ha surgido, y mi atención se centra en la energía sutil y pulsante que subyace a mis pensamientos. En ese punto, mi meditación se centra directamente en el campo de energía de mi propia conciencia. Para mí, esto es el corazón de la práctica meditativa —simplemente estar presente con la pulsación de la energía que late constantemente dentro de mi Conciencia.

Analicemos un poco esa pulsación. Es una de las claves más importantes para la meditación profunda.

EJERCICIO: ENCONTRAR LA PULSACIÓN EN TU CONCIENCIA

Siéntate en una postura cómoda, con la espalda recta. Con los ojos cerrados, contempla tu conciencia interna. No busques nada. Simplemente, observa tu mundo interno con el ojo interior y sé consciente de lo que este ve cuando cierras los ojos. Tal vez veas una luz azul o un campo gris, o quizá una bruma de oscuridad llena de pequeños puntos de luz, como una pintura puntillista. Buscas lo que en sánscrito recibe el nombre de *chitta*, la materia mental, la conciencia interna. Este es el campo energético del que surgen todos los pensamientos, sentimientos, percepciones y sensaciones, y en el que también se hunden.

Ahora, percibe la cualidad dinámica de esta conciencia interna. Date cuenta del reflejo constante del movimiento sutil, una especie de vibración o pulsación dentro de ella. Tu conciencia interna está hecha de energía. Vibra y es su vibración la que da origen a los pensamientos, sentimientos e imágenes.

Mira si puedes ser consciente de la pulsación de tu conciencia. En su forma física esa pulsación se manifiesta como los latidos del corazón, pero, si prestas más atención, podrás sentir una pulsación más sutil por debajo de los latidos del corazón.

Si no sientes inmediatamente la pulsación sutil, céntrate en los latidos del pulso cardiaco.

Permanece con el pulso del corazón hasta que comiences a sentir su nivel más sutil, o veas cómo su pulsación reverbera por todo el cuerpo. O, si sientes una pulsación de energía en cualquier otra parte del cuerpo, céntrate en ella hasta que gradualmente seas consciente de la pulsación más sutil que subyace allí.

En sánscrito, esa pulsación más sutil recibe el nombre de *spanda*, que significa «latido» o «vibración». Según el *Spanda Karikas* (*Versos sobre la vibración*), uno de los principales textos del shivaísmo de Cachemira, el *spanda* es el impulso original de energía que crea toda la vida y todos los mundos y los mantiene en movimiento. Cuando sientes la pulsación dentro de ti, sientes tu propia chispa personal de esa inmensa fuerza de vida primordial. Es la energía que está detrás de la respiración, de los latidos del corazón, y del movimiento de nuestros pensamientos y sentimientos. Es también la fuente de todas las experiencias que tenemos en la meditación. Cuando profundizas en la meditación, te das cuenta de que ese latido, esa pulsación sutil, de hecho, medita *en ti*.

Los textos tántricos hablan de esta pulsación como la pura expresión de la kundalini, el poder evolutivo en nuestro interior. Un texto shivaíta medieval, *Tantra Sadbhava*, afirma que el mismo poder que da vida a un mantra es inherente a la mente de un meditador avanzado. Notas su latido a medida que te tranquilizas en la meditación. Esa energía pulsante gradualmente lleva la mente a la meditación. Si te centras en ella y la sigues, te transportará a su fuente, al silencio definitivo del Ser.

Una vez que sientes la pulsación sutil, quédate allí. Deja que se convierta en tu punto de enfoque, como si fuera un mantra. Cuando pierdas el contacto con ella, regresa allí. Mientras permaneces con la pulsación, esta te llevará cada vez a mayor profundidad en el campo de tu propio ser.

> Al pensar en la magnitud del cielo, medita en la vastedad sin centro ni márgenes.
>
> MILAREPA[20]

Desde luego, existen muchas otras formas de practicar directamente la entrada en la Conciencia. Algunas de esas prácticas, como ser consciente de la Conciencia o ser el observador o el testigo de los pensamientos, pueden encontrarse en el capítulo 2. La que sigue es una adaptación de la que aparece en el *Vijnana Bhairava*,[21] una práctica que los yoguis han utilizado durante años.

EJERCICIO: ESTÁS EN UN OCÉANO DE ESPACIO

Siéntate en una posición cómoda, con la espalda recta, cierra los ojos y funde suavemente tu atención con el flujo de la respiración que entra y sale por las fosas nasales. Sigue llevando tu atención a la respiración cada vez que esta divague. Haz esto hasta que notes que la respiración se ralentiza y los pensamientos se calman.

Imagina que tu cuerpo está totalmente vacío, como si tu piel fuera una fina membrana, similar a la de un globo, y dentro no hubiera más que espacio. No solo tu cuerpo está lleno de espacio, sino que este también te rodea por todas partes. Cuando inspires, siente que inhalas espacio a través de los poros de tu cuerpo. Espira con el mismo sentimiento. Tu piel es una membrana porosa y delicada, y respiras a través de ella. Estás en un océano de espacio. Con cada respiración, permítete adentrarte en ese espacio con delicadeza.

TERMINAR LA PRÁCTICA

Del mismo modo que las prácticas preliminares te ayudan a ir hacia dentro, las empleadas para terminar tu sesión de meditación te ayudan en la transición del espacio interior al enfoque externo. El cierre es una especie de ceremonia que crea un contenedor para la energía que has generado durante la meditación y que también puede ayudar a que sus beneficios se extiendan a los demás.

Aquí tienes tres pasos sencillos para terminar la sesión:

- Primero, junta las manos y en silencio da las gracias a tu cuerpo y a tu mente por apoyarte durante la práctica. (Sin la gracia de tu cuerpo y de tu mente, tu meditación nunca hubiera despegado, de modo que es importante adquirir la costumbre de darles las gracias, incluso si tu cuerpo ha estado inquieto y tu mente no ha dejado de ir de un lado a otro.)
- Segundo, agradece la energía y la gracia que le dieron poder a tu práctica y permitieron que se produjera.
- Finalmente, termina ofreciendo tu práctica. Al inclinar la cabeza, puedes pedir interiormente: «Que esta meditación lleve el bien a todos los seres», o «Que mi meditación contribuya a la paz y armonía del mundo», o simplemente puedes dar tus bendiciones: «Que todos los seres de todas partes sean felices y libres».

Tal vez quieras ofrecer tu práctica como contribución al bienestar de una determinada persona, para el bien del planeta o para llevar paz, armonía o sanación a una situación que lo necesite.

Encontrarás más ejercicios para cerrar la meditación en el capítulo 10.

SIGUE TU INSTINTO

Todas las prácticas de este ejercicio abren al Ser. Todas son poderosas y están impregnadas de la energía de muchos linajes de meditadores iluminados. Te sugiero que dediques un tiempo a cada una para experimentarlas. Percibe en qué forma cada técnica influye en tu meditación. Si una práctica parece no ajustarse a ti, prueba con otra.

Por supuesto, no querrás convertirte en un adicto a las técnicas, que salta de ejercicio en ejercicio sin llegar a profundizar nunca en una técnica en particular. Sin embargo, si has entendido claramente que una técnica no es un fin en sí mismo, sino solo una puerta a la gran Conciencia, puedes comenzar a sentir qué puerta va a abrirse con mayor facilidad para ti en un momento determinado. Algunas prácticas te llenarán de energía o te sacarán del estancamiento. Otras encenderán en ti la llama del amor. Y descubrirás que otras te ayudarán a calmar la mente agitada.

> La mente, dirigida hacia fuera, resulta en pensamientos y objetos. Llevada hacia dentro, se convierte en el Ser.
>
> RAMANA MAHARSHI[22]

Jugar con las diferentes prácticas nos ayuda a conocernos a nosotros mismos y a saber qué funciona mejor para nosotros. Cada uno tiene un sendero único, y, a la larga, nadie puede decirnos qué necesitamos. Esta es la razón por la que no existen reglas sobre la «mejor» forma de meditar, a excepción de que la práctica debe calmar la agitación de la mente y facilitar tu entrada en el silencio interior. Esto solo lo descubrirás con la práctica.

Hay un principio más que deberás recordar cuando trabajes con una técnica. Casi siempre que tenemos dificultades para profundizar en la meditación es porque mantenemos algún tipo de separación entre nosotros y la técnica, y entre nosotros y la meta. El antídoto para casi cualquier problema que surja en la meditación es abandonar el sentimiento de que tú, la técnica y la meta estáis separados. El *bhavana* de la unidad es tan poderoso que solo con pensar en ello, incluso si no te lo crees, cambiará la calidad de tu meditación.

CAPÍTULO 5

Ir hacia dentro:
la práctica de la unidad

H ace años, cuando comenzaba a meditar, me descubrí a mí misma nadando en un mar de luz. La luz me rodeaba por completo, deslumbrando mi visión interior que, aparentemente, no tenía límites. En el viaje de la meditación, de vez en cuando, nos llegan experiencias como estas; son como regalos o faros que nos muestran lo que es posible. A pesar de que, por lo general, no perduran, revelan verdades de la naturaleza de la realidad sobre las que podemos reflexionar durante años.

En esta meditación en especial, mientras sentía la luz a mi alrededor, una voz interior dijo con gran convicción y autoridad: «Conviértete en la luz». Sentí que, si podía arreglármelas para hacerlo, mi viaje finalizaría, o al menos haría un importante progreso. Pero no pude. El problema no era que tuviera miedo. Simplemente estaba atrapada, encerrada en el sentimiento de ser «yo». Mi sentido de identidad personal limitada era demasiado persistente como para soltarse.

Mientras salía de la meditación, sintiéndome profundamente decepcionada conmigo misma, surgieron tres palabras: «Practica la unidad». Mi Ser interior me estaba diciendo que, si no era capaz de manifestar la verdad, al menos podía practicarla, contemplarla y recordarla.

Desde entonces estoy convencida de que, incluso si olvidamos cualquier otra instrucción sobre la meditación, nunca podremos errar si recordamos que todo aquello que experimentamos, sea lo que sea, siempre es parte de un gran campo de luz, de energía, de Conciencia.

La unidad es la Verdad. Todos los maestros de las grandes tradiciones de la no dualidad dicen lo mismo, a su manera. Jalaluddin Rumi, los textos clásicos del *Advaita Vedanta* —como el *Avadhuta Gita*—, los maestros tibetanos de Dzogchen, el místico alemán Meister Eckhart... todos ellos nos han dicho que solo hay una realidad, una Conciencia en el universo, y que nunca hemos estado separados de ella. También señalaron que todos nuestros problemas, desde el miedo a la soledad hasta la falta de amor entre unos y otros en la Tierra, surgen del sentimiento de separación. De modo que incluso un instante en que se recuerde la unidad va a la raíz de nuestro dilema humano. Mejor aún es seguir el consejo de Somananda, el sabio de Cachemira autor de *Shiva Drishti* (El punto de vista de Dios), un importante texto tántrico. La posición de Somananda es la siguiente: «Yo soy Dios, y todos los instrumentos de mi *sadhana* [práctica espiritual] son Dios. Al ser Dios, alcanzaré a Dios».

Por supuesto, saber esto únicamente a nivel intelectual no es suficiente. Una famosa parábola del Vedanta nos habla del rey sabio Janaka, quien solía repetirse «*So'ham*», es decir, «Yo soy Eso» —refiriéndose al Absoluto— una y otra vez. Un día, mientras estaba a las orillas de un río cercano y decía «*So'ham, So'ham*», escuchó a un hombre repetir una y otra vez desde la otra orilla:

—Tengo mi cuenco del agua, tengo mi bastón.

En un principio, Janaka se molestó. Después, sintió curiosidad.

> El conocimiento de la identidad de uno con el Ser puro... libera a la persona incluso en contra de su voluntad cuando este conocimiento llega a ser tan firme como la creencia de esa persona de que es un ser humano.
>
> SHANKARACHARYA[1]

—¿Por qué repites sin cesar que tienes tu cuenco de agua y tu bastón —le preguntó—. ¿Quién dijo que no los tienes?

El hombre, que como sucede a menudo en este tipo de historias, era un sabio disfrazado, replicó:

—¡Eso es precisamente lo que yo quería preguntarte! Tú ya eres el Absoluto, así que ¿por qué tienes que gritarlo una y otra vez?

Lo que realmente quería decir era que no es suficiente con limitarse a practicar la unidad. Necesitamos manifestarla, conseguirla, permitirnos *ser* Eso.

Aun así, practicar la unidad ayuda a incrementar nuestras oportunidades de experimentarla. Esa es la ley principal de la transformación interna: la práctica crea un clima interior en el cual la gracia puede revelar la realidad que tratas de descubrir. Si continúas alimentando el *bhava* de la unidad en tu mente, tu intelecto y tu imaginación, con el tiempo tu conciencia responderá generando sus propias intuiciones y manifestaciones espontáneas de unidad. Esta es una de las razones por las que resulta tan importante que quienes practican la meditación lean las enseñanzas de seres iluminados que hablan desde el estado de unidad. Nuestro sentido de la dualidad es tan tenaz y está tan arraigado que mantener un sentimiento de unidad no es fácil. La mente puede captar el concepto durante un momento, solo para abandonarlo después rápidamente cuando una emoción apasionante o un miedo seducen su atención.

LOS FILÓSOFOS SHIVAÍTAS DE CACHEMIRA

Llegados a este punto, me gustaría decir unas palabras sobre el shivaísmo de Cachemira, el sistema filosófico que constituye la base de la mayoría de las enseñanzas de este libro.

El shivaísmo de Cachemira tiene una historia bastante sorprendente. Entre los siglos VII y XIII de nuestra era, floreció un linaje de yoguis filósofos en el norte de la India. Pertenecían a una comunidad brahmán llamada panditas, que vivía enclaustrada en la ciudad de Srinagar. Fuera del valle de Cachemira nadie sabía de su existencia, aunque su tradición estaba vinculada a las escuelas de pensamiento no dual del sur y oeste de la India, así como a otras escuelas de tantrismo hindú y budista del norte del país.

> *Toma un cántaro lleno de agua y ponlo en el agua; ahora tiene agua dentro y agua fuera. No debemos darle un nombre, dejemos que los idiotas empiecen a hablar otra vez del cuerpo y el alma.*
>
> KABIR[2]

Los maestros del shivaísmo de Cachemira no solo eran filósofos teóricos. Muchos de ellos eran *siddhas*, yoguis iluminados que utilizaban el sistema como una forma de expresar sus experiencias internas en palabras. Su camino era una jugosa amalgama de doctrinas metafísicas, mapas de la conciencia humana, prácticas yóguicas y devoción. Adoraban la Realidad suprema como la gran Conciencia divina, con dos aspectos inseparables que llamaban Shiva y Shakti —el primero era la Conciencia suprema y el segundo, su Poder creativo intrínseco—. Puesto que sus comprensiones les mostraban que la Shakti se convierte en todas las formas de este mundo, sutiles y físicas, no tenían problemas en adorar la Realidad absoluta como una deidad personal, como la Conciencia sin forma que todo lo impregna y como su Ser más recóndito. Shiva, como la divina inteligencia suprema, también era considerado el maestro original de la tradición y la fuente suprema de sus principales textos —los *Shiva Sutras*, el *Malini Vijaya Tantra* y el *Vijnana Bhairava*—. Estos textos fueron inspirados, como mínimo, por las profundas experiencias meditativas de los maestros iluminados.

El rasgo más excepcional del sistema shivaísta es su no dualismo radical. Al rechazar la visión vedanta de que el mundo material es ilusorio, un sueño vacío, los sabios del shivaísmo de Cachemira veían todas las formas del universo como manifestaciones de la energía creativa divina, de la Shakti, el principio dinámico femenino. Adoraban la Shakti en ellos mismos, en la tierra y en todo lo material e inmaterial, y buscaban el corazón pulsante de la dicha divina en todos los campos de experiencia. Como astutos buscadores de la tradición, conocían innumerables caminos para desvelar la experiencia de lo divino. Sabían cómo extraerlo de los estados de terror, del placer o de los puntos álgidos de un estornudo; sabían cómo encontrar el latido del éxtasis en el espacio vacío, en la atención centrada y en las sensaciones que se producen con los balanceos, con los giros o con el disfrute de la música y el sabor de la comida.

Pero la percepción crucial del shivaísmo es su reconocimiento de que, cuando la conciencia humana deja atrás su identificación con el cuerpo y medita sobre sí misma, se revelará como una forma perfecta del «Yo» supremo, es decir, Dios. Al expandir su propia conciencia del Yo más allá de sus límites y superar su tendencia a aferrarse a definiciones limitadas de sí misma, los yoguis de la senda shivaíta experimentaban a Dios en ellos mismos.

Puesto que veían el mundo como algo divino, los yoguis shivaítas no tenían dificultades para disfrutar de todas las facetas de la vida. En esto eran muy diferentes de sus primos del Vedanta y de los budistas madhyamikas que habitaban en la misma región de la India. El shivaísmo no era el típico sendero de renunciantes. Abhinavagupta, el principal genio de la tradición, no solo era un filósofo y gurú ampliamente venerado, sino que también era esteticista, artista y músico, y el centro de un círculo en el que la experiencia sensorial –incluyendo el arte, la música y el teatro– se trasmutaba continuamente en yoga.

> *¿Puedes disuadir a tu mente de su deambular y ceñirte a la unidad original? [...] ¿Puedes limpiar tu visión interior hasta ver solo luz? [...] ¿Puedes alejarte de tu mente para comprender así todas las cosas?*
>
> LAO TZU[3]

Es esta comprensión –que un practicante de yoga serio no rechaza al mundo, sino que, en lugar de ello, transforma la experiencia diaria con su práctica– lo que diferencia al shivaísmo de Cachemira de muchas tradiciones yóguicas de la India y hace que su sistema resulte particularmente resonante en nuestros tiempos. Sin embargo, casi había desaparecido cuando una serie de acontecimientos sincrónicos lo rescataron de la oscuridad.

En los primeros años del siglo XX, el maharajá de Cachemira animó a importantes estudiosos de la zona a recopilar varios textos de la tradición. Estos se imprimieron, en sánscrito, en una edición limitada titulada *Serie de textos y estudios de Cachemira*. Los libros se enviaron sin darles mucho bombo a bibliotecas universitarias de la India, Europa y Estados Unidos, y acumularon polvo y pasaron desapercibidos hasta la década de los cincuenta. Fue entonces cuando unos pocos eruditos de todo el mundo –un bengalí especialista en sánscrito de Benarés, un francés de la Sorbona y un profesor italiano– se interesaron por estos textos y comenzaron a revisarlos. Aparecieron traducciones en francés e italiano, y algunos estudiantes de posgrado viajaron a Srinagar para sentarse a los pies de Swami Laksman Joo, uno de los últimos maestros vivos de la tradición.

> *Tú, que quieres conocimiento, mira la Unidad dentro de ti. Allí encontrarás el nítido espejo ya esperándote.*
>
> HADEWIJCH II[4]

A comienzos de los setenta, un erudito indio llamado Jaideva Singh comenzó a publicar versiones en inglés con comentarios de los textos clave del shivaísmo de Cachemira. Entre ellos se encontraba el

Pratyabhijna Hrdayam, un compendio de las enseñanzas esenciales sobre la identidad del individuo y lo divino, escrito en el siglo X por Kshemaraja, uno de los discípulos de Abhinavagupta. El *Pratyabhijna Hrdayam* condensa el núcleo de la filosofía de una forma especialmente sencilla para el practicante ordinario. Los veinte sutras y comentarios de este pequeño libro describen las etapas por las que la energía divina creativa (llamada *chiti* en el shivaísmo, o Conciencia creativa) se convierte en el mundo, al crear la ilusión de separación dentro de su unidad esencial, descender al estado de alma humana limitada y finalmente reconocerse de nuevo a sí misma (de ahí el título del libro, que significa «el corazón del reconocimiento»). Su punto más radical es que todo el proceso espiritual —el proceso de reconocer la divinidad intrínseca a uno mismo— es propiciado por la misma energía creativa que causó que nos olvidáramos de quiénes somos. En pocas palabras, se trata de una enseñanza de absoluta no dualidad.

Uno de los maestros que reconocieron la importancia radical de este texto fue Swami Muktananda, que vio su propia experiencia posterior a la iluminación descrita en él. Cuando comenzó a enseñar en Occidente, trajo consigo el *Pratyabhijna Hrdayam* y lo mostró a sus alumnos, algunos de los cuales ayudaron a introducir estos textos en el circuito espiritual de Occidente. También jugó un papel decisivo al conseguir que la editorial india Motilal Banarsidass lo publicara.

DESCUBRIR LAS ENSEÑANZAS

Para mí, así como para muchos otros que descubrieron el shivaísmo en esos años, estas enseñanzas crearon un cambio en mi conciencia casi tan radical como la experiencia del despertar de la kundalini. Desde el principio, el simple hecho de leer algunos de los aforismos del *Pratyabhijna Hrdayam* transformaba instantáneamente mi estado mental. Si en un momento determinado me sentía malhumorada, preocupada y descentrada, me bastaba recordar alguna de las enseñanzas del shivaísmo —como que «la Conciencia Universal manifiesta este universo a partir de su propia libertad, sobre la pantalla de su propio ser»— para que mi perspectiva se expandiera inmediatamente. Era como estar en una pequeña sala y, de repente, hacer que el techo desapareciera y poder ver el cielo. Incluso considerar la posibilidad de que esto pudiera ser verdad, de que todo estuviera hecho de una sola Conciencia, me exigía un replanteamiento completo de las ideas que tenía sobre mí misma.

Una tarde, a mediados de la década de los setenta, escuché una conversación entre dos amigos. Habíamos estado trabajando con una práctica para reconocer nuestra identidad con la Conciencia divina. Esto conllevaba observar nuestro proceso mental —en el cual los pensamientos surgen constantemente, permanecen durante un tiempo y después se disuelven— como un espejo del proceso cósmico de creación, mantenimiento y disolución de las formas naturales.

Uno de mis amigos se había ejercitado en esta comprensión con gran diligencia e inspiración. Aquella tarde en particular, con convincente entusiasmo, comenzó a describir sus experiencias. Nos dijo que se había dado cuenta de que todo lo que había en su interior era una manifestación de la Conciencia divina —y que en todo momento y en cualquier estado de ánimo podía reconocer la presencia de la energía divina, de Shiva, el Dios supremo.

Una mujer que escuchaba parecía sentirse cada vez más incómoda mientras él continuaba hablando de que todos éramos Shiva y todos éramos Dios. Finalmente, la mujer estalló con una objeción:

—Pero, ¿qué pasa si estás deprimido? —preguntó—. ¿Cómo puedes ser Shiva si estás deprimido?

—Si estoy deprimido, entonces, ¡soy Shiva deprimido! —dijo él.

—De ningún modo —replicó la mujer.

Podía entender su problema. A mí también me había costado entender que mis estados más tristes o incómodos eran divinos, inseparables de la totalidad de la Conciencia. Al igual que esa mujer, había asumido a un nivel muy profundo que solo podía estar cerca de la Verdad (ya no digamos ser una con ella) cuando era «buena», feliz, pura y me sentía positiva sobre mí misma. Me resultaba difícil comprender que la divinidad podía también existir en sentimientos como la depresión y la ira. Como dijo en una ocasión otro amigo: «¿Cómo puedo ser Dios si no me llevo bien con mi madre?».

La magia de verse a uno mismo intrínsecamente divino —divino incluso en tu humanidad defectuosa— es la siguiente: hace surgir un amor incondicional hacia ti mismo que cambia tu actitud con tu madre y también con tu depresión. No es que esos sentimientos negativos desaparezcan de la noche a la mañana. Dependiendo de nuestros hábitos mentales y tendencias, pueden continuar surgiendo durante un tiempo. Tampoco podemos dejar que nuestro conocimiento sobre nuestra divinidad intrínseca sea una excusa para permitirnos caer en la ira, la avaricia y otras emociones negativas. (Ramakrishna Paramahamsa solía decir que tanto la leche como el agua turbia son Dios, ¡pero no por ello bebemos agua turbia!)

> *Tanto mediante la inmensa alegría como mediante la angustia; tanto sobre un muro como en una jarra de barro; tanto desde los objetos externos como desde dentro, revélate a mí, ¡oh Dios!*
>
> UTPALADEVA[5]

Aun así, si puedes recordar que la energía divina, la Conciencia pura, la divinidad está presente incluso en medio de tu miedo, angustia y depresión, te resultará más fácil permitir que esos sentimientos vayan y vengan sin aferrarte a ellos, dejar que se aparten de tu camino y no rechazarte a ti mismo por tenerlos. Habrá momentos en los que tu recuerdo de la unidad disolverá por completo esos sentimientos. Recordar la unidad ayuda a que el amor emerja.

Se necesita mucha contemplación y autoindagación para mantener la comprensión de la unidad. A medida que practiques, verás —una y otra vez— el salto entre tus convicciones intelectuales y tu condicionamiento subyacente. Con los años, he recibido repetidas lecciones de humildad al ver la tenacidad con que me he aferrado a la identificación con mi cuerpo y mis planes personales, y al observar mi propia resistencia ante la propia fuerza que desea que me expanda.

Sin embargo, estos obstáculos comienzan a desaparecer cuando te enfrentas a ellos. En lugar de ceder ante la fuerza de tus hábitos mentales condicionados o sucumbir al miedo de ver tu propia amplitud, puedes simplemente preguntarte: «¿Qué hay detrás de esa resistencia? ¿Qué sentimiento profundo puede haber ahí?». Una vez que descubras de qué está hecha la resistencia, puedes hacer el ejercicio de la página 137 para trabajar con las emociones intensas, y desprenderte de cada capa sucesiva. Puedes seguir investigando sobre qué querían decir los sabios cuando afirmaban que no somos diferentes de la Conciencia, que no somos diferentes de Dios. De hecho, puedes hacerlo cada vez que te sientes en meditación sea cual sea la técnica que practiques.

PRACTICAR LA UNIDAD

Una buena forma de comenzar a practicar la unidad es a través de una enseñanza básica del shivaísmo: la idea de que, cuando repites un mantra, debes comprender que no hay diferencia entre tú, el mantra y la meta del mantra, es decir, la experiencia del Ser. Como la mayoría de las enseñanzas elevadas, esta instrucción parece sencilla. El desafío viene cuando tratas de llevarla a la práctica. ¿Cómo te las apañas para identificarte —identificar tu ser personal, sólido y físico— con un mantra, una palabra en sánscrito? ¿Cómo puedes llevar a la práctica esa instrucción?

Tienes que comenzar por desvincularte del sentimiento de que eres una persona particular y un ser físico. Es difícil identificarse con un mantra si te ves, incluso muy sutilmente, como Martha, la mujer morena de sesenta kilos que creció a las afueras de Louisville, Kentucky, que en secreto se preocupa por su peso y duda de si es una persona amorosa. Pero si te ves como energía o Conciencia, y si también ves el mantra como energía o vibración, el asunto es completamente diferente. Entonces, puedes empezar a alinear tu energía con la energía del mantra.

¿Cómo haces esto? Puedes tratar de trabajar con la pulsación en las sílabas y tu mente. Siente cómo las sílabas vibran en tu espacio interior cuando las pronuncias. Permítete sintonizar con la sensación de esa energía. Después, sintoniza con tu espacio interior, tu propia Conciencia, y siente el resplandor de la energía vibrante que hay allí. Sé consciente de que tú eres esa energía natural. Una vez que unes estas dos cosas, puedes sentir que la energía del mantra no es diferente de la de tu Conciencia. Puedes fundir mentalmente tu propia energía con la energía del mantra.

De modo que, para practicar la unidad, es útil abandonar la idea de que eres un cuerpo, al menos provisionalmente. Necesitarás sentir tu propia energía y comenzar a pensar en qué significa identificarte con la energía o la Conciencia, en lugar de con el cuerpo, los pensamientos o la personalidad. Inicialmente esta es la mejor forma de comprender el concepto de unidad: darse cuenta de que es tu Conciencia, tu energía y tu amor lo que es uno con los demás. (Con el tiempo, llegarás a ser consciente de que el cuerpo también es energía, pero al principio es mejor trabajar con aquella energía cuya sutileza sea más fácil de percibir.) Cuanto tú y yo nos identificamos con nuestros cuerpos, estamos a kilómetros de distancia. Cuando pensamos en nosotros mismos como personas individuales, somos totalmente diferentes. Solo como energía, como Conciencia, podemos experimentar la unidad.

Una vez que vemos y comenzamos a recordar que «Yo» no soy un cuerpo, sino un centro de Conciencia y energía, surgen espontáneamente todo tipo de métodos para practicar la unidad.

EJERCICIO: TU CONCIENCIA IMPREGNA AL MUNDO

Siéntate en una postura cómoda, con la espalda recta, cierra los ojos y presta atención al ritmo de tu respiración. Observa el flujo del aire que entra y sale de tus fosas nasales. Cuando surjan pensamientos, deja que fluyan hacia fuera con la respiración. Mantén tu atención en la respiración durante unos minutos.

Ahora lleva tu atención de la respiración a la Conciencia que sabe que estás respirando. A medida que te haces consciente de la Conciencia, percibe cómo todo lo que experimentas en este momento está contenido en ella. No es que tu Conciencia se encuentre en tu cabeza o dentro de tu cuerpo, sino que tu cuerpo, tu respiración y tus pensamientos están dentro de tu Conciencia.

Ahora, permite que la Conciencia se expanda hacia fuera. Con cada espiración, siente que se expande cada vez más. Deja que llene la habitación, después el edificio, a continuación los alrededores de este, y finalmente se expanda hasta el cielo y el universo. Permite que la Conciencia se extienda tanto como pueda. Descansa en la amplitud de tu Conciencia expandida.

ENTRAR EN LA EXPERIENCIA

Una forma quinésica y poderosa de llevar la experiencia de unidad a la meditación es entrar en todo aquello que se te presente, tanto si es un mantra como una imagen visual, el espacio del corazón o una imagen de Buda. Ya sea dolor en la rodilla o presión en la frente, el espacio entre las respiraciones o una visión, siempre puedes cambiar tu relación con aquello que se te presenta en la meditación si entras en él.

Me gusta utilizar un proceso imaginativo para hacer esto. Pienso en una puerta o abertura, y la atravieso. Hago esto varias veces hasta que siento que he entrado en la cueva interna del Ser, la cueva de la Conciencia. Con frecuencia necesito pasar por varias puertas internas sucesivas. Pero si no dejo de imaginarme puertas, aberturas o pasillos y continúo atravesándolos, llega un momento en que me encuentro en las capas más profundas de mi Ser. La Conciencia parece reconocer esta imagen de la puerta como una señal para entrar en los niveles más profundos y sutiles de sí misma. Es un proceso sorprendentemente sencillo y poderoso. Lo que espera al otro lado de la puerta, finalmente, es el Ser.

Cuando un buscador, con la mente centrada y libre de pensamientos, contempla de repente todo su cuerpo o la totalidad del universo como manifestaciones de la naturaleza de la Conciencia, experimenta el despertar supremo.

VIJNANA BHAIRAVA[6]

Puedes trabajar con este principio en casi cualquier situación. Sea lo que sea que aparezca ante ti en la meditación y sea cual sea la técnica que emplees, puedes entrar en él. Puedes crear una «puerta» dentro del flujo de la respiración que entra y sale del corazón imaginándote una abertura en el intervalo entre respiraciones. O puedes entrar en la respiración o en el mantra al imaginarte que te rodea como una nube o que estás inmerso en él como si fuera agua. O simplemente recordarte: «Esto es parte de mi propia conciencia».

Con frecuencia empleo la conciencia de la unidad como un antídoto contra los sentimientos de bloqueo o incomodidad. A veces, en meditación, llego a un punto en que no puedo avanzar. Es como si un muro interno o un bloqueo de energía obstruyeran el camino. Puedo experimentar una fuerte sensación de presión, e incluso dolor. Tratar de superarlo no funciona. Cuando dejo de rechazar mi sensación de incomodidad y me libero de mi resistencia a ella, puedo entrar en el dolor, y, a menudo, encuentro en él una entrada a un nivel de energía más profundo. Con frecuencia, al llegar a ese punto, el dolor simplemente se disuelve.

Cuando practicamos la unidad, practicamos la Verdad. Esa es la razón por la cual la unidad tiene tanto poder para cambiarnos. Miles de maestros iluminados de incontables linajes espirituales han reconocido esta Verdad y han transmitido la experiencia a sus discípulos. Su deseo de que la experimentemos es muy fuerte, y la fuerza de sus buenos deseos opera en nosotros cada vez que nos acordamos de dejar atrás nuestro sentimiento de separación. Un único momento en que recordemos la unidad nos conecta con el torrente de conocimiento que fluye de estos seres iluminados y nos abre a la revelación.

Desde luego, si deseamos que nuestra comprensión de la unidad sea algo más que un ejercicio intelectual o un recuerdo disciplinado de una hermosa enseñanza, necesitamos llegar a un acuerdo con nuestra tendencia a crear separación. Esto significa llegar a un acuerdo con la mente discursiva —*manas* en sánscrito—, cuya tendencia innata a vagabundear entre los matorrales del pensamiento y la percepción nos impide ver la unidad que hay detrás de nuestra experiencia. Como Cerbero, que vigilaba el umbral del inframundo en la mitología griega, la mente permanece vigilante a la puerta de la meditación profunda. Si no entablamos amistad con ella, nunca nos dejará entrar. Por esta razón, los textos de meditación dedican tanto espacio, tanta atención y tantos esfuerzos a la eterna cuestión: «¿Cómo tratar con la mente?».

CAPÍTULO 6

Trabajar con la mente, parte I: navegar por el río del pensamiento

Desde que los artistas del valle del Indo erigieron su famosa estatua del dios con cuernos sentado en meditación —unos cinco mil años antes de nuestra era—, los practicantes de meditación han lidiado siempre con el mismo panorama. Nos sentamos a meditar. Nos centramos en la respiración, practicamos la concienciación o comenzamos a repetir un mantra. Tratamos de aferrarnos a los sentimientos de unidad. Después, los pensamientos vienen. Los pensamientos vienen.

Lospensamientosvienenlospensamientosvienenlospensamientosvienen. Rápido o despacio. Inundándonos o gota a gota. Firmes o intermitentes. Aparentemente sin fin. Pensamientos sobre las llamadas de teléfono que tienes que hacer, pensamientos sobre lo que el profesor de tu hijo te dijo ayer, pensamientos sobre tu tía. Pensamientos sobre los pensamientos. Pensamientos del tipo: «¿Estoy en realidad meditando? Esto no puede ser meditación. Mi mente no está en calma. Y ¿por qué no pasa nada?».

Esta es una experiencia humana universal —como nacer o abandonar el cuerpo en el momento de la muerte—. Incluso los mayores expertos en meditación pasan por ello. Solemos asumir que a un buen

113

meditador los pensamientos nunca le molestan. De alguna manera pensamos que un buen practicante de meditación simplemente se sienta para meditar y, ¡zas!, enseguida se sumerje en un profundo estado de calma, fundido con el testigo o mirando flores de loto de luz dorada que flotan suavemente por su espacio interior.

> La mente es una turista que siempre quiere tocar y comprar cosas nuevas, las cuales, después, arroja dentro de un armario ya lleno.
>
> HAFIZ[1]

Pero esto no es verdad. Incluso los mejores meditadores tienen que pelear con los pensamientos. Sin duda, el propio Buda se pasó horas sentado con los ojos cerrados, pensando en una cosa o en otra y preguntándose por qué no hacía ningún progreso. Sin embargo, mediante ese proceso, aprendió a avanzar a través de los pensamientos y a entrar en meditación.

Una de las comprensiones más revolucionarias que puede tener un meditador se produce cuando se da cuenta de que la meditación puede continuar incluso cuando tiene pensamientos en la mente. Esto es algo importante, así que déjame que lo repita: *la mente no necesita estar totalmente en calma para que tú puedas experimentar el estado de meditación.* Con frecuencia, incluso cuando estás bien anclado en tu interior, los pensamientos continúan a la deriva por la pantalla de tu conciencia. Aun cuando los pensamientos se ralentizan, puede quedar un sutil rumor mental de fondo. Esto siempre constituye un problema si no entiendes qué son los pensamientos y cómo tratarlos. Gran parte del arte de la meditación radica en saber cómo trabajar con los pensamientos y, a la larga, cómo dejar que se disuelvan en el sutil tejido de la mente.

Hay algo obvio: no puedes abordar el problema de los pensamientos eliminándolos o pegándoles un tiro. Esa energía delicada e inteligente que llamamos «mente» no responde bien a las medidas severas. Hay una buena razón para ello, como veremos en el próximo capítulo, puesto que la mente no es más que una forma de la Conciencia pura, la meta de nuestra práctica, atascada de pensamientos. («La Conciencia más los pensamientos es la mente —dice el *Yoga Vasishtha*, un texto del Vedanta—. La Conciencia menos los pensamientos es Dios».) La Conciencia llena de pensamientos es, de cualquier forma, Conciencia, y esta, por su propia naturaleza, es libre, poderosa y evasiva. Es por eso por lo que cuando tratamos de suprimir o sofocar los pensamientos, o intentamos llevar nuestra atención a un punto por la fuerza, la mente actúa con rebeldía.

La tradición hindú compara la mente con un rey que no ha recibido un trono adecuado. Hasta que el monarca no esté sentado en su trono legítimo, se mostrará inquieto, insatisfecho e incluso combativo. Sin embargo, una vez que se sienta en él, se calma y comienza a manifestar sus cualidades reales. El asiento apropiado de la mente —de hecho, el único lugar donde puede sentirse satisfecha— está en el Ser, en la profunda morada de la Conciencia pura. La inquietud de la mente proviene del hecho de que busca la sala del trono, el lugar donde puede experimentar su verdadera grandeza como Conciencia. Nuestro trabajo en meditación consiste, simplemente, en mostrarle la dirección adecuada. Al dirigir a la mente en dirección a su asiento una y otra vez, comenzará a acostumbrarse a ser Conciencia y, con el tiempo, tomará asiento allí por voluntad propia.

Sentar la mente, como la mayoría de las cosas que hacemos en meditación, requiere rigor, sutileza, práctica y comprensión a partes iguales. Normalmente, cuando comenzamos a meditar, y a veces durante varios años después, pasamos gran parte de nuestro tiempo llevando la mente de vuelta a aquello en lo que nos enfocamos. Nuestros pensamientos van de aquí a París mil veces. Y mil veces redirigimos nuestra atención —con suavidad y delicadeza, sin tensión—. En ocasiones resulta aburrido y frustrante, pero hay una recompensa. Con el tiempo, la mente empieza a escucharnos. Al principio tal vez se dé un paseo por todo París o repase toda tu relación con tu madre antes de que tú lo adviertas. Pero si no dejas de pararla y de traerla de regreso, con el tiempo se quedará a medio camino de París. Después, llegará como muy lejos al aeropuerto. Poco a poco, deambulará a un kilómetro de casa. Y si insistes, llegará un momento en que la mente permanezca, por fin, tranquila y cómoda en la meditación.

El enfoque es una especie de músculo mental. Cuando lo fortaleces aprendiendo a mantener tu atención fija en un lugar durante un tiempo, en lugar de quedarte atrapado en la superficie, automáticamente refuerzas tu habilidad para mantener estados sutiles de meditación y encontrar caminos internos que te conduzcan a lugares más profundos. Con el tiempo, esta práctica básica de sorprenderte a ti mismo distraído y volver a centrar la mente comienza a influir en todas las áreas de tu vida. No solo la mente se vuelve más estable en la meditación —de manera que puedes quedarte durante más tiempo en el espacio del corazón o permanecer en calma más de dos minutos—, sino que también adquiere una nueva habilidad para enfocarse en otras cosas, como conducir, escribir un informe o perfeccionar tu *swing* en el golf. Aprender a resistir la distracción te hace más resistente al aburrimiento, la preocupación y la depresión; te vuelve más centrado y menos propenso a dejarte llevar por la fantasía. Esta es la razón por la que no puedes prescindir de esta práctica básica para tratar con la mente, del mismo modo que un atleta no puede prescindir de sus sesiones de calentamiento.

CONFRONTAR EL DIÁLOGO INTERNO

Resulta irónico que, cuando comenzamos a practicar en serio, la mente a menudo parece volverse más problemática, hecho que asusta a algunos. Conozco a personas que han abandonado la meditación porque les resultaba muy incómodo tener que confrontar ese diálogo interno. «No me importa lo que digan los demás —me dijo un hombre—, mi mente nunca estuvo tan mal. La meditación simplemente me hace estar más agitado. De hecho, me siento mucho mejor cuando no medito».

Por supuesto, su mente no se estaba volviendo más agitada. Lo que sucede es que, cuando nos sentamos en meditación, podemos percibir lo agitada que es. Normalmente, no somos conscientes de la intensidad de nuestro diálogo interior. Nuestra atención está centrada en lo que sucede a nuestro alrededor, así que, a menos que seamos excepcionalmente introspectivos, los escenarios locos y salvajes que pasan por la mente escapan por lo general a nuestra percepción. Pero cuando nos sentamos a meditar, ¡ah!, entonces sí los vemos.

Además de hacernos más conscientes de nuestro estado normal de distracción, también experimentamos algo que podríamos llamar «quema samskárica». Los *samskaras* son tendencias mentales y emocionales, residuos de nuestros pensamientos y sentimientos habituales —aquellos que repetimos con tanta frecuencia que han creado surcos en el campo de nuestra conciencia—. Como la meditación libera energía en ese campo interno, esos *samskaras* enterrados salen a la superficie y son quemados por la energía de nuestra Conciencia, la kundalini.

En mi primera etapa como meditadora, me di cuenta de que mis meditaciones de la mañana estaban empañadas de irritación. Por entonces, vivía en un *ashram* con varios cientos de personas y en aquel ambiente no podía ocultar mi estado de ánimo. Finalmente, se lo planteé al gurú. Le pregunté:

—¿Qué debemos hacer si la meditación nos vuelve irritables?

Y él me respondió:

—No es que la meditación te vuelva irritable. Hay irritación dentro de ti, y la meditación te está ayudando a verla para que puedas soltarla.

PURIFICACIÓN: EL GUISO INTERIOR

Una de las razones por las que meditamos es precisamente para que este proceso de soltar se produzca. Nuestro inconsciente personal es un guiso turbio, lleno de un enorme despliegue de asuntos sabrosos y no tan sabrosos. Todo eso tiene que salir del guiso. En caso contrario, la presencia de ese borboteo a nuestro alrededor bloquea nuestra experiencia del agua limpia y pura, de la luz pura, que es nuestra materia real. La meditación permite que esos sentimientos enterrados, ideas obstructivas y emociones dolorosas salgan a la superficie de nuestra conciencia para que sean reconocidos y eliminados.

Una vez que la kundalini se ha despertado, este trabajo de purificación prosigue, más o menos de forma continuada, por debajo de la superficie. Sin embargo, es durante el tiempo que permanecemos sentados en meditación cuando nuestra energía interna tiene la oportunidad de trabajar a toda marcha. El acto de sentarse tranquilamente y centrarse en el interior de uno mismo invita a la Shakti a entrar en acción, removiendo el océano de nuestra conciencia y sacando a flote todo lo que allí está enterrado. De modo que, al sentarnos en meditación, podemos experimentar no solo pensamientos aleatorios y descarriados, sino también enormes témpanos cargados de emociones densas y viejos complejos enterrados. Cuando todo esto aflora en la meditación, es una señal de que ciertas enrevesadas redes de memorias, creencias y emociones, bloqueos a nuestra libertad conocidos o desconocidos, están preparados para salir de nuestro sistema. Nuestra contribución al proceso consiste en dejar que se vayan. No hay necesidad de involucrarse en estos sentimientos o analizarlos —al menos mientras meditas—. En lugar de ello, advierte que están ahí y suéltalos con la espiración. O repite el mantra, dejando que la Shakti impregnada en él pase a través de las emociones y negatividades y las disuelva.

A medida que nuestra práctica meditativa se hace más profunda y estable, adquirimos la fuerza necesaria para mantenernos al margen de esos sentimientos y presenciar nuestro proceso de purificación. De hecho, como veremos en el siguiente capítulo, el testigo interno puede convertirse en una plataforma a partir de la cual somos capaces de analizar y comenzar a sanar esos sentimientos enterrados. Sin embargo, muchos de nosotros, sobre todo cuando empezamos a meditar, encontramos que nuestros pensamientos son demasiado espesos, rápidos e incontrolables como para poder apartarnos de ellos durante mucho tiempo. Esta es otra razón por la que un mantra poderoso o lleno de vida puede ser tan útil para la mayoría de los meditadores.

BARRER TU CORAZÓN CON UN MANTRA

Un mantra poderoso actúa como una fuerza limpiadora, una escoba sutil pero extremadamente enérgica que barre el sótano de tu subconsciente. Los textos yóguicos hablan de la kundalini como un fuego interno, un fuego transformador que quema todos los desechos mentales y disuelve los escombros psíquicos. Un mantra poderoso está lleno de ese fuego transformador. Cuando frotas tus pensamientos con el mantra, se produce una fricción interior. La palabra sánscrita para esta fricción es *tapas*, que significa «fuego». *Tapas* también es el nombre que reciben las severidades del yoga, que refinan y purifican la mente.

Durante el año en que mi kundalini se despertó, el efecto del proceso de purificación interna a veces era tan intenso e incómodo que apenas soportaba estar en mi piel. Algunos días, la erupción de los sentimientos negativos enterrados —culpa, sensación de falta de valía, ira y otros similares— comenzaba en el mismo momento en que abría los ojos y, después, me molestaba durante todo el día. Más o menos desesperada, repetía «mi» mantra como una forma de distraerme de esos sentimientos. Empezaba a repetirlo cuando me despertaba y continuaba durante todo el día siempre que mis actividades me lo permitían —y, a veces, incluso durante las conversaciones.

Tras hacer esto durante un tiempo, comencé a notar que la carga emocional de los sentimientos había disminuido drásticamente. Los sentimientos todavía me llegaban, pero ya no me atropellaban. El mantra parecía crear una fuerza contraria. Emanaba de mi mente una energía de luz, reposo y felicidad que engullía los sentimientos dolorosos. Después de un tiempo, estos sentimientos dolorosos profundamente arraigados —sentimientos que me habían molestado durante toda la vida— desaparecieron.

Cada vez que nos sentamos en meditación con un mantra poderoso, pasamos por una versión a pequeña escala de este proceso de limpieza. Poco a poco, la combinación de nuestra intención enfocada y el poder intrínseco del mantra disuelven los residuos de pensamientos e imágenes del día, de modo que la mente puede asentarse en la tranquilidad. Una vez que esto se ha producido, comienza el proceso natural de la meditación. La Shakti interna empieza a llevarnos hacia dentro y a disolver nuestra mente ordinaria de vigilia en pura energía consciente.

SOLTAR: LA PRÁCTICA DE *VAIRAGYA*

Patanjali, en sus *Yoga Sutras*, nos habló de dos aspectos del proceso de tranquilizar la mente. Acabo de hablar del primero: *abhyasa*, o práctica —el esfuerzo de permanecer centrados—. La segunda parte del proceso es *vairagya*, o desapego.[2] *Vairagya* es una forma de poner el cambio de marchas de la mente en punto muerto, desvinculándonos de los pensamientos, sentimientos y deseos que normalmente atrapan nuestra atención.

Hace unos años, escuché de una mujer joven la siguiente historia que tuvo lugar en un centro de meditación del norte del estado de Nueva York. La mujer planeaba un viaje a Japón, y su mente ya le daba vueltas a la lista de cosas que necesitaba para el viaje, como cuántos jerséis debería llevar o si necesitaría meter en la maleta un abrigo de invierno. De repente, una voz dentro de su mente le habló con claridad. «¡Para!», dijo la voz. Sorprendida, dejó sus planes y comenzó a centrarse en la respiración. Tan pronto empezó a hacerlo, se sintió sobrecogida por un sentimiento de tristeza. Pensó en lo mucho que había recibido del retiro y lo apenada que se sentiría al marcharse.

Entonces, escuchó la voz interior otra vez: «¡Para!». Y soltó sus pensamientos tristes. Sin embargo, la voz regresó de nuevo: «¡Para!». La mujer se preguntó: «¿Qué debo soltar ahora? ¿Cuál es ahora mi mayor bloqueo? ¿Mi sensación de falta de valía? De acuerdo, soltaré eso». La voz dijo una vez más «¡Para!», pero ella no sabía qué más podía soltar. Suspiró profundamente, y entró en un profundo estado de meditación. Era como si un campo de dicha se hubiera abierto en el terreno de su mente, y se sentía como si nadara en la marea oceánica de esa dicha, arrullada por sus olas. «¡Oh!, por favor, que esto no termine», pidió interiormente. De inmediato, la voz llegó de nuevo: «¡Para!». «¿Parar la dicha?», se preguntó. «No, parar el deseo de conservarla», respondió la voz. Soltó su deseo de querer aferrarse a la dicha, y con ello entró en el estado de calma más profunda que jamás hubiera experimentado. Se sintió profundamente presente, completamente amada, y tan transparente como el agua limpia.

Como probablemente hayas podido ver, la experiencia de esta mujer señala el camino que se debe seguir. Si nos adentramos en las diferentes etapas que ella atravesó, nosotros también podremos descubrir cuánta paz surge cuando simplemente lo soltamos todo —nuestros planes, nuestros pensamientos, nuestras dudas sobre nosotros mismos e incluso nuestro deseo de aferrarnos a las experiencias más hermosas—. A la larga, queremos soltar los zarcillos de la identificación profundamente arraigada, del apego y la aversión que refuerzan nuestra sensación de separación y visten nuestra falsa personalidad con la apariencia del papel que se representa. Queremos soltar —al menos durante un tiempo— el sentimiento de ser un «yo» particular. Esa es la clave para entrar en nuestra propia esencia de la que hablaban los sabios. La experiencia de nuestra totalidad y libertad innatas surge de forma natural cuando el ego de la separación se disuelve. Desde luego, pocos podemos disolver el ego separativo con tanta facilidad, en especial si no estamos totalmente seguros de que eso es lo que queremos. Pero la práctica ayuda, y hay tres niveles de *vairagya* que podemos practicar en la meditación.

Soltar la tensión

El primer nivel de *vairagya* implica soltar la tensión del cuerpo. Como vimos en el capítulo 3, podemos hacer esto al comienzo de cualquier sesión de meditación si escaneamos el cuerpo, advertimos dónde nos sentimos tensos o incómodos y, después, soltamos la tensión con la respiración.

Exhalar la tensión del cuerpo hace algo más que simplemente relajarnos físicamente. También relaja la mente, porque cada tensión física tiene su equivalente interno. A veces, cuando trabajo con meditadores experimentados, me dicen después que la parte más útil del proceso no fueron las instrucciones de meditación, sino el tiempo que dedicaron al principio a soltar la tensión con la respiración. Esto es todo lo que necesitan algunos para poder entrar en la meditación profunda.

> *Nuestros deseos y aversiones son dos monos que viven en el árbol de nuestros corazones; mientras sigan sacudiéndolo y agitándolo con sus zarandeos y carreras no habrá descanso para nosotros.*
>
> YOGA VASISHTHA[3]

Soltar el deseo

En el segundo nivel de *vairagya*, soltamos las capas de deseo y sus muchos vástagos: la esperanza, las expectativas, el miedo y la preocupación.

Me gusta comenzar mis sesiones de meditación con la decisión consciente de dejar todo a un lado durante un tiempo. Mentalmente, aparco durante un rato mi trabajo y todos mis planes personales, y adopto la resolución de no dejarme distraer. Este es el primer paso. El segundo es seguir renovando esta intención cada vez que la mente comienza a arrojar tentadores bocados de deseo.

Practicar este nivel de *vairagya* muestra las vetas de deseo que se encuentran en todas las capas de la mente. Solo cuando intentamos dejar atrás los deseos empezamos a ver lo dominantes y molestos que son. De hecho, esta es una de las grandes enseñanzas que podemos recibir en meditación. Cada vez que nos sentamos, nos damos la oportunidad de estar cara a cara con todos los disfraces que utiliza el deseo y con el poder que un simple deseo puede tener para alejarnos de nuestro camino.

Aquí tienes un ejemplo: ¿cuántas veces has salido de tu meditación por el olor del café que procede de la cocina o por pensar en tomarte una taza? Tu mente comienza a tranquilizarse y, entonces, recuerdas que además del café te espera un croissant dentro de la bolsa de papel aceitado de la panadería, y piensas que, si sales de la meditación ahora, puedes ponerlo en el horno y calentarlo, y así podrás tomarte un croissant caliente antes de ir al trabajo. Antes de darte cuenta, ya has dejado el cojín de meditación y estás de camino a la cocina.

Los deseos saben llenar la mente con maravillosas razones para que sigas sus cantos de sirena. Por supuesto, necesitas tomarte el desayuno ahora; en caso contrario, tendrás que apresurarte para llegar al colegio a tiempo. Por supuesto, debes levantarte y ver ahora ese vídeo en lugar de esperar a hacerlo después, porque, al fin y al cabo, es mejor no atestar la mente de imágenes poco antes de irse a dormir. Por supuesto, tienes que escribir ahora esa idea maravillosa que acabas de tener; de hecho, necesitas encender el ordenador y comenzar a explorarla, ya que te sientes verdaderamente inspirado. (En realidad, no es mala idea tener un cuaderno de notas al lado del cojín de meditación para poder anotar alguna idea que surja. Después, puedes regresar a la meditación.) O algo todavía más irresistible, ¿no es acaso el mejor momento para buscar el número de teléfono de Timmy, tu amigo del instituto, cuyo rostro, lleno de emotividad, acaba de surgir en tu visión? Estaba rodeado de una luz azul, y supiste hace poco que se acaba de divorciar.

Incluso si resistes la tentación de levantarte de la esterilla y seguir uno de estos impulsos, el simple hecho de pensar en ellos con insistencia puede desequilibrar seriamente tu práctica. (Esto también es verdad cuando el deseo en el que piensas es algo sutil, como esas tentadoras especulaciones filosóficas con las que algunos de nosotros disfrutamos dejándonos enredar, o los numerosos planes y escenarios vitales que pasan por la mente como películas si no los detienes al momento.) Cuando meditamos vemos este tipo de cosas una y otra vez. Y tenemos que enfrentarnos a las consecuencias, al coste inmediato, de dejarse atrapar por esos deseos. Por otra parte, cada vez que sueltas uno de esos deseos, aflojas el amarre que tiene en ti. Del mismo modo que centrarse en la meditación ayuda a desarrollar el poder de centrarse en la vida cotidiana, tu práctica de soltar los deseos en meditación es un entrenamiento en la práctica del desapego que te ayudará a impedir que los impulsos que te distraen te lleven de un lado a otro en tu vida diaria.

Este ejercicio de soltar es un acto esencial de meditación.

EJERCICIO: EXHALAR PENSAMIENTOS, DESEOS Y EMOCIONES

Siéntate en tu postura de meditación, prestando atención a la estabilidad de los huesos sobre los que te sientas, y permite que la columna vertebral se alargue. Cierra los ojos y enfoca tu atención en la respiración hasta que te sientas centrado y estable. Ahora, comienza a advertir los pensamientos que surgen. Tanto si surge un pensamiento como un deseo o una emoción, exhálalos con tu respiración. Inspira y, después, exhala el pensamiento. Cuando surja otro pensamiento, exhálalo. Si surge un deseo o un impulso, exhálalo también con tu respiración.

Existen diferentes versiones de este ejercicio. Si te gustan las visualizaciones dinámicas, puedes imaginar una espada hecha de tu voluntad sutil con la que cortas los pensamientos. Puedes crear un fuego interior y arrojar tus pensamientos a él. (Desde luego, estas prácticas no son muy delicadas, pero, al trabajar con nuestros pensamientos, a veces debemos adoptar una posición de guerrero.) También me gusta imaginar que tengo un icono de papelera en una esquina de la mente y arrojo en ella mis pensamientos.

Después, contempla el efecto de este ejercicio. ¿Qué adviertes en tu estado interno? ¿Cuál es el efecto de centrarte intensamente en soltar tus pensamientos?

Soltar la identificación con el pensador

El tercer tipo de *vairagya* es más sutil. Implica soltar tu apego a ser el pensador, aquel que se identifica con los pensamientos y deseos, aquel que constantemente, aunque de manera inconsciente, elige pensar. En lugar de ello, te identificas con el testigo, el observador de los pensamientos. No tratas de desterrar los pensamientos. Dejas que estén ahí, pero te alejas de ellos. Te identificas con aquel que los observa.

En esta desnudez halla el espíritu su descanso, porque no codiciando nada, nada le fatiga hacia arriba, y nada le oprime hacia abajo.

SAN JUAN DE LA CRUZ[4]

La forma clásica de hacer esto es ver los pensamientos como si fueran nubes que pasan por el cielo. Las nubes no alteran el espacio del cielo; este no cambia aunque las nubes sean grandes y negras, llenas de relámpagos y derramen lluvia. Del mismo modo, a tu Conciencia –tu yo real– no le afectan tus pensamientos. A tu Conciencia no le afecta en absoluto nada que surja.

> *La Conciencia pura no puede decir «Yo».*
>
> RAMANA MAHARSHI[5]

Convertirse en el observador de los pensamientos, en lugar de ser el pensador, simplemente es una cuestión de cambio de perspectiva. Aquí tienes una forma sencilla de ejercitar este cambio de perspectiva. Di: «Mi nombre es_____».

Después, advierte esa otra parte de tu mente que se percata del pensamiento. Ese es el testigo. Cuando «adviertes» el pensamiento, estás en el testigo. Ser el testigo simplemente es cuestión de identificarse con el que advierte, en lugar de con el pensamiento.

O tal vez prefieras trabajar con la imagen del cielo y las nubes.

EJERCICIO: OBSERVA CÓMO TUS PENSAMIENTOS SE MUEVEN COMO NUBES EN EL CIELO DE LA MENTE

Siéntate en calma con los ojos cerrados. Puedes centrar tu atención en el flujo de la respiración a medida que el aire entra y sale de tu cuerpo. Mientras haces eso, sé consciente del espacio dentro de tu mente. Imagina que es un cielo, un espacio abierto. Los pensamientos pasan por ella como si fueran nubes. Deja que los pensamientos surjan y después se vayan. Eres el observador, no el pensador, y observas los pensamientos-nubes que pasan por el cielo de tu Conciencia.

Una vez que comienzas a identificarte con el cielo de la Conciencia, en lugar de con las nubes del pensamiento, surge una enorme sensación de amplitud. Puedes dejar que los pensamientos estén ahí sin dejarte atrapar por ellos.

A partir de ahí, solo queda un pequeño paso para comprender la gran verdad de la mente: incluso tus pensamientos son parte de ese campo subyacente de Conciencia.

CAPÍTULO 7

Trabajar con la mente, parte II: liberar tus pensamientos

S oltar las distracciones, llevar tu atención al punto en que te centras y ser testigo de los pensamientos e imágenes que surgen son técnicas básicas del entrenamiento mental. El único problema es que pueden enredarte en un sutil sentimiento de dualidad. Cuando tratas, una y otra vez, de disciplinar tus pensamientos, puedes comenzar a verlos como adversarios. Entonces, es posible que la meditación se convierta en una batalla entre tu esfuerzo por aquietar la mente y la propia mente a la que esperas convencer para que se calme, perdiendo así contacto con tu mundo interno.

La práctica definitiva para manejar la mente es no tratar de cambiarla. No se trata de dejar que haga contigo lo que quiera, sino de *no tratar de cambiarla*, dejarla ser como es, una práctica que solo es posible cuando captamos lo que la mente es en realidad.

¿Qué es la mente? Según el tantra, el fenómeno que experimentamos como «mente» es un tipo de energía sutil particularmente vibrante. Un océano de energía en el que las olas de pensamientos y emociones afloran y se sumergen. Todos tus pensamientos y sentimientos —tanto los difíciles, negativos y obsesivos como los tranquilos e inteligentes— están hechos de la misma «materia» sutil, invisible y altamente dinámica. La energía de la mente es tan evanescente que puede disolverse en un momento; sin embargo, es tan poderosa que puede crear «historias» que te persigan durante toda la vida. El secreto revelado por los sabios del tantra es que si puedes reconocer los pensamientos por lo que verdaderamente son —si puedes ver que un pensamiento no es más que energía de la mente—, estos dejarán de molestarte. Esto no significa que paren. Pero ya no estarás a merced de ellos.

Uno de los descubrimientos más emocionantes en el ámbito de la investigación cerebral contemporánea ha sido el relacionado con la plasticidad del cerebro. Los neurocientíficos han comprobado durante mucho tiempo que las neuronas y sus dendritas —las estructuras físicas que están detrás del pensamiento y la percepción— actúan juntas para crear patrones mentales que experimentamos como pensamientos y sentimientos. Lo que ahora han descubierto es que este modelado de patrones del cerebro es profundamente fluido, muy plástico y maleable. Esto implica que incluso los patrones más arraigados pueden modificarse mediante prácticas como el cambio cognitivo y, en especial, la meditación.

> *Pierdes de vista la mente original y, al ver la mente que piensa y discrimina, la tomas como propia. Pero esa no es tu verdadera mente.*
>
> SUTRA DE LA PERFECTA SABIDURÍA[1]

Los sabios del tantra, desde luego, no contaban con resonancias magnéticas ni sabían nada sobre las neuronas y las dendritas. Pero sí tenían una idea de por qué la fluidez y creatividad de la mente humana es, en esencia, ilimitada. Reconocían la energía mental del hombre, la conciencia humana, como una forma contraída y en miniatura de la gran Conciencia del universo, la mente cósmica. A nivel cuántico, la energía puede adoptar la forma de partícula u onda. Podemos decir que la mente individual es una ola en el océano de la conciencia, y que cada pensamiento es una partícula.

Del mismo modo que las olas, los remolinos y las burbujas emergen en el océano sin abandonarlo, tu mente asume las tonalidades únicas de tus pensamientos, percepciones, memorias y tendencias individuales, sin dejar nunca de ser una con el amor-inteligencia oceánico que es la fuente de todo esto. El poder de una ola individual es el poder del océano. El poder de la mente es el poder de la propia Conciencia.

Como mencioné antes, la palabra sánscrita para designar nuestra conciencia individual humana —la mente— es *chitta*, y la empleada para referirse a la Conciencia universal es *chiti*. (*Chiti* es también sinónimo de Shakti o kundalini.) Ambas palabras, *chiti* y *chitta*, provienen de la raíz *chit*, que significa «Conciencia», pero no con en el sentido limitado que le damos normalmente en Occidente. *Chit* es Conciencia en la forma de absoluta inteligencia, una inteligencia ilimitada en su conocimiento y creatividad, omnipresente y dichosa, con una capacidad inagotable para hacer y convertirse en todo lo que desea. Es, en pocas palabras, la Conciencia como fuerza creativa del universo.

En sánscrito, la raíz de una palabra describe su esencia. La esencia de *chitta* —la conciencia individual— es la misma que la de *chiti*, la gran inteligencia que crea el universo. La única diferencia entre ellas es una cuestión de escala. La *chiti* es ilimitada, libre y omnipotente, capaz de crear y disolver planetas, estrellas, galaxias, anémonas de mar y puercoespines. La *chitta*, por su parte, es limitada, contraída y relativamente poco poderosa. Sin embargo, hace exactamente lo mismo que la *chiti*. Aunque solo opera a pequeña escala, la materia de la conciencia de tu mente no deja de crear constantemente. Del mismo modo que la *chiti* crea paisajes, gentes, planetas y sistemas solares y los mantiene en movimiento, la *chitta* crea ideas, pensamientos, fantasías y estados de ánimo, por no mencionar novelas, poesía, sistemas filosóficos, diseños de construcción, conciertos de piano, programas de *software* y travesuras.

Si pudieras reconocer totalmente esta verdad, tu mente se liberaría de inmediato para expandirse hasta alcanzar su amplitud original. En resumen, tu *chitta* comenzaría a emerger de su disfraz y se revelaría como *chiti*. Las implicaciones de esto son literalmente alucinantes, pero solo podrás sentirlas si comienzas a practicar esta conciencia.

TUS PENSAMIENTOS NO SON MÁS QUE CONCIENCIA

Cuando comencé a meditar y me sentí víctima de mis pensamientos vagabundos e incontrolables, esta enseñanza me dio una pista del sendero que discurría a través de los matorrales de mis diálogos mentales. Había estado viendo los pensamientos como enemigos —en especial los negativos, los de enfado, los irreverentes y los malvados—. Pero sucedía algo radical cuando lograba contemplar esos pensamientos —los difíciles, negativos y avariciosos, así como los tranquilos, amorosos e inteligentes— simplemente como construcciones de la misma «materia» sutil, invisible y altamente dinámica. Por primera vez en mi vida, podía dejar atrás mi fascinación por el contenido de un pensamiento.

Mi vecino de cinco años desayuna cereales Froot Loops, pero solo come los rojos y no toca los verdes. Todavía no se ha dado cuenta de que los rojos están hechos de la misma sustancia que los verdes. Del mismo modo, nos dejamos engatusar tanto por las historias que nos cuentan nuestros pensamientos —por el contenido de estos— que olvidamos ver qué hay realmente *dentro* de un pensamiento. Con frecuencia hago el siguiente ejercicio con mis alumnos: les pido que imaginen una silla y que después «miren» la imagen de la silla que se ha formado en su mente. Luego, les pregunto de qué está hecha la silla. Muchos responden «madera» o «metal». Les lleva un tiempo reconocer que la silla en la mente no tiene materialidad, sino que está hecha de energía, una energía que sus mentes han dado forma para crear un diseño particular.

> La Esencia de la Mente es como el cielo. A veces está oculta por las nubes del flujo de Pensamientos. Luego, el viento de las enseñanzas internas de Gurú se lleva las nubes errantes. Sin embargo, el flujo de pensamientos en sí mismo es la iluminación. La experiencia es tan natural como el sol y la luz de la luna; aunque está más allá del espacio y el tiempo.
>
> MILAREPA[2]

Una vez que puedes ver que la silla que has creado en tu mente está hecha de la materia de tu propia energía mental, puedes también disolver esa imagen, del mismo modo que puedes disolver la fantasía que te distrae o incluso las memorias emocionalmente dolorosas. También es posible dejar que la energía que forma los pensamientos en la mente se relaje en su materia esencial, para desmontarse a sí misma, para soltarse y liberarse de un modo natural. Poder reconocer esto equivale, literalmente, a liberarse de la tiranía de los pensamientos.

Tal vez quieras intentar ahora lo siguiente:

- Cierra los ojos y observa los pensamientos que pasan por tu mente. Ahora, crea un pensamiento —una playa o el nombre de alguien a quien quieras.

- Mantén el pensamiento durante unos segundos. A continuación, céntrate en la materia del pensamiento. Nota el espacio energético que crea en tu mente. Si te apetece, puedes etiquetar el pensamiento como «energía» o «materia del pensamiento», del mismo modo que lo llamarías «pensamiento» si estuvieras meditando sobre la atención. Ahora, advierte qué sucede con él una vez que lo has reconocido como energía.

***

Para muchos, esta práctica tiene un efecto casi mágico en la meditación. En primer lugar, tiende a disolver la actitud de preocupación y conflicto que con frecuencia mantenemos con los pensamientos. Todavía más sorprendente es que los propios pensamientos tienden a disolverse. Una vez que te has sentado durante un tiempo con la comprensión de que tus pensamientos son Conciencia, tal vez tengas que esforzarte para poder encontrar uno. Lo normal es que se hayan fundido en la energía que era su materia, del mismo modo que las nubes se funden en el cielo.

LA MENTE ES LA DIOSA

La práctica de reconocer que los pensamientos son energía se vuelve particularmente fructífera si das un paso más y los contemplas como lo hacían los sabios de Cachemira: venerándolos como manifestaciones de la bailarina divina, de la Shakti, o diosa Conciencia. Una de las facetas más significativas de la metafísica hindú es su comprensión de que el espíritu es profundamente informe e impersonal y, al mismo tiempo, completamente capaz de adoptar una forma personal. Puesto que los sabios de antaño comprendían esto, hasta los más radicales del no dualismo podían relacionarse con lo divino de forma devocional. Cuando vemos la energía creadora del mundo, la Shakti, como una fuerza abstracta, puede parecernos imponente, pero nunca cercana. Sin embargo, si ves esa misma energía como una diosa, de repente todo este asunto se vuelve más personal, más divertido. Puedes rezarle a una diosa, hablar con ella, venerarla y amarla. Cuando ves la energía de la mente como una «personalidad» divina, puedes tener una relación con ella. De hecho, la relación se convierte en algo imprescindible.

129

Intenta hacer esto durante un momento: piensa en tu mente, tu mente extraordinariamente poderosa, como si fuera una gloriosa entidad femenina, una diosa que olvidó que es una diosa y va de un lado a otro recogiendo harapos y botellas del montón de sobras de los pensamientos, para después apilarlos, obsesionarse con ellos, masticarlos como si fueran huesos y, al final, escupírtelos.

Oh, mente vacilante, despierta tu conciencia que fluye en ascenso. Conviértete en la sublime guerrera diosa Kali, que pasa con elegante poder por el vasto paisaje del cuerpo... Ella no es otra que la dicha primordial, ese gran cisne que nada constantemente en la jungla de lotos del cuerpo sutil.

RAMPRASAD[3]

Actúa de un modo un poco salvaje, pero ¿quién puede culparla? Al fin y al cabo, aunque ha olvidado quién es, todavía sabe que es alguien bastante importante y no entiende por qué no la tratan con el respeto que se merece. ¿Puedes imaginarte cómo se siente semejante divinidad cuando te impacientas con ella, cuando rechazas con rabia tus pensamientos, cuando la tratas como si fuera tu enemigo, o cuando te comportas como una víctima de los pensamientos errantes o fantasías? Naturalmente, se siente ultrajada por tu dureza y, naturalmente, se vuelve incontrolable cuando te rindes sumisamente a ella. Estas dos actitudes hacia la mente tan solo animan a la diosa a demostrarte su poder creativo de todas las formas improductivas.

Cuando consideras la idea de que la Shakti baila adoptando la forma de la mente, es como si liberaras a la diosa. Entonces, puede revelarse tal como realmente es y expandirse hasta alcanzar su forma original. Es como las leyendas de princesas y príncipes encantados de los viejos cuentos de hadas que se liberan cuando son reconocidos. Una de mis versiones favoritas de esta situación arquetípica es la historia de la bruja lady Ragnell, de las leyendas del rey Arturo.

La historia de lady Ragnell comienza con una emboscada. El rey Arturo viaja solo por un bosque cuando es sorprendido por un caballero oscuro. El caballero hace bajar a Arturo de su caballo, lo que equivale a hacerle prisionero. Sin embargo, en lugar de retenerlo para exigir un rescate, el caballero le hace una oferta. Le propone a Arturo un acertijo, y le da una semana para encontrar la respuesta. Si el rey se equivoca, perderá todos los derechos sobre su reino, que pasará al caballero.

La pregunta del caballero es: «¿Qué quiere realmente una mujer?». Como todos los hombres de todas las épocas, Arturo no tiene ni idea. Mientras se aleja en su caballo, es abordado por una vieja bruja que se agarra a las bridas e insiste en que se detenga a escucharla. La bruja es terriblemente fea —jorobada, cubierta de verrugas y calva salvo por unos cuantos mechones grises que le salen disparados de la coronilla—. Además, camina como un pato y su voz es una mezcla de graznido y cacareo.

—Soy lady Ragnell —grazna—. Puedo darte la respuesta al acertijo del caballero oscuro si aceptas el precio que tendrás que pagar.

—Así que habrá un precio —dijo Arturo con un suspiro—. De todas formas, cualquier cosa es mejor que entregar mi reino a ese miserable caballero.

—Entonces, tienes que prometerme que me darás la mano de sir Gawain en matrimonio —gruñó la bruja.

Arturo dudó durante unos instantes, sopesando el destino de su reino contra la perspectiva de arruinar la vida de su amigo Gawain, y eligió su reino.

—Si puedes resolver el acertijo, Gawain será tuyo —dijo finalmente.

—Un acertijo tan simple, realmente es algo obvio —dijo lady Ragnell—. ¡Lo que una mujer desea es poder salirse con la suya!

Efectivamente, resultó ser la respuesta adecuada. El reino se salva, y Gawain, fiel a su señor, accede a casarse.

En el día señalado se encuentra con lady Ragnell en la capilla del palacio, que, en su traje de novia, parece un esqueleto vestido. Las damas de la corte rompen a llorar cuando ven a la mujer con la que el noble caballero va a casarse. Gawain, que es un modelo de cortesía, no da muestras de aflicción. Pero, tras la ceremonia, lleva a la recién casada a su habitación, le da las buenas noches y se da la vuelta para marcharse.

—No tan rápido —cacarea la bruja—. Te has casado hoy conmigo, y por Dios que yacerás conmigo esta noche.

Gawain se queda horrorizado; sin embargo, no olvida sus buenos modales. Tomando aliento profundamente, estrecha a la mujer entre sus brazos y la besa. En el momento en que sus labios tocan los de ella, sucede un milagro. La figura jorobada y llena de verrugas de lady Ragnell se desvanece y se revela una belleza asombrosa, la propia encarnación del ideal de belleza femenina del caballero medieval.

—Me has salvado –le dice a Gawain mientras lo mira a través de sus largas pestañas curvadas–. Fui víctima de un maleficio que solo podía romperse cuando un caballero amable besara mis labios. Ahora ya soy libre para ser bella, pero únicamente durante la mitad del día. ¿Qué prefieres? ¿Prefieres que sea hermosa durante el día o por la noche?

Gawain se enfrenta a un dilema. Si ella es hermosa durante la noche, tendrá que mirar a lady Ragnell durante todo el día. Pero si es hermosa durante el día, tendrá a lady Ragnell en su forma de bruja en su cama de matrimonio.

—No sé qué hacer. Elige tú –dice Gawain.

—¡Oh! –dice su mujer–. Ahora has roto el maleficio por completo. Puesto que me has dejado elegir, me has liberado para poder ser yo en mi forma hermosa las veinticuatro horas del día.

Esto es lo que hacemos por la mente cuando reconocemos a la hermosa diosa Chiti por debajo de su piel de pensamientos. La liberamos para que revele la belleza y el poder que está por debajo de esos pensamientos. Fue la buena voluntad de Gawain para tratar a su fea mujer con amabilidad lo que creó la diferencia. Del mismo modo, nuestro respeto por la diosa-dentro-de-la-mente le permitirá revelar toda su gloria y dulzura.

EJERCICIO: VER LA MENTE COMO SHAKTI, LA ENERGÍA DE LA CREACIÓN

Siéntate en una postura cómoda y cierra los ojos. Permite que tu atención se centre en la respiración. Mientras lo haces, di interiormente: «Mi respiración es una manifestación de la Shakti, la energía divina de la creación». Cada vez que surja un pensamiento, di para tus adentros: «Honro este pensamiento como un aspecto de la diosa Conciencia. Honro este pensamiento como Shakti: energía consciente y divina».

Continúa con esto durante al menos diez minutos y nota cómo afecta al flujo de pensamientos de la mente.

DESARMAR LOS PENSAMIENTOS NEGATIVOS

Es bastante fácil realizar esta práctica con pensamientos ordinarios y aleatorios. Sin embargo, resulta más problemática cuando los pensamientos tienen que ver con algo que deseas mucho o cuando son negativos o desagradables. Los pensamientos negativos ejercen un poder particular sobre nosotros, en parte porque tendemos a juzgarlos con mayor dureza que al resto de los pensamientos. Muchos de nosotros tenemos nuestra propia vara de medir secreta en relación con nuestro contenido mental. Normalmente, consideramos que algunos pensamientos son aceptables porque se ajustan a nuestra imagen de personas inteligentes, maduras, bondadosas y de buen corazón. Otros, sin embargo, contienen demasiada carga negativa para nosotros o nos revelan como menos evolucionados o bondadosos de lo que nos gustaría ser. Estos son los que juzgamos y hacemos todo lo posible por desterrar.

El hábito de juzgar nuestro contenido mental es una enfermedad congénita de los practicantes de meditación. Se trata de una de las manifestaciones más insidiosas del juez interno, la temible figura parental que muchos de nosotros llevamos en nuestro interior, cuyas fulminantes críticas a veces confundimos con la voz de Dios. El juez interno lanza constantemente condenas farisaicas a todo aquello que cree débil, inmaduro o «malo» en su búsqueda de más pruebas de nuestra ineptitud. Es el que nos ha convencido de que tener pensamientos negativos nos convierte en malas personas.

Pero, desde el punto de vista de la no dualidad, tus pensamientos negativos también son manifestaciones de la Shakti. Incluso los sentimientos más horribles —tus celos, rabia y odio— han sido creados por la diosa. Tu ansiedad, tu miedo y tus memorias dolorosas son olas que emergen en la Conciencia, formas y figuras en el gran baile de la diosa. Si puedes darte cuenta de que un pensamiento o una imagen son solo una burbuja o una ola que sale del mar de la Conciencia, incluso el pensamiento más vergonzoso, espantoso, hostil o aterrador no tiene por qué molestarte. La Conciencia es tan creativa que puede transformarse en un momento y pasar de un estado de contracción y negatividad rígida

> *Un pensamiento erróneo, y todos somos torpes y ordinarios. Pero con el siguiente pensamiento despierto, somos tan sabios como Buda.*
>
> Hui-Neng[4]

a uno de expansión y amor. Del mismo modo que la diosa Chiti puede manifestar cualquier pensamiento, también puede abandonarlo. En el momento en que reconocemos con sinceridad un pensamiento o emoción como parte de nuestra Conciencia, automáticamente se disuelve y vuelve a su estado original.

> A dondequiera que vaya la mente, tanto si se dirige hacia dentro como al mundo exterior, en todas partes está lo divino. Puesto que lo divino está en todas partes, ¿a dónde puede ir la mente para evitarlo?
>
> VIJNANA BHAIRAVA[5]

Déjame darte un ejemplo. Estoy escribiendo esto, temprano por la mañana, tras una larga sesión de meditación. Como me encuentro involucrada en la escritura, últimamente tengo la mente ocupada; está llena de ideas sobre lo que escribo y también de una fuerza compulsiva que reconozco como impulso creativo. Ese impulso, sin embargo, con frecuencia se descarrila y termina en irritación, ansiedad y miedo. Esta mañana, mientras estaba sentada en meditación, comencé a enfocarme en la respiración, fundiendo mi conciencia con el espacio entre las respiraciones. Normalmente, tras hacer esto durante un tiempo, el espacio entre las respiraciones comienza a alargarse y entro en un territorio de amplitud, un estado que identifico como el Ser o mi libre Conciencia. Hoy, sin embargo, sentí ese espacio agitado, como un océano durante una tormenta. La energía era aguda e incómoda, casi desagradable. Entonces, en mitad del océano, se elevó una ola de ansiedad apabullante que adoptó la forma de palabras. Decían algo así: «¡Oh!, la estructura, la estructura —no he tenido en cuenta la estructura».

En ese momento, experimenté un destello de reconocimiento. Vi que la ansiedad era solo energía y las palabras simplemente la forma que esa energía-ansiedad adoptaba. En resumen, me di cuenta de que no tenía que prestarle atención al contenido del pensamiento. En lugar de ello, centré mi atención en el fardo de energía que era el sentimiento de ansiedad y su expresión verbal. Lo contemplé con el sentimiento de que era simple energía. En ese instante, la energía se disolvió, implosionando de vuelta a sí misma, y la superficie de mi Conciencia se transformó en un ancho, palpable, dichoso y ondeante mar de energía.

A veces, desde luego, los mensajes intensos que surgen en meditación necesitan atención. Si tienes la sensación de que algo precisa tu atención, es probable que así sea. Sin embargo, no permitas que eso desbarate tu meditación. Toma nota mental del pensamiento y prométete que te harás cargo de él más adelante. Después, regresa a la meditación. Si realmente te parece muy importante, escríbelo. Yo tengo siempre un bolígrafo y un cuaderno a mano para apuntar ese tipo de percepciones que no quiero olvidar. Cuando surgen, tomo el bolígrafo, garabateo un recordatorio y regreso a la meditación.

TRABAJAR CON EMOCIONES INTENSAS

Una vez que descubres cómo dejar que tus pensamientos y emociones se disuelvan en su propia energía, no solo has aprendido el secreto de manejar los pensamientos, sino que también has encontrado una forma de trabajar con aquellos que son verdaderamente difíciles: los estados cargados de emoción. Algunas personas dicen que tienen miedo a meditar porque en sus meditaciones surgen emociones densas que las sorprenden en cuanto cierran los ojos. A menudo sucede que tienen una gran acumulación de sentimientos sin procesar que encuentran inaceptables y, por lo tanto, abrumadores.

Puedes hacer que el surgimiento de estos sentimientos sea seguro para ti si mantienes parte de tu atención en tu Conciencia más amplia, en tu Ser «real». En la Conciencia pura. Entonces, cuando esas fuertes emociones surjan en la meditación, puedes reconocerlas, mantenerlas en la amplitud de la Conciencia y dejar que tu propia Conciencia las disuelva. Cuando tienes mucho miedo o estás muy afligido, o cuando te ves inundado por sentimientos de ira, celos o ansiedad, la conciencia puede convertirse en el soporte donde mantienes esos sentimientos y la caldera donde se disuelven. Esta en una de las lecciones más importantes que puedes enseñarte a ti mismo en el proceso de la meditación: cómo mantener las emociones fuertes en la Conciencia y cómo permitir que esta las disuelva. Una vez que aprendes a hacerlo, dejas de tener miedo a tus propios pensamientos. No hay nada que no puedas procesar, ni siquiera los acontecimientos más extremos y espeluznantes de la vida.

El crisol de la conciencia

Hace unos años, una amiga mía se quedó atónita cuando su marido le anunció que se había enamorado de otra persona y quería el divorcio.

Nunca había sospechado que algo fuera mal en su matrimonio, y amaba a su marido. Sentimientos de dolor, rabia, inseguridad, desconfianza, traición y confusión estallaron en su interior. Comprensiblemente, parecían incontenibles.

La meditación le resultaba especialmente difícil porque nada la distraía de las emociones que daban vueltas sin cesar en su mente. Finalmente, decidió sentarse con sus sentimientos sin tratar de rechazarlos. Se permitió sentir la ardiente sensación de la rabia y notó que esta aceleraba su respiración y calentaba su pecho. Sintió que el dolor le causaba una presión creciente entre los ojos, como si proviniera de las lágrimas que deseaba derramar. Observó su diálogo interno de traición y venganza hasta que se lo aprendió de memoria.

Un día, mientras estaba sentada en meditación, tambaleándose ante el ataque de los sentimientos, de repente, fue consciente de su propia Conciencia. Pudo sentir que esta rodeaba y contenía sus sentimientos. Luego, surgió una imagen. Vio un contenedor que le recordaba a un viejo brasero. Se dio cuenta de que era su Conciencia. Podía contener sus sentimientos más dolorosos del mismo modo que el brasero podía contener las brasas ardientes.

Dejó que los sentimientos estuvieran allí. Se permitió sentirlos, así como todas las sensaciones físicas asociadas a ellos. Accedió a que su Conciencia los sostuviera. Después de un tiempo, los sentimientos comenzaron a disolverse lentamente, como si se derritieran en su Conciencia. Cada vez que se levantaba de su meditación, se veía liberada de ellos durante varias horas.

Día tras día después de esto, se sentaba en meditación y permitía que sus sentimientos surgieran, los contenía en su Conciencia y dejaba que se disolvieran. Poco a poco, se revelaron diferentes capas de dolor. Vio que este nuevo dolor era alimentado y mantenido por viejas penas, antiguos sentimientos de pérdida, dolor y rabia. A veces su respiración cambiaba cuando le llegaban destellos

> *Cuando estás profundamente enfadado o sientes una alegría más allá de toda descripción; cuando estás en un impasse, sin saber qué hacer; cuando estás aterrado o corres para salvar la vida, has de saber que esos intensos estados mentales están totalmente impregnados de spanda, la vibración creativa de la Shakti divina. Encuéntrala allí.*
>
> SPANDA KARIKAS[6]

de recuerdos de su infancia. En ocasiones incluso llegó a ver escenas que parecían vislumbres de vidas pasadas. Al mantener los sentimientos en su Conciencia, todas las capas de estos se disolvieron con el tiempo. Tras varias semanas de meditaciones diarias, descubrió que no solo había procesado su rabia y dolor por haber sido abandonada por su marido, sino que también se había liberado de una tristeza sutil que parecía controlar su estado de ánimo por debajo de la superficie. Capa tras capa, el dolor, la rabia y el sufrimiento antiguos se disolvieron.

Hay que admitir que este proceso no es fácil. Se necesita valor para mantenerse en él. La clave radica en soltar el contenido de los sentimientos, el argumento de tu drama interno, y centrarse primero en el propio sentimiento y después en su energía. A medida que aprendes a hacer esto en la meditación, llegas a un punto en que puedes adentrarte en la acción. Cuando surjan la rabia, los celos o el dolor, podrás contener esos sentimientos en tu Conciencia y dejar que los picos de la energía emocional densa se disuelvan en la tranquila y amplia energía de tu Conciencia.

EJERCICIO: PERMITIR QUE TU CONCIENCIA
DISUELVA EMOCIONES INTENSAS

Siéntate en una posición cómoda, con la espalda recta, y cierra los ojos. Céntrate en el flujo de tu respiración, permitiendo que esta lleve tu atención al centro del corazón, el lugar donde la inspiración se detiene. No se trata del corazón físico, sino de un centro sutil situado en medio del cuerpo, por debajo del esternón, entre unos diez o doce centímetros (aproximadamente ocho dedos) por debajo de la clavícula. Céntrate en ese espacio dentro del centro del corazón. Deja que ese espacio interno del corazón se expanda con la respiración, se suavice y se haga más ancho. Mientras mantienes tu conciencia en el espacio del corazón, piensa en una situación que te produzca sentimientos intensos, como rabia, dolor, orgullo, miedo o deseo. Si no encuentras una situación así en la actualidad, trata de recordar alguna experiencia que desencadene una emoción particularmente fuerte. (Aunque no sea tan poderoso como una situación actual, puedes practicar este ejercicio con alguna emoción que recuerdes.)

A medida que la emoción comienza a llenar tu mente, suelta los pensamientos que tienes sobre ella. Suelta la trama, la parte dramática del acontecimiento y tu tendencia a obsesionarte con la situación que lo ha provocado. Céntrate únicamente en la energía de la emoción, en el sentimiento de la emoción en tu cuerpo. ¿Dónde se localiza el sentimiento? ¿En la cabeza, en el corazón, en el vientre o en alguna otra parte? ¿Qué sensaciones percibes? ¿Hay calor? ¿Aspereza? ¿Pesadez? ¿Qué otras sensaciones experimentas?

Mientras te centras en la experiencia del sentimiento de tu emoción, hazte consciente del espacio del corazón, el campo de Conciencia que contiene todos tus sentimientos. Mantén el sentimiento emocional dentro del espacio del corazón como si lo acunaras en tu Conciencia.

Quédate con la emoción, sintiendo su energía mientras simultáneamente te mantienes enfocado en la amplitud creciente del corazón.

Permanece sentado hasta que la energía de la emoción se disuelva en la Conciencia.

TODO SURGE DE TU PROPIA CONCIENCIA

A medida que continuamos con la práctica de pasar por alto el contenido de nuestros pensamientos negativos y sentimientos intensos, y examinamos la energía que es su esencia, con el tiempo comenzamos a vernos a nosotros mismos de una forma profundamente liberadora. Nos damos cuenta de que todo lo que aparece en nuestra meditación —absolutamente todo— es pura Shakti, Conciencia pura. Cada imagen, cada pensamiento, cada sentimiento, todo está hecho de energía. El pensamiento más horrible y temible es Conciencia, al igual que la visión más hermosa. Finalmente, todo ello, incluso nuestra experiencia interna más exquisita, tiene que disolverse en la Conciencia.

> Tu propia mente es, en principio, tan pura y vacía como el cielo. Para saber si esto es verdad o no, mira dentro de tu mente.
>
> PADMASAMBHAVA[7]

En la tradición tántrica tibetana, a los practicantes avanzados se les encarga meditar sobre una deidad en particular. Tienen que visualizarla, dándole forma dentro de su conciencia. La idea es realizar una visualización tan buena que, con el tiempo, la deidad pueda salir de la mente y, de alguna manera, aparecerse ante el meditador bajo una forma que se mueva y hable.

Los practicantes consumados de esta difícil y compleja visualización aseguran que es posible hacer que la deidad aparezca. Esto es así porque la Conciencia es infinitamente creativa. Cuando te centras en algo con suficiente intención, se convierte en una entidad real en tu mente. La materia de tu mente toma esa forma y da realidad al objeto de tu enfoque. Después, dependiendo del tipo de objeto en el que te centres, podrás experimentarlo.

Una experiencia está constituida por toda una complejidad de pensamientos, sentimientos, imágenes y sensaciones corporales. Cuando la forma en la que te centras es negativa —el pensamiento de un comentario insensible que alguien te hizo ayer o las últimas noticias sobre el calentamiento global—, experimentas sentimientos de rabia, tristeza o miedo. Sientes dureza en el corazón o las mejillas se tensan. Notas una presión detrás de los ojos proveniente de las lágrimas retenidas o tu respiración se vuelve entrecortada a causa del resentimiento contenido. Tu conciencia interna se contrae alrededor del sentimiento del mismo modo que una mano se contrae para cerrar el puño, y, antes de que te des cuenta, todo tu mundo es tristeza y rabia. El pensamiento negativo crea emociones y tensiones en el cuerpo, e incluso afecta al sistema inmunitario.

Del mismo modo, cuando te centras en un mantra, en un pensamiento amoroso o positivo o en un objeto de meditación visual como una llama o la figura de una deidad, esto crea su propio conjunto de pensamientos y sentimientos; normalmente, sentimientos como amor, admiración, felicidad, relajación y satisfacción. La mayoría de nosotros, desde luego, preferimos el conjunto que acompaña a las imágenes y los sentimientos positivos que aquel que va asociado a los pensamientos negativos.

Sin embargo, con el paso del tiempo, incluso la más hermosa de las imágenes o formas se disolverá en la Conciencia. Ese es el objetivo del ejercicio tibetano de la deidad. Una vez que el practicante ha hecho que la deidad sea lo suficientemente real como para que aparezca, se espera que deliberadamente deje que se disuelva en su propia Conciencia. El propósito final del ejercicio es revelar que todo, incluso las formas divinas que adoran las personas más religiosas, es en realidad una manifestación de nuestra propia Conciencia. Como dicen los sabios de la tradición Vedanta: «Todo existe porque tú existes. Todo está dentro de tu Ser».

Los tantras nos recuerdan que sea cual sea el objeto sobre el que elijamos meditar, debemos hacerlo teniendo en cuenta que todos los pensamientos, sentimientos, imágenes, emociones y formas en los que nos enfocamos en la meditación están hechos de Conciencia, de Shakti. Son manifestaciones de la energía subyacente, la Shakti que bulle en nuestro interior.

Una vez que comenzamos a reconocer esta verdad, estamos cerca del corazón de la meditación. De hecho, nos encontramos ya preparados para seguir el ejemplo de sir Gawain.

Estamos preparados para dejar que la Shakti nos muestre cómo quiere que meditemos.

CAPÍTULO 8

Dejar que la Shakti dirija

Hace unos cuantos años, una amiga me pidió que pasara una tarde meditando con ella. Había tenido problemas con su práctica y esperaba que yo pudiera encontrar una forma de ayudarla a arrancar de nuevo.

—¿Cuál es el problema? –le pregunté.

—No lo sé. Creo que mi corazón se siente seco. No hay energía en él –respondió.

—¿Dónde sientes energía?

Cerró los ojos durante un minuto y después dijo:

—Noto cierta presión entre las cejas. Se hace más fuerte cuando cierro los ojos.

—¿Por qué no tratas de centrarte ahí? –le dije–. Permítete estar en esa energía e intenta respirarla.

Media hora después, abrió los ojos.

—¿Cómo ha ido? –le pregunté.

—Fantástico. Estuve respirando esa energía y, al cabo de un rato, se abrió. Estaba en un prado de luz esmeralda. El sol era tan brillante que apenas podía mirarlo. Después, se hizo enorme, y yo estaba en la luz. Fue maravilloso.

> *Aunque la kundalini brille con el resplandor del relámpago en cada individuo, solo en el corazón de los yoguis se revela a sí misma y baila en su propia dicha.*
>
> SHARADA TILAKA[1]

En ese momento, me sentí como si le hubiera entregado el secreto final de la meditación. «Desde luego —pensé—. Descubre dónde se mueve tu energía interna y deja que esta te guíe». Deja que la energía sutil de tu cuerpo decida cómo meditar. De esa forma, la kundalini, la energía espiritual, la Presencia despierta de tu interior apoyará aquello que hagas y lo impulsará.

Como la mayoría de las cosas que he descubierto en mis viajes por el campo interior, esta no era una idea nueva. Es algo básico, una de las instrucciones más importantes que recibí al principio de mi viaje. En la tradición tántrica, se sabe que una de las formas por las que se reconoce que la kundalini se ha despertado es que la meditación comienza a desplegarse de forma natural. Sucede de forma diferente en cada persona y el despliegue con frecuencia es muy sutil, tan sutil que tenemos que estar muy atentos para sintonizar con él. Tras la conversación con mi amiga, me di cuenta de que había pasado un tiempo desde que decidí investigar cómo la kundalini Shakti funciona exactamente en mi interior.

Siempre sentía su presencia, especialmente cuando ella tomaba el control de la meditación y disolvía mis pensamientos en un emergente estado de testigo, o me empujaba a realizar una postura de *hatha yoga* y me mantenía en ella, o simplemente llevaba mi conciencia interna a un océano de tal felicidad que no podía evitar adentrarme en él. Había notado que hacía hincapié en determinadas prácticas y les daba vida a ciertas enseñanzas para que se convirtieran en experiencias. Sin embargo, al mismo tiempo, no sabía valorarla, del mismo modo que de niña no sabía valorar que mi madre estuviera ahí para hacerme la cena o llevarme al dentista. Lo que nunca se me ocurrió fue preguntarle a esa energía interna a dónde quería llevarme y seguirla.

Cuando la kundalini se despierta en nuestro interior, se nos invita constantemente a ir más allá de la técnica para entrar en la dulce y misteriosa extensión de la meditación espontánea. Nuestra meditación se profundiza y se abre en la misma medida que prestamos atención a las señales de la Shakti y le permitimos que dirija nuestra práctica.

¿Qué significa exactamente dejar que la kundalini dirija? ¿Significa volverse pasivos, acomodarnos y esperar que algo ocurra? ¿O existe acaso un modo de trabajar activamente con la kundalini, de seguirla como si fuera una pareja de baile? Más allá de seguir las disciplinas básicas de meditación —sentarse, dirigir nuestra atención hacia dentro e invocar la gracia—, ¿qué necesitamos hacer para entablar una relación adecuada con nuestra propia Shakti?

Como siempre, es cuestión de atención. Para bailar o fluir con la kundalini, necesitamos mantenernos en sintonía con la sensación de la Shakti a medida que esta se mueve en nuestro interior. La kundalini palpita. A través de sus latidos se comunica siempre con nosotros, nos conduce hacia dentro y nos muestra el camino que nos llevará a profundizar en nosotros mismos.

EL LENGUAJE DE LA KUNDALINI

La Shakti interior se comunica con nosotros a través de impulsos sutiles, sentimientos y sensaciones, a través de comprensiones, imágenes y manifestaciones. Algunos de estos mensajes se reconocen inmediatamente una vez que sintonizamos con ellos. Por ejemplo, tal vez tengas el impulso de meditar. En diferentes momentos del día, puedes sentir un fuerte impulso interno, un anhelo de enfocarte en tu interior. Se trata del impulso natural de meditar, y para un meditador despierto puede ser tan fuerte como el impulso natural del hambre o la sed. El movimiento de la corriente del flujo interno puede producirse mientras estás sentado a la mesa de trabajo o en el autobús, y con frecuencia se manifiesta como una sensación de pesadez o incluso de somnolencia. Si no estás atento, podrías pensar que necesitas una siesta o una taza de café. Pero lo que realmente precisas es ceder al impulso que quiere llevarte a la meditación, incluso si es solo durante un minuto o dos. (Enciérrate en el cuarto de baño de tu oficina si lo necesitas, o para el coche a un lado de la carretera.)

Aquí tienes algunas de las señales más espectaculares de la acción de la kundalini: tal vez aparezca una luz en tu campo interior. O te encuentres de forma espontánea en el estado de testigo, observando tu experiencia. Un sentimiento de amor surge y se hace cada vez mayor a medida que te enfocas en él. Tu conciencia comienza a expandirse, apartando los muros que nos hacen sentirnos confinados dentro de los límites del cuerpo. La respiración se acelera o se detiene. La cabeza tiembla o se mueve hacia atrás o hacia delante. Tal vez sientas que caes o subes a un estado interior diferente, cambiando de «nivel» en tu interior. La Conciencia que planeaba detrás de la superficie de la mente parece moverse a un primer plano. Surge una visión.

Otras señales de la Shakti son mucho más sutiles. Tal vez sientas una pulsación en el corazón, un ligero cosquilleo en la frente, una sensación de energía en un costado, o la impresión de que el mantra «quiere» que dejes de repetirlo.

> *Finalmente, he comprendido la verdadera naturaleza de la plegaria y la meditación. Son simplemente tu propio juego en forma de anhelo y aspiración.*
>
> RAMPRASAD[2]

Las señales sutiles se ignoran con más facilidad que las impresionantes, de modo que con frecuencia no les prestamos atención. Sin embargo, son tan significativas como las manifestaciones llamativas. Son nuestros propios hitos, las huellas que revelan la dirección que nuestra Shakti está abriendo para nosotros. Necesitamos aprender a reconocerlas por nosotros mismos, porque no existen libros de normas que describan cada una de ellas.

Tal vez te apetezca cerrar ahora los ojos y sintonizar con la energía que reside dentro de tu cuerpo.

EJERCICIO: SENTIR LA SHAKTI

Cierra los ojos y adopta una postura relajada, con la espalda recta. Dirige tu atención hacia dentro y escanea tu cuerpo. ¿Dónde sientes las corrientes de energía de tu cuerpo en este momento? ¿Cómo experimentas tu energía interna? ¿Notas que palpita en algún lugar en particular? ¿Estas sensaciones van asociadas a la energía (sensaciones como ternura, dolor de cabeza o anhelo)? ¿Tienes alguna sensación interna de presión, calor, dureza o suavidad? ¿Se trata de sonidos o luces? Nótalas y fíjate en si te resultan familiares o no.

SEGUIR LOS SENDEROS DE LA SHAKTI

Del mismo modo que todos tenemos nuestra propia forma de sentir las emociones, procesar información y solucionar problemas, cada uno experimenta el mundo interno de la meditación a su manera. Hasta que reconozcas la valía de tu propio estilo personal, dudarás con frecuencia de tu experiencia meditativa, especialmente cuando esta no coincida con las experiencias descritas por tus maestros o los textos clásicos de tu tradición. Si te han enseñado a identificar la meditación con la mente absolutamente en calma o a pensar que la buena meditación implica tener visiones o entrar en espectaculares estados alterados de conciencia, puedes pasar por alto otras percepciones, movimientos sutiles de energía y cambios en tu estado de ánimo y sentimientos, los cuales son señales igualmente importantes de tu mundo interior.

Los maestros de meditación del budismo theravada y zen con frecuencia te pedirán que ignores estas experiencias, que las veas como meros fenómenos y vayas más allá de ellas. Por supuesto, es importante no quedarse atascado en ellas ni verlas como metas de nuestra práctica. Sin embargo, en las tradiciones tántricas y contemplativas se les da más importancia a estos fenómenos internos. Ciertas sensaciones como cosquilleo, presión, expansión de la energía más allá de los muros de la piel, cambios de temperatura, sensación de placer interior o dicha, visiones, la escucha de sonidos internos o incluso la poesía y los movimientos físicos espontáneos, son señales del proceso transformativo interno que tiene lugar. Son regalos e indicadores que pueden señalar un cambio en la conciencia, o incluso un camino para seguir.

RECONOCER LOS SENDEROS DE LA SHAKTI

Todas estas sensaciones, tanto si son visuales como auditivas o quinésicas, son manifestaciones de un aspecto particular de la kundalini: su poder de acción, que recibe el nombre de *kriya shakti*. Por esta razón, a menudo se los llama *kriyas*, o movimientos yóguicos.

Pero el *kriya shakti* no es el único poder de la kundalini. Cuando esta se vuelve activa se despiertan en nosotros cuatro aspectos más de esta poderosa energía interna, y sus manifestaciones son tan significativas como las del *kriya shakti*. Los maestros del shivaísmo de Cachemira describieron estas energías como el poder de la Conciencia (*chit shakti*), el poder de la dicha (*ananda shakti*), el poder de la voluntad (*iccha shakti*) y el poder del conocimiento (*jnana shakti*). Estos poderes son inherentes a la energía universal, la Shakti que crea y mantiene la vida. El shivaísmo nos dice que cada acción que tiene lugar en este universo es realizada por alguno de estos cuatro poderes de la Shakti.

Esto es lo que sucede: cuando la kundalini se activa en nosotros, todos estos poderes entran totalmente en la escena de nuestro mundo interior. Al actuar en nuestro interior, nos ofrecen experiencias. Cada experiencia que tenemos en meditación es ocasionada por alguno de estos cinco poderes.

> *La experiencia de dicha más elevada en cualquier esfera del ser es conocer directamente a la Madre universal, aquella que es perfectamente dichosa.*
>
> RAMPRASAD[3]

Por ejemplo, nuestras experiencias de la conciencia expandida provienen de la *chit shakti*, el poder de la Conciencia, que puede manifestarse como la experiencia espontánea del testigo, como la comprensión de que la Conciencia de uno se extiende por todas partes o como la experiencia del Ser puro, más allá de las sensaciones ordinarias del cuerpo o la personalidad.

La *ananda shakti*, el poder de la dicha, se despliega en nosotros como una erupción de amor espontáneo, satisfacción y alegría, el sentimiento de un corazón permanentemente en expansión. La alegría de la *ananda shakti* despierta se diferencia del placer común no solo porque es más profunda, sino también porque es independiente de nuestro estado de ánimo y experiencias externas. Una vez que la *ananda shakti* comienza a surgir, podemos sentir una pulsación de alegría no solo cuando las cosas nos van bien, sino también en momentos de pena y frustración.

Cuando la fuerza de la *iccha shakti*, el poder de la voluntad divina, actúa en nuestro interior, refuerza nuestra propia voluntad y hace que nos resulte más fácil seguir la disciplina yóguica, mantenernos enfocados en un estado de meditación sutil o hacer nuestras tareas diarias totalmente centrados. Podemos sentirla como una fuerza que lleva a la mente hacia dentro, acercándonos a la meditación. Algunas personas aseguran que una vez que su kundalini se vuelve activa, una fuerza interior las despierta mucho más temprano de lo que suelen levantarse. Es como si esa fuerza les sugiriera que es el momento de levantarse y meditar. La *iccha shakti* puede también manifestarse como impulsos de orientación, sentimientos acerca de si una acción en particular es adecuada o no, movimientos de conciencia o fuertes intuiciones que llegan tanto de dentro como de fuera de la meditación. Una de las formas que tenemos de aprender a sintonizar con la guía de ese poder interior es seguir esas señales de orientación y observar los resultados hasta que aprendamos a distinguirlas de los impulsos ordinarios (a menudo poco fiables) que vienen de la mente.

La *jnana shakti*, o el poder del conocimiento, nos trae comprensiones, entendimiento y una sutil habilidad para saber qué es verdad. La *jnana shakti* revela la diferencia entre nuestro ser limitado y lo que a veces es llamado el Ser Verdadero, la Conciencia pura del Ser. Nos muestra el significado de nuestras experiencias y nos da instrucciones, pistas y comprensiones de las verdades sutiles. La *jnana shakti* es el poder que responde a nuestras preguntas desde el interior y, finalmente, nos permite reconocer la Verdad.

Una vez más, necesitamos reconocer y honrar la forma en que la kundalini se manifiesta en nosotros. Un amigo en cierta ocasión me contó que siempre había menospreciado su propia experiencia porque en ella no había ni luz, ni dicha, ni nada espectacular. Entonces, un día, tuvo una comprensión, casi como si su kundalini le hablara: «Tu camino no es el del *kriya shakti*, sino el de la *jnana shakti*, el camino del entendimiento». Después de eso, comenzó a reconocer la trascendencia de las sutiles comprensiones que a menudo surgían en su meditación. Se centraba en ellas y las sopesaba. A medida que hizo esto, su meditación se centró más en su Conciencia subyacente, y comenzó a experimentar poderosos contactos prolongados con su Ser esencial. Una vez que reconoció esto y empezó a seguir los senderos que la Shakti abría para él, su meditación se hizo más profunda de lo que nunca había sido en diez años de práctica.

¿Por qué tantas personas se esfuerzan por reconocer los senderos y las orientaciones que se despliegan en la meditación? Una razón es que tendemos a cosificar nuestra experiencia. Observamos nuestra meditación de forma pasiva, como si estuviéramos en una película. Y cuando nuestras experiencias son sutiles, especialmente si son puramente energéticas, a menudo las ignoramos o no les damos valor. Si son espectaculares, tal vez entonces las tratamos como monedas espirituales, como señales de que algo especial está sucediendo y de que tenemos éxito en nuestra meditación. En ambos casos nos separamos de la experiencia. O bien tratamos de aferrarnos a ella como si fuera algún tipo de trofeo, o la rechazamos, o tal vez nos quedamos atrapados en su análisis, tratando de descifrar su significado.

Por otra parte, si interpretamos nuestras experiencias como señales de orientación de la Shakti, como puertas a la meditación profunda, y las seguimos, cualquiera de ellas puede conducirnos a un lugar más profundo.

Practicar con tus experiencias espontáneas de meditación

Imagina que, detrás de tus ojos, aparece un suave resplandor. Con mucha delicadeza, diriges tu atención a la luz. No tratas de mantenerla ni de aferrarte a ella para que se quede. Simplemente, con suavidad, te acercas a ella con tu atención (a menudo la mejor manera de hacer esto es no observarla de frente, sino como si la estuvieras mirando de lado). Tal vez quieras inspirarla y dejar que la respiración funda tu conciencia en ella. O explorarla. ¿Qué aspecto tiene? ¿Cuál es su textura? ¿Qué ves o qué oyes? Quizá también desees cambiar tu perspectiva. En lugar de sentir que estás fuera de esta visión, observándola, imagina que te encuentras dentro de ella. Imagina que la escuchas a tu alrededor.

Permitirte estar con la experiencia te ayuda a adentrarte más en tu campo interior. Posiblemente haya una sensación de conciencia en expansión, pero la expansión se detiene en cierto momento. Puedes quedarte en la orilla de esa conciencia expandida y sentir la sutil textura de la conciencia que se expande, o entrar en el campo de la conciencia que se extiende en tu interior, desplegándose hacia los sentidos internos. La manera de entrar en ella es convertirse en ella.

Desde luego, no es el ser físico el que se transforma en la conciencia expandida. Es tu mente, tu ser sutil. Te conviertes en ella al identificarte con ella. Primero, te identificas a ti mismo como conciencia, como atención. (Para algunos, esto implica pasar rápidamente por el proceso de dejar de identificarse con el cuerpo, tal vez pensando: «Yo no soy mi piel, no soy mis huesos, ni mi sangre, ni mis órganos. No soy mis sentidos, ni mi respiración, ni mi mente, ni mis pensamientos. No soy mis emociones ni mis sensaciones. Soy conciencia. Soy energía».) Después, como conciencia, entras en este campo sutil de tu interior, como si fueras una bola de nieve que acumula más nieve a medida que va rodando.

A medida que te centras y te adentras en el sendero que la Shakti revela, el sendero interior con frecuencia cambia o desaparece. La sensación energética se amplifica o difumina. La luz se disuelve. El sonido interno cambia de tono, se convierte en un latido sutil, se funde en el silencio o se hace luz. Si permaneces con esa sensación –la sensación de la experiencia–, todavía podrás seguirla.

> *Con frecuencia, cuando salgo de la alteridad y entro en mí, contemplo la más asombrosa belleza. Es entonces cuando creo más firmemente en mi pertenencia a un destino más elevado.*
>
> PLOTINO[4]

EJERCICIO: SEGUIR UNA PULSACIÓN DE ENERGÍA

Imagina, por ejemplo, que comienzas a advertir una pulsación de energía en mitad de la cabeza o entre las cejas. Esto que sientes es la brecha que la Shakti te está revelando ahora. De modo que céntrate con delicadeza en ella y respírala. O recuerda que es tu propia energía y permítete identificarte con ella. Llegado cierto punto, tal vez sientas que la energía se abre y te lleva a su interior. Quizá te descubras a ti mismo dentro de una gran bola o campo de energía, o en un espacio similar a una cueva. Tal vez percibas o veas colores o sensaciones dentro de ese espacio. A medida que te permites estar allí, la energía puede llevarte a un lugar más profundo de sí misma. Puede que se manifieste como formas, rostros, colores, sentimientos de amor o una sensación de expansión. Es posible que se produzca alguna comprensión repentina.

Después, en determinado momento, probablemente descubras que todo lo que surge –tanto si es luz como una comprensión interna o un sentimiento de amor– se disuelve, se desvanece, se difumina en la pura energía. En el espacio.

A medida que la Shakti nos lleva hacia dentro, su tendencia natural es disolver las formas –llevarnos de lo burdo a lo sutil y, después, a las esferas más sutiles, profundas y refinadas de la

conciencia, donde los hilos de la forma desaparecen en lo informe y la mente superficial se funde en su fuente–. Conforme los
puntos de referencia del sendero de la Shakti se funden, puedes
fundirte con ellos. Puedes seguir exhalando la sensación interna
de contener tu conciencia, relajar la tensión de tus «músculos»
mentales y avanzar hasta adentrarte en cada nuevo espacio que
se abre. La clave radica en entrar cada vez más profundamente
en el lugar donde la Shakti actúa. Al hacerlo, te seguirá llevando
a lugares cada vez más profundos del mundo interior.

Algunas personas pierden la conciencia al llegar a este punto o
entran en un estado de somnolencia inconsciente. Aunque es recomendable tratar de mantenerse consciente, no te preocupes
si, al llegar a este punto, pierdes la conciencia. A medida que tu
atención se vuelva más estable, podrás mantener ese estado y,
finalmente, descansar en la amplitud.

INVOCAR A LA SHAKTI

Aprender a seguir la dirección de la Shakti es una práctica tan pri-
mordial para entrar en el corazón de la meditación que, en algunas escuelas de meditación kundalini tradicional, se pide a los estudiantes que no prac-tiquen ninguna técnica en absoluto. En lugar de ello, se limitan a sentarse y esperar a que la Shakti los lleve a donde quiera llevarlos. Sin embargo, para realizar esto con éxito, necesitas mantenerte vigilante; en caso contrario, puedes terminar atra-pado en alguna seductora serie de pensamientos. Se dice que la diosa tiene dos caras –su lado *maya*, que crea la separación y la identificación con el ser inferior, y su lado liberador, que disuelve la dua-lidad–. Nosotros queremos estar en contacto con su faceta liberadora.

> Ya no puedes es-
> conderte o parecer
> distante de mí. Mi
> propio aliento y mi
> ser están unidos a tu
> poderoso misterio,
> y yo experimento tu
> poder como mi pro-
> pia fuerza intacta.
>
> RAMPRASAD[5]

Ramakrishna Paramahamsa, que era un gran amante de la Madre divina, solía rezar a la Shakti de la misma forma que un niño habla con su madre. Le suplicaba: «Por favor, muéstrame tu rostro liberador en lu-gar del rostro de tu *maya*, tu falsa ilusión».[6] Esta es una pequeña plegaria muy poderosa. Con frecuencia intento decirla cuando la meditación se vuelve particularmente densa y agitada. A medida que pronuncio las palabras, empiezo a experimentar un cambio radical de perspectiva. Veo cómo los pensamientos toman forma a partir de mi conciencia subyacente, cómo permanecen durante un tiempo y después se disuelven. En lugar de perderme en un pensamiento, me veo observando el juego de la energía de la mente. Esto me libera de forma instantánea de la identificación con los pensamientos, lo que me permite adentrarme en un estado más profundo.

De hecho, cada vez que queramos invocar a la Shakti, la mejor manera de comenzar es con una plegaria y una invitación. Al igual que en las invocaciones al Gurú que analizamos en el capítulo 3, nuestra petición también puede ser muy simple: «Oh, Kundalini Shakti, por favor, muéstrame cómo quieres que medite hoy». También puede hacerse de un modo más elaborado e imaginativo, como los himnos de alabanza de los poetas devocionales. Si este es tu estado de ánimo, puedes recitar: «Madre Kundalini, eres la base de mi experiencia interior. Brillas como el sol dentro de mi cuerpo y purificas la mente. Por favor, sé amable conmigo. Guía mi meditación».

Existe también un tipo de plegaria que, de hecho, es una meditación. En ella, buscamos la presencia de la Shakti en las profundidades de la mente, la sentimos íntimamente presente en nosotros y nos movemos con ella. He descubierto que la forma más natural e inmediata de hacer esto es meditar en el *spanda*, la pulsación interna que vimos en el capítulo 4. Tal vez notes que no dejo de señalar una y otra vez esta pulsación. Esto es así porque es una forma muy directa de familiarizarse e intimar con nuestra propia Shakti.

El siguiente ejercicio lleva un poco de tiempo. Antes de que puedas percibir el sutil pulso interior, necesitas darle un tiempo a tu mente para que deje sus asuntos superficiales.

EJERCICIO: INVOCAR LA ORIENTACIÓN DE LA SHAKTI

Paso 1: acomodar la mente
Cierra los ojos y siéntate en una posición cómoda, con la espalda recta, según las instrucciones de la página 76.

Centra tu atención en la respiración. Obsérvala sin tratar de cambiar su ritmo. En lugar de sentir que respiras, comprende que eres respirado. El aliento es inspirado y espirado por la energía dentro de tu cuerpo. La kundalini te está respirando.

A medida que surgen los pensamientos, llama a cada uno Conciencia, Shakti.

Continúa con esto durante quince minutos o hasta que comiences a sentir que la mente se relaja y se tranquiliza. Ahora, permítete descansar en tu propia conciencia interna, el campo de tu experiencia interior.

Paso 2: experimentar la pulsación

Siente el ligero destello de movimiento, la vibración sutil, el pulso de energía que siempre late dentro de tu conciencia. Nota en qué lugar de tu campo interior de conciencia sientes esa vibración y centra allí tu atención.

La pulsación de la Shakti puede manifestarse como una vibración sutil o un latido, pero también como un sonido o un resplandor de luz. Puedes notar que la pulsación es especialmente fuerte en una zona concreta de tu cuerpo —en el corazón, entre las cejas, en la garganta o en la parte superior de la cabeza–. Si ese es el caso, permite que tu atención se dirija a esa zona. O céntrate en el latido del corazón a medida que se extiende por todo tu cuerpo.

Conforme sientas esa pulsación dentro de tu conciencia, comienza a honrarla. Dile: «Te reconozco como la Shakti interna, la kundalini divina. Te honro. Te reconozco como la diosa, la madre del universo que late en mi interior. Sé que de ti vienen todos mis pensamientos y sentimientos. De ti viene el mantra, el sonido divino. De ti vienen las visiones, las luces y las experiencias de dicha».

Ahora háblale interiormente a la pulsación divina, la forma de la diosa en tu interior. Pídele su guía y ayuda. Pregúntale: «¿Dónde deseas jugar hoy? ¿A dónde deseas llevarme? ¿En qué dirección debo seguirte? ¿Cómo quieres que medite hoy?».

Una vez que hayas formulado estas preguntas, espera con atención a que las respuestas surjan de tu interior. Espera sin esperar nada, sin ningún tipo de plan.

La respuesta puede surgir bajo la forma de una nueva comprensión, una instrucción verbal, una sensación muy sutil o un impulso para realizar una determinada práctica o centrarte de una forma en particular. No te preocupes de si la respuesta es correcta o no. Simplemente confía en que aquello que te llega es la respuesta de la Shakti.

Si surge un impulso, una instrucción, una práctica o una experiencia, síguelos. Céntrate en ellos. Si no te llega nada, sigue centrándote en la vibración, en la Shakti tal como la experimentas. Permítete sentirte uno con la pulsación de la Shakti. Déjale que te lleve cada vez a mayor profundidad en su campo resplandeciente de vibración.

Permiso para desplegarse

Aunque he trabajado durante años con el proceso de invocar a la Shakti, siempre me ha sorprendido su capacidad de darle vida a la meditación. El simple acto de pedir orientación a tu energía meditativa interna parece crear espacio para nuevas aberturas y para la meditación profunda. Con frecuencia estas brechas se producen cuando nos centramos en un fenómeno que hasta el momento no habíamos advertido.

> *Espíritu Santo que da vida a toda vida, que anima a todas las criaturas y es raíz de todas las cosas, que las lava y deja limpias, borrando sus errores y sanando sus heridas, tú eres nuestra verdadera vida, luminosa, maravillosa, que despierta al corazón de su viejo sueño.*
>
> HILDEGARDA DE BINGEN[7]

Durante una meditación, un alumno mío que le había pedido a la Shakti que le dirigiera sintió un movimiento de energía a un lado de la cabeza. Normalmente lo habría ignorado, pero, como buscaba una señal de la Shakti, se centró en el movimiento y trató de entrar en él. La energía se suavizó, amplificó y expandió. Se encontró en un plano de energía suave y vibrante, rodeado de olas de amor. Era como descansar en aguas sutiles. Su sensación de ser un cuerpo físico se disolvió, y se dio cuenta de que él era ese cuerpo de Conciencia expandida.

Una mujer joven me contó que la primera vez que solicitó la ayuda de la Shakti, un campo de luz se abrió ante ella. Ahora, cada vez que se sienta en meditación, experimenta ese campo. Otra mujer sintió una

> *Confía en el poder divino, y este liberará los elementos divinos que hay en ti y modelará con ellos una expresión de naturaleza divina.*
>
> SRI AUROBINDO[8]

fuerte presión en el centro del tercer ojo, entre las cejas, que se convirtió en una bola de luz azul. Se centró en la luz y se encontró en un enorme océano de resplandor, en el que flotó durante el resto de la meditación. Después de eso, la pulsación de su frente se hizo más fuerte. No solo la experimentaba durante la meditación, sino que sentía esa presión a lo largo de todo el día. Dijo que, junto a la sensación de presión, había una nueva claridad en su mente: «A veces, cuando cierro los ojos durante el día, siento como si estuviera mirando a través de un cristal. Incluso cuando mi mente está muy ocupada, hay una ligereza subyacente». Otras personas han hablado de movimientos físicos espontáneos, *kriyas* yóguicos o la sensación de que la conciencia del testigo descendía sobre ellos. Para algunos, simplemente había un sentimiento de dulzura y profundidad en la meditación. Como dijo un practicante: «La meditación comenzó a atraerme como nunca me había atraído. Mis experiencias se convirtieron en algo muy valioso para mí».

El poder de rendirse

Este proceso de invocar y seguir a la Shakti es muy poderoso porque, cuando lo haces, participas en tres de las más importantes prácticas de la meditación sobre la gracia: reconocimiento, veneración y rendición. A medida que comienzas a reconocer esta divinidad intrínseca a la energía que late dentro de tu mente en la meditación, dejas libre a tu Shakti interna para que revele su amor y su intención liberadora. Cuando adoptas una actitud devocional hacia la energía de tu interior, comunicándote con ella, rezándole e invocando su gracia, entablas una relación de amor con la kundalini. Si le das tu atención y le pides ayuda, accedes a una sabiduría y guía que tal vez desconocías que tuvieras a tu alcance. Cuando te rindes —es decir, cuando con sinceridad te comprometes a seguir su guía—, le das permiso para mostrarte las profundidades de su amor por ti. La kundalini no puede hacer esto a menos que se lo permitas. Antes de que se revele totalmente a ti, necesitarás haberle dado permiso para guiar el proceso.

Esto no siempre es fácil. Muchos de nosotros tenemos una profunda necesidad de controlarlo todo —tanto en la meditación como en la vida cotidiana—. Cuando la Shakti se nos presenta con una brecha para acceder a la meditación profunda, normalmente hay un momento en que queremos resistirnos o alejarnos de esa brecha. En ese instante, tenemos que acordarnos conscientemente de soltar o rendirnos.

En el fondo, rendirse no es algo que podamos «hacer». Se trata de un movimiento natural de la Conciencia, un profundo acto de soltar que sucede con el tiempo y, con frecuencia, durante la meditación. Sin embargo, hay prácticas que nos permiten soltar nuestro amarre. Una de ellas trabaja con la respiración —la cual, como hemos visto, es el gran motor del acto de soltar en la meditación—. Inspiras y, después, espiras con el sentimiento de que exhalas los pensamientos que te distraen, los sentimientos de resistencia y la sensación de separación y limitación. El gesto interno de exhalar la resistencia no solo ayuda a aflojar los músculos mentales que oprimen nuestra respiración, sino que también afloja la opresión de la mente y nuestro sentimiento de separación de la Shakti.

> *Emergiendo en su realidad de mil pétalos, ¡oh, meditador!, conviértete conscientemente en la diosa. Ella es tu esencia; tú eres su expresión.*
>
> RAMPRASAD[9]

En la práctica de rendirse es importante recordar que no te rindes a nada externo. La Shakti que te guía en tu meditación es tu propia energía elevada —el poder de tu conciencia más evolucionada—. Es la energía de tu alma que, por amor, te lleva a completar tu viaje a la esencia de lo que eres. Por ser lo que es, te pide que te estires, te expandas, crezcas y te conviertas en tu Ser más elevado. Hace esto por amor. Lo hace porque es, en verdad, tu Ser.

De modo que, a medida que invocamos a la Shakti y nos hacemos conscientes de sus señales, a medida que aprendemos a dejar a un lado nuestros planes de meditación y seguimos los hitos de la Shakti hacia nuestro mundo interno, podemos detenernos periódicamente a exhalar nuestros sentimientos de resistencia y tensión. Podemos detenernos a recordar la realidad de la unidad, la perfecta congruencia entre la conciencia de nuestra mente y la gran Conciencia. Podemos recordar que la energía del universo es nuestra energía, que la gran Conciencia es nuestra conciencia, y que la mente de Dios sostiene, contiene y abarca nuestra propia mente y, finalmente, todo lo disuelve en la amplitud de la pura *chiti*, la Conciencia pura.

CAPÍTULO 9

¿Dónde te encuentras?
Un mapa del viaje de meditación

Hemos examinado una serie de prácticas para entablar una relación con el mundo interior. También hemos examinado varios principios que harán que nos resulte más fácil nadar en sus aguas –principios como la devoción, la actitud de juego, abrirse y entrar en las técnicas en lugar de limitarse a «probarlas», sentirse uno con la práctica y su meta, y aprender a sentir y seguir las pistas que revela tu energía interna.

En este capítulo, trataré de describir algunos de los estados, indicadores y puntos de referencia «geográficos» que puedes encontrarte en la meditación. En otras palabras, este capítulo ofrece un mapa de carreteras parcial de las experiencias y cuestiones que suelen aflorar cuando viajas por el territorio interno. He tratado de incluir lo más obvio: las fases básicas que casi todos experimentamos. Pero también, con humildad, ofrezco un breve análisis de las fases avanzadas del viaje. Puesto que la meditación, además de una práctica, es también un viaje, se desarrolla en etapas y nos lleva a diferentes estados.

Desde luego, puesto que las experiencias internas son más holográficas que lineales, el viaje de la meditación no es como subir escaleras o transitar por una autopista. En otras palabras, mientras viajas, es importante recordar que el mapa no es el territorio.

EL MOVIMIENTO INTERIOR

Como hemos visto, cuando dirigimos nuestra atención al mundo interior y nos sentamos con la intención de sumergirnos en nosotros mismos, nos abrimos al movimiento interno natural de la Conciencia. Por lo que hemos visto hasta ahora, debería resultar evidente que esta propensión interna es una especie de disolución. Es el proceso de permitir que el estado relativamente denso de nuestra mente ordinaria se resuelva en su propio terreno, en su estado natural de claridad y conciencia que la tradición hindú llama el Conocedor, la Conciencia pura o el Ser. Este proceso se produce de forma diferente en cada persona, y va acompañado de una gran variedad de experiencias internas.

En este punto es donde surgen la mayoría de las preguntas. Primero, queremos conocer el significado de nuestras experiencias. Deseamos saber si es importante o no que tengamos visiones de rostros, o qué significa esa luz, o por qué la cabeza no deja de inclinarse hacia el pecho, o si el sentimiento de alegría que aflora fugazmente es la alegría primordial del Ser o algún tipo de alegría menor. Si nos parece que perdemos la conciencia durante la meditación, queremos saber si nos ocurrió porque estábamos dormidos o si se trataba de otra cosa. Y si permanecemos en nuestro estado de vigilia normal, tememos no estar meditando.

Detrás de todas estas preguntas se halla la gran pregunta, aquella para la cual, finalmente, deseamos encontrar una respuesta: «¿Estoy realmente haciendo algún progreso en la meditación?». Durante años, está pregunta en particular se apoderaba de mí periódicamente. Me cuestionaba si en realidad profundizaba en mi meditación o simplemente me divertía yendo a la deriva por las esferas del ensueño y de la energía en movimiento. Para resolver estas dudas, comencé a estudiar con atención lo que los sabios decían sobre el mundo interior y a comparar mi propia sensación intuitiva del viaje con los mapas que encontraba en los diferentes textos de meditación.

> *Sé fuerte, entonces, y entra en tu propio cuerpo; allí tienes una base sólida para tus pies. ¡Piensa en ello detenidamente! ¡No vayas a ningún otro lugar! Kabir dice: simplemente desecha todo pensamiento sobre cosas imaginarias, y permanece firmemente en aquello que eres.*
>
> KABIR[1]

Por suerte, los grandes meditadores de todas las tradiciones nos han dejado detalles de sus propias experiencias y han señalado aquellas que pueden considerarse indicadores o señales de nuestro avance —los indicadores de lo que el *Shvetashvatara Upanishad* considera «éxito en el yoga» varían en ciertos detalles entre las diferentes tradiciones— y la mayoría de los principales maestros de meditación están de acuerdo en que las señales más importantes del progreso espiritual se revelan a través del carácter, la capacidad para ser ecuánimes, el poder para conservar la mente tranquila y serena, la compasión y amabilidad, la claridad mental y la capacidad para mantenernos centrados.

Sin embargo, resulta útil examinar los mapas que nos ofrecen las diferentes tradiciones cuando tratamos de comprender en qué categoría entran nuestras experiencias internas y qué significan (si es que significan algo). Si no las comprendemos, podemos restar importancia a experiencias significativas o a determinados atajos de procesos yóguicos que no solo son normales, sino también profundos y útiles. O podemos caer en la trampa opuesta y creernos importantes por tener ciertas experiencias que únicamente son indicadores y pensar que hemos llegado a nuestra meta final.

Una amiga mía habla con frecuencia de una meditación en la que vio una resplandeciente luz dorada que sobresalía de su corazón. «¡Ya está! ¡Ya estoy iluminada! ¿Y ahora qué?», pensó. Ya estaba divagando sobre su posible futuro como maestra espiritual cuando se dio cuenta de que la luz había desaparecido. Después, su profesora le explicó que su visión, aunque profunda y significativa, no era de ninguna manera una señal de que su viaje hubiera finalizado. Era un regalo, uno de los muchos que descubriría en su proceso.

Otra mujer escribió un libro sobre la dolorosa confusión que sufrió tras haber sido catapultada a un estado en el que, de repente y aparentemente de forma permanente, se vio liberada de cualquier sentido de identificación con su ser individual. Al carecer de puntos de referencia y orientación, asumió que su condición era patológica y sufrió durante diez años hasta que encontró a alguien que la ayudó a comprender lo que había sucedido. Y, durante estos últimos años, muchos de nosotros hemos conocido a personas, u oído hablar de ellas, que experimentaron largos periodos de claridad, expansión o dicha, y asumieron, al igual que mi amiga, que eran seres autorrealizados —hasta que ese estado de «despertar» desapareció.

De modo que los mapas son esenciales. Pero todavía más esencial es nuestra reflexión, nuestra disposición a examinar nuestras experiencias a la luz de diferentes paradigmas yóguicos.

En la tradición hindú, el mapa más conocido del viaje espiritual traza nuestro progreso en los chakras, los centros energéticos que se hallan a lo largo de la columna vertebral. Muchos practicantes espirituales están familiarizados con los nombres y las ubicaciones de los chakras principales y también saben que cada chakra está relacionado con determinados órganos del cuerpo físico, así con ciertas emociones y estados espirituales.

En *Shat Chakra Nirupana*, uno de los principales textos tántricos sobre la kundalini y los chakras, el paradigma básico sitúa nuestras experiencias puramente más humanas en el chakra del corazón y en los situados inmediatamente por debajo de este: el *svadhisthana* chakra (sacro), cerca de las gónadas, del cual se dice que es el centro de la lujuria y el miedo; y el *manipura* chakra (ombligo), donde se asegura que se sitúan nuestros impulsos de poder.

En el cuarto chakra, situado a la altura del corazón, el *anahata*, comenzamos a adentrarnos en los centros energéticos que gobiernan los estados más elevados de conciencia. Nuestra experiencia se vuelve más sutil a medida que nuestra conciencia asciende a lo largo del cuerpo interior. Tras el *anahata*, pasamos al quinto chakra, *vishuddha* chakra (puro), que está en la garganta. Después viene el *ajna* chakra (mando), situado en el centro de la frente, entre las cejas. Cuando la conciencia se estabiliza en el chakra de la coronilla, llamado *sahasrara* (de mil pétalos), experimentamos la total expansión de la conciencia identificada con lo divino. Según la tradición, nos despertamos totalmente o nos autorrealizamos.

Los recientes libros occidentales sobre los chakras tienden a enfocarse más en sus aspectos psicológicos o psicofísicos que los textos tradicionales, pero la idea básica es que «ascendemos» a través de los chakras hacia diferentes esferas y ámbitos evolutivos.

Existe otro mapa yóguico que proviene de la tradición del shivaísmo de Cachemira y marca nuestros progresos en meditación a través de los treinta y seis *tattvas*, o fases de manifestación. Según este paradigma, en el proceso espiritual pasamos de la identificación con el cuerpo físico, la mente y el ego a consideraciones progresivamente más sutiles de nuestra identificación con la totalidad de la Conciencia. En las fases inferiores, experimentamos la realidad como algo denso e inmutable, y a nosotros como seres limitados y separados de la totalidad. En los estados más elevados, nos damos cuenta de que toda la realidad existe dentro de nuestra Conciencia. Sabemos que no somos diferentes de la propia Conciencia creativa, con toda su libertad y alegría natural. A medida que pasamos por las fases intermedias, experimentamos progresivamente estados del Ser cada vez más sutiles y globales.

> En este cuerpo... hay visionarios y sabios; también todas las estrellas y los planetas. Hay peregrinajes sagrados, santuarios y deidades que presiden los santuarios... El sol y la luna también se mueven en él. El éter, el aire, el fuego, el agua y la tierra también están ahí. Todos los seres que existen pueden encontrarse en el cuerpo. Aquel que sabe todo esto es un verdadero yogui.
>
> SHIVA SAMHITA[2]

Estos dos mapas están relacionados entre sí y, de hecho, pueden combinarse, puesto que la experiencia de cada grupo de *tattvas* se corresponde con un chakra en particular. Ambos están relacionados con el mapa que veremos detalladamente en este capítulo: el paradigma de los cuatro estados y los cuatro cuerpos elaborado por Shankara, el gran maestro de Vedanta.

Decidí analizar la experiencia de la meditación con este sistema por tres razones: es sencillo y fácil de seguir, es el que aprendí cuando comencé a meditar y nos ayuda a entender la progresión en la meditación como un proceso de ir hacia dentro o de desvelar diferentes capas de nuestro Ser.

LOS CUATRO ESTADOS Y LOS CUATRO CUERPOS

Los textos de Vedanta hablan del cuerpo físico, la mente y otros aspectos de nuestro Ser como las «capas» o «cuerpos» superpuestos, al igual que las capas de la cebolla, que se hallan por encima de la energía sutil de la Conciencia, que es nuestro Ser central. Estas cuatro capas están relacionadas con cuatro estados que los textos identifican como la experiencia humana básica: la vigilia, el sueño, el sueño profundo y el estado de Conciencia trascendental que experimentamos en la meditación.

Normalmente vivimos en uno u otro de estos estados o, en otras palabras, en el «cuerpo» que se corresponde con cada estado particular. De manera que cuando vamos hacia nuestro interior en la meditación, pasamos por los cuatro —cada uno más sutil que el anterior, y todos relacionados entre sí.

Cuando nos encontramos en el estado de vigilia, normalmente estamos anclados en el cuerpo físico *(sthula sharira)*. En los sueños y el ensueño, cuando nos adentramos en el pensamiento o la fantasía, o durante ciertas fases meditativas, perdemos conciencia del cuerpo físico y entramos en el sutil *(sukshma sharira)*. Experimentamos el cuerpo causal *(karana sharira)* en el sueño profundo y en ciertas formas de meditación profunda. El cuerpo supracausal es el lugar que habitamos cuando estamos totalmente absortos en el Ser. Este estado normalmente se revela en la meditación, aunque, como vimos en el capítulo 2, puede desplegarse durante el estado normal de vigilia.

Todo lo que nos sucede en la meditación se produce en uno de estos cuatro cuerpos. Desde luego, esto solo es un mapa, una lente útil que nos permite analizar nuestra experiencia. En el yoga, todas las categorías y todos los paradigmas únicamente son formas de nombrar ciertos niveles de experiencia tan sutiles y personales que cualquier descripción de ellos solo puede ser parcial. Al fin y al cabo, estamos en el dominio de lo inefable, y tratamos de ponerles nombre a experiencias que, con frecuencia, están más allá del alcance del lenguaje. Puesto que los conceptos en este ámbito pueden atraparnos, necesitamos recordar que no debemos tomarlos como dogmas; de ese modo evitaremos que el ilimitado mundo de la meditación quede circunscrito por nuestras definiciones. El mundo al que accedemos en la meditación tiene muchos recovecos, muchas esferas y tantos sabores que nunca podremos describirlos todos ni encajarlos en ningún paradigma.

Otra trampa a la que hay que prestar atención es la asunción de que el progreso espiritual es lineal. A veces, imaginamos que la conciencia se eleva o desciende paso a paso, como si subiéramos una escalera o utilizáramos un ascensor con un operario que pulsa el botón de cada piso. En realidad, avanzamos de una forma mucho menos lineal. Puedes experimentar estados extremadamente sutiles durante tus primeros días de práctica meditativa, y diez años después sientes que tu conciencia queda sumida en tu cuerpo físico. Cuando la kundalini guía el proceso interno, se mueve en la dirección y el ritmo adecuados para ti en cada momento. Trabaja en las diferentes «capas de la cebolla» y no necesariamente de forma secuencial. Sin embargo, por motivos prácticos, analizaremos nuestras experiencias meditativas en los cuatro cuerpos de fuera hacia dentro.

El primer cuerpo: el cuerpo físico

El dolor es una de las experiencias meditativas más universales del cuerpo físico. Cuando aprendemos por primera vez a sentarnos en una postura de yoga, las rodillas, caderas y parte baja de la espalda muestran su resistencia a esta disciplina, a la cual no están acostumbradas, por lo que manifiestan todo tipo de dolores y temblores misteriosos. El cuerpo tiende a quejarse cada vez que intentamos que se quede sentado durante más tiempo de lo que es normal para él o sobrepasamos sus límites.

Por tanto, la mayoría de nosotros adoptamos una actitud bastante ambivalente con relación a nuestras experiencias con el cuerpo físico; y cuando somos conscientes de él en la meditación, a menudo asumimos que no meditamos profundamente o estamos estancados.

Esto no es cierto. El dolor o la incomodidad que experimentamos durante la meditación puede ser, lo creas o no, una experiencia meditativa auténtica y significativa: puede indicar que el cuerpo se está purificando. Como el cuerpo es el soporte de nuestra práctica meditativa, necesita estar despejado, además de

> *Al que carece de práctica, sus sentidos lo sacarán de la meditación, incluso aunque trate de controlarlos con energía. Su meditación se verá interrumpida por distracciones como el frío, el calor, el placer, el dolor, los disgustos o los mosquitos, los cuales crean dolor corporal y provocan que la mente divague.*
>
> YOGASHIKHA UPANISHAD[3]

ser estable y fuerte para contener y conducir la energía que se derrama en nosotros cuando la kundalini nos lleva a las fases más sutiles de la meditación. De esa forma, cuando nos sentemos a meditar, la Shakti despierta atravesará músculos y articulaciones, y los abrirá.

Este proceso puede acelerarse o apoyarse —e incluso iniciarse— con el *hatha yoga*, el trabajo corporal terapéutico, los masajes, la terapia somática o algunas disciplinas tradicionales de movimiento, como el qi gong, o contemporáneas, como el método Feldenkrais. El cuerpo físico contiene capas de memorias de viejas heridas, enfermedades, toxinas ambientales, comida insalubre y agitación emocional. La Shakti que ha despertado extrae todo esto junto a las tensiones que hemos acumulado, tanto antiguas como recientes.

Una amiga mía jura que cuando tiene rigidez en el cuello, ni siquiera el quiropráctico puede ayudarla y que, sin embargo, en cuanto se sienta en meditación, su Shakti interna le mueve la cabeza en círculos y afloja la tensión. Otros simplemente experimentan una distensión gradual cuando se sientan. A veces, la experiencia de aflojar puede resultar ligeramente incómoda o incluso intensamente desagradable. Pero, de alguna forma, la incomodidad parece ser parte del proceso, porque la experiencia de abrirse tiene que ver con aprender a saber cómo nos sentimos.

Cuando el cuerpo se encuentra muy tenso y bloqueado, a menudo lo percibimos como insensible. Tal vez no seamos conscientes de nuestra incomodidad física. A medida que se retiran las capas superficiales y atravesamos algunos dolores físicos de la superficie, literalmente nos abrimos al dolor almacenado en las capas más profundas del cuerpo. Podemos tener molestias de las que nunca hayamos sido conscientes, y junto al dolor corporal puede hallarse su correspondiente dolor emocional. Este dolor no es el de la enfermedad, sino el de la sanación. Aunque gran parte del trabajo de la kundalini se produce por debajo del nivel de nuestra conciencia, parte de él deberá proseguir necesariamente dentro de esta. Al permitirnos sentir la liberación espontánea que inspira la kundalini, aprendemos a aflojar y a abrirnos por nosotros mismos. No podemos hacer esto si no somos conscientes. De modo que los dolores que experimentamos durante la meditación nos enseñan y ayudan a ser más conscientes de lo que sucede en nuestro cuerpo.

Muchas de las señales físicas de la Shakti que mencioné en el capítulo 8 son indicios de purificación. La intensa presión que algunos experimentan en la frente o en la coronilla es una señal de que la energía está trabajando para abrir los centros espirituales situados en la cabeza. Cuando la energía se mueve en torno al chakra del corazón, puedes sentir pesadez en la zona de este órgano. Una persona lo describió como la sensación de tener un elefante sentado sobre su pecho. A veces sentimos calor o una sensación penetrante en la base de la columna o en otros puntos de esta a medida que la kundalini activa los chakras.

Cuando se activa un chakra en particular, puedes sentir sus efectos en los órganos vinculados con ese centro. El centro espiritual ubicado en el ombligo está asociado con el sistema digestivo, y cuando este se purifica algunas personas sufren trastornos digestivos. (Por supuesto, antes de llegar a la conclusión de que tus problemas digestivos están asociados con la purificación de la kundalini, es recomendable que consultes a un médico.) Cuando se abre el centro de la garganta, puedes sentir una tensión exagerada en los músculos de esa zona o incluso dolor de garganta. Conforme la energía se mueve para abrir el centro situado entre las cejas, no es infrecuente experimentar una intensa presión en esa región. Comprender la naturaleza de esta incomodidad nos ayuda a soportarla. En lugar de definirla como «dolor», podemos verla como la presión de la fuerza del despertar interior y, de ese modo, comprender sus intenciones benignas. Podemos relajarnos en la tensión y adentrarnos en ella, en lugar de alejarnos. Con frecuencia, solo con relajarnos lograremos cambiar nuestra experiencia de esa incomodidad.

Durante más de veinticinco años, cada vez que la Shakti se hacía especialmente fuerte en la meditación, la cabeza se me iba hacia atrás y después se quedaba bloqueada en esa posición. A veces parecía estar atascada en la espina dorsal. En mis primeros años de práctica meditativa, solía tener mucha tensión en el cuello, así que esta postura me resultaba espantosamente incómoda. De hecho, a veces me dolía tanto que trataba de modificarla —para descubrir que, en el momento en que enderezaba la cabeza, esta se iba de nuevo hacia atrás—. Una vez, como para subrayar el valor de esta posición, mi maestro se acercó a mí durante la meditación, me puso la mano sobre la cabeza y ¡me la llevó de nuevo hacia atrás! En otra ocasión, un sabio con una túnica naranja apareció en uno de mis sueños, me empujó la cabeza hasta que la bloqueó contra la espalda y dijo: «Esta es la posición dorada».

Una tarde me encontré tan bloqueada en esta postura que no podía moverme. No tuve más elección que rendirme a ella. Pronto me resultó obvio que mi resistencia a permanecer en esa postura lo hacía todo más difícil, pero no sabía cómo dejar de resistirme. Entonces, surgió un pensamiento: «Esta postura es un regalo de la kundalini. La energía divina en mi cuerpo está haciendo esto por amor, para liberarme. A pesar de que no lo entiendo, no deja de ser un acto de amor». Con ese pensamiento, me inundó un gran sentimiento de amor y, al mismo tiempo, algo se aflojó en el cuello. La postura, que hasta entonces había sido terriblemente dolorosa, se volvió sencilla y dulce. Unos minutos después, mi cabeza se enderezó espontáneamente. Fue como si ese acto de soltar, aquel momento de comprensión y aceptación, liberara al cuello de su tensión.

Más tarde aprendí en un libro de *hatha yoga* que se trata de la posición clásica para abrir el centro del corazón. Como se manifestaría espontáneamente después, año tras año, mi centro del corazón se abrió.

Kriyas físicos: los movimientos de la Shakti despierta

Los movimientos físicos espontáneos como mi bloqueo del cuello —llamados *kriyas* yóguicos— pueden ir desde un suave balanceo del torso hasta salvajes sacudidas en círculo de la cabeza y el cuello, o *asanas* de *hatha yoga* perfectamente ejecutadas incluso cuando tu cuerpo no está acostumbrado a esas posturas. Los efectos de estos *kriyas* son tanto físicos como sutiles. A medida que liberan la tensión en el cuerpo físico, también disuelven los bloqueos energéticos sutiles.

Por ejemplo, muchos practicantes de la meditación experimentan un *kriya* en el que la energía los obliga a inclinarse totalmente hacia delante, desde las caderas, y colocar la frente sobre el suelo. Esta postura recibe el nombre de *mahamudra*, y se trata de una de las posturas de yoga más importantes para activar la kundalini y abrir el canal central, el *sushumna nadi* en el centro del cuerpo. El *sushumna nadi* es el camino que recorre la kundalini cuando avanza a través de los chakras. Una vez que se abre, la respiración, que normalmente fluye hacia dentro y fuera de las fosas nasales, comienza también a fluir en el *sushumna*. Entonces, tanto la respiración como la mente permanecen en calma, y podemos adentrarnos en estados meditativos más profundos.

A nivel físico, la postura *mahamudra* abre las caderas. Cuando la frente presiona contra el suelo, no solo desbloquea los senos nasales, sino que también abre el *ajna* chakra, el centro del tercer ojo ubicado entre las cejas. Ese centro es el punto de intersección de diferentes *nadis*, o canales sutiles de la fuerza de la vida, el *prana*. También es la sede de uno de los *granthis* internos, los sutiles nudos energéticos que bloquean el acceso a los estados más elevados de conciencia. El nudo del tercer ojo, llamado *rudra granthi*, es una especie de guardián que impide que la conciencia entre en los centros espirituales de la coronilla. Este nudo nos mantiene en la ilusión de la separación. Una vez que se abre, se produce un profundo cambio en la conciencia que tenemos de nosotros mismos. Empezamos a darnos cuenta, de forma directa y a través de la experiencia, de que nuestra conciencia no está confinada a los límites del cuerpo físico. Nos vemos a nosotros mismos mucho más sutiles y grandes de lo que normalmente creemos que somos. Dejamos de aferrarnos a las limitaciones del ego, los miedos y las constricciones. Comenzamos a experimentar nuestra unidad con los demás y con Dios.

Existen cientos de *kriyas* diferentes. Como ejemplo, podrías experimentar los siguientes:

- La mandíbula hace rápidos movimientos laterales, como si tratara de aflojarse. Estos movimientos ayudan a abrir el chakra de la garganta.
- El cuerpo puede rotar desde las caderas, o la pelvis puede moverse en círculos, de atrás hacia delante, o de arriba abajo. Estos movimientos están relacionados con los tres primeros chakras: *muladhara*, *svadhisthana* y *manipura*.
- Las manos pueden realizar movimientos de baile y los dedos, presionar espontáneamente la frente o la región del corazón. Una vez más, eso ayuda a abrir esos centros.
- El cuerpo puede adoptar una postura de *hatha yoga* como las que he mencionado anteriormente. Tal vez te inclines hacia atrás, adoptando espontáneamente la postura de *suptapadmasana*, que revitaliza los riñones y los órganos digestivos.

Cuando se producen los *kriyas* —aunque no todo el mundo los experimenta—, nos encontramos ante una señal de que la kundalini está trabajando con firmeza y de que se lleva a cabo una meditación espontánea. Normalmente, los *kriyas* se experimentan durante la primera fase de la sesión de meditación: en determinado momento, la energía libera al cuerpo y puedes adentrarte en estados meditativos más tranquilos. Si es posible, es mejor permitir que los *kriyas* se manifiesten; ser testigos de

ellos y no intentar abortarlos. Sin embargo, si un movimiento en particular resulta extremadamente incómodo o si molesta a la gente que está a
tu alrededor, puedes intentar que tu conciencia vaya a un lugar más profundo, del corazón u otro centro espiritual, y pasar conscientemente del
nivel físico a otro más sutil. O puedes invocar a la Shakti y pedirle que te
ofrezca una experiencia más tranquila.

La incomodidad que a veces experimentamos cuando se producen estos procesos (y, una vez más, no todos van acompañados de movimientos físicos) es como un dolor en aumento. Se necesita mucho valor
y voluntad de abrirse a lo desconocido para quedarse sentado con esas
molestias crecientes. Hay una gran nobleza en la actitud del meditador:
sentarse con la intención de experimentar aquello que la energía interna quiera ofrecerle. Es la actitud del guerrero espiritual, el guerrero del
yoga que se consagra, al menos durante la hora de meditación, al crecimiento, el avance y la transformación.

Al mismo tiempo no debes pensar que necesitas ir más rápido o que
tienes que sentarte durante más tiempo del que deseas. Nadie va a darte un premio por tu aguante o estoicismo. No estás en esto para hacerte daño ni para demostrar lo fuerte que eres. En realidad, estás en esto
por amor. Por tanto, si de momento algo te parece excesivo, confía en ti
mismo y date permiso para detenerte. Muévete cuando tu postura sea
demasiado rígida, pídele a la energía interna que te ofrezca una experiencia más suave o simplemente abandona la postura durante unos pocos
minutos y relájate. Hay momentos en la meditación en los que resulta
adecuado insistir con una sensación de incomodidad y otros en los que
la mejor táctica es relajarse y detenerse. A medida que experimentes con
tu práctica, aprenderás a calibrar esto y también a honrar tus intuiciones.

El segundo cuerpo: el cuerpo sutil

Normalmente, cuando ya llevamos un rato sentados, la conciencia
del cuerpo físico disminuye. Si hemos tenido *kriyas* físicos, estos se desvanecen. Nos hacemos más conscientes no sólo de nuestros pensamientos,
sino también de las imágenes y de las corrientes cambiantes de energía
que se mueven por debajo de la superficie de nuestro Ser.

El cuerpo sutil está hecho de energía —la energía de nuestra fuerza vital, la energía de los pensamientos, sentimientos y percepciones—.

Según el *Brihadaranyaka Upanishad*, el cuerpo sutil es el que transmigra, dejando atrás al cuerpo físico tras la muerte, y continúa para experimentar la llamada vida después de la muerte, así como la vida en otros cuerpos físicos.[4]

El cuerpo sutil está compuesto de:

- El *prana*, o energía vital.
- Los llamados instrumentos psíquicos: la mente sensorial, el intelecto, el ego y la materia mental subconsciente, además de los pensamientos, imágenes y percepciones generados por la mente y el intelecto.
- Las facultades sensoriales —vista, oído, etc.— que actúan a través de los órganos físicos para permitirnos recibir información del mundo exterior y que operan a nivel interno en los sueños, la imaginación y el ensueño.
- Los elementos sutiles de la realidad que se puede experimentar, llamados en sánscrito *tanmatras*. Crean el mundo interior de los sonidos, imágenes, sabores y sensaciones que experimentamos cuando nuestra atención se retira del mundo exterior, y pueden corresponderse con las diferentes capacidades para elaborar los patrones del sistema nervioso físico.
- El sistema de canales, llamados *nadis*, que llevan la energía vital a los órganos y extremidades del cuerpo físico, así como a los chakras, o centros de energía sutil.
- La energía kundalini.

La energía vital

El aspecto energético del cuerpo sutil a veces recibe el nombre de *pranamaya kosha*, o «envoltura vital». Realmente es un tipo de envoltura, una capa de pura vitalidad, la energía que le otorga poder a la vida. *Prana* es el nombre que le dieron los sabios yóguicos a la fuerza de la vida que se convierte en la savia de los árboles, las corrientes radiantes de la luz solar, los iones negativos de la atmósfera y los nutrientes del agua. Los textos yóguicos dicen que, antes de convertirse en este mundo de materia, la energía creativa de este universo evoluciona hasta volverse *prana*, una forma de energía ligeramente más tosca que la Conciencia pura que conecta al universo físico relativamente espeso y sólido con su esencia sutil.

En el cuerpo humano, el *prana* forma el puente energético entre cuerpo, mente y espíritu; conecta todos los sistemas corporales e impulsa el sistema nervioso, los órganos internos y los músculos; hace que la mente pase a través de los sentidos, aportando impresiones y formando pensamientos. Cuando respiramos, tomamos *prana* de la atmósfera junto con el oxígeno; y en la meditación podemos trabajar directamente con él al trabajar con la respiración. Cuando el *prana* se ralentiza (un estado que los yoguis tratan de inducir mediante la práctica del *pranayama*, o control de la respiración), la mente se aquieta. Es por esa razón por lo que seguir la respiración en la meditación resulta tan útil para calmar la mente.

> Estudiante, dime, ¿qué es Dios? Él es la respiración dentro de la respiración.
>
> KABIR[5]

El *pranamaya kosha* penetra en el cuerpo físico, discurre a través de un entramado de canales sutiles (*nadis*) y lleva energía a las extremidades y órganos, dándoles poder y vida. Hasta que la kundalini se despierta, apenas somos conscientes del *pranamaya kosha*. Sabemos cuándo nos sentimos con energía o bajos de vitalidad, pero, a menos que practiquemos *hatha yoga*, tai chi o algún tipo de disciplina vibratoria curativa, con frecuencia iremos por la vida sin ser conscientes de cómo fluye la energía en nuestro cuerpo. Una vez que la kundalini se despierta, su poderosa fuerza comienza a moverse con el *prana* en el cuerpo, y las sensaciones de ese *prana* resultan inconfundibles.

El «toque» sutil de la Shakti, la sensación quinésica de movimiento interno que vimos en el capítulo 8, es, en realidad, una manifestación del *prana* activado por la kundalini. A veces experimentas sensaciones sutiles de cosquilleo. Otras, una ligera sensación de expansión: tu campo de conciencia parece ampliarse hacia fuera, dos o tres veces por encima de su tamaño normal. Por otra parte, el *prana* puede parecer pesado y espeso. Algunos dicen: «Me siento como si me hubieran apaleado», «Es como si me hundiera en el agua», o «Es como si me arrastraran a un sueño profundo». Las sensaciones de pesadez en la cabeza, energía que baila por debajo de la piel, cosquilleo en las piernas y los brazos, exceso de energía o presión en el corazón o la frente son todas manifestaciones del *prana*.

De forma más espectacular, el *prana* puede alterar el proceso de tu respiración. A veces, en la meditación, la respiración se vuelve muy lenta o aparenta detenerse. Por supuesto, en realidad nos parece que se detiene, porque, mientras estamos vivos, nunca cesa. Lo que sucede es que, en ciertos estados de yoga, la respiración no entra y sale de las fosas nasales, sino que de hecho se mueve dentro del *sushumna nadi*, el canal sutil que se halla en el centro del organismo. Normalmente, el aire entra y sale del cuerpo a través de dos canales sutiles, el *ida* y el *pingala*, que discurren a lo largo del *sushumna*. Cuando el *prana* se mueve a través de estos dos canales, la mente suele estar dinámica y activa. Cuando se mueve en el *sushumna*, la fuerza vital se vuelve hacia el interior.

Este es un suceso importante porque, cuando la respiración se calma, la mente también se aquieta y puedes entrar en el *samadhi*. Las primeras veces que esto sucede, puede parecer inquietante y aterrador. Puedes temer no poder volver a respirar. A veces es posible que sientas pánico y trates de tomar aire; entonces, sales de la meditación.

La luz devoró la oscuridad. Yo estaba solo, dentro. Derramando la oscuridad visible, yo era tu objetivo, Oh, Dios de las simas.

ALLAMA PRABHU[6]

Realmente, no hay nada de lo que asustarse. Cuando la respiración se ralentiza o parece detenerse en la meditación, en un nivel profundo de tu Ser te sostiene el propio *prana Shakti*. Puedes confiar en que, cuando este proceso espontáneo de la meditación termine, el aire comenzará de nuevo a entrar y salir de tus fosas nasales. Lo mejor es permitir que este proceso se desarrolle y observar cómo afecta a tu estado interior. Sentir cómo los pensamientos se tranquilizan cuando la respiración se calma. Notar cómo tu energía comienza automáticamente a dirigirse hacia dentro.

Otro efecto típico de la kundalini es el *bhastrika pranayama* espontáneo, o respiración de fuelle, un movimiento de entrada y salida de aire rítmico y rápido, casi como un jadeo, que va acompañado de la contracción y el aflojamiento de los músculos abdominales. Una vez más, si te sucede esto, nota el efecto que tiene en tu mente. En la práctica tradicional del *hatha yoga*, la respiración de fuelle es un proceso que con frecuencia se realiza de forma deliberada para activar la kundalini. Cuando surge espontáneamente, ayuda a que esta aumente en el cuerpo, calma los pensamientos y puede ser precursora de la meditación profunda.

Durante el periodo de yoga sadhana, uno ve niebla, humo, fuego, aire, luciérnagas, cristal y formas como la luna y el sol en los espacios internos. Todas estas visiones preceden a la luz de Dios.

SHVETASHVATARA UPANISHAD[7]

Con frecuencia, a medida que la meditación se hace más profunda, el *prana* parece volverse más refinado y expandido. Aunque el aire todavía entra y sale lentamente de las fosas nasales, puedes también comenzar a sentir el «aliento interno», el suave ascenso y descenso de la energía en el *sushumna nadi*. Conforme sigues las corrientes del *prana*, descubres que cada vez te asientas más profundamente en tu interior. Esta es una forma que tiene el *prana* de crear un puente entre tu conciencia ordinaria de vigilia y las esferas más sutiles. Las sensaciones del *prana* son como hilos que nos conectan con la Shakti. El *prana* es el vehículo que conducimos mientras la Shakti despertada nos lleva suavemente a través de las diferentes capas de nuestro Ser sutil.

Visiones

La meditación en el cuerpo sutil a menudo nos parece un tipo de estado de sueño. Las imágenes errantes pasan ante el ojo interno —una escena, un color, un rostro, un trozo de paisaje, la secuencia de una película…—. Las imágenes pueden resultarnos familiares o bien ser algo que nunca hayamos visto. A veces estas imágenes son como pequeños escenarios, igual que en los sueños. De hecho, eso es exactamente lo que son: a medida que pasamos por las diferentes fases de meditación del cuerpo sutil, con frecuencia entramos en el estado de sueño y experimentamos nuestro propio banco de imágenes.

Muchas de las experiencias que surgen dentro de este estado de meditación similar al sueño deben ser contempladas como fenómenos que están de paso, del mismo modo que contemplamos nuestros pensamientos. Nuestro cuerpo sutil está tan cargado de imágenes almacenadas como de pensamientos y sentimientos, y, a medida que profundizamos, pasamos literalmente por campos internos de imágenes, del mismo modo que también pasamos por campos de pensamientos.

Sin embargo, al igual que los sueños a veces tienen significado, pueden tenerlo asimismo las imágenes que surgen en la meditación. Su importancia puede ser psicológica más que espiritual —es decir, tal vez tengan que ver con asuntos de tu historia personal, con procesos de crecimiento psicológico, con el trabajo que estás realizando, con desafíos profesionales o con tus relaciones—. En la meditación llegan a nosotros todo tipo de conocimientos, y los mensajes de nuestro inconsciente personal, aunque nunca deben confundirse con las imágenes transpersonales que surgen de los niveles más elevados de nuestro Ser, a veces pueden ser valiosos —dentro de su ámbito.

Aquí tienes un ejemplo: hace varios años, un joven abogado meditaba antes de ir al juzgado para defender un caso relacionado con una patente. En su meditación surgieron las palabras «artículo 509». Puesto que era un meditador experimentado, se tomó en serio ese mensaje interno y decidió comprobarlo. Antes de ir al juzgado, se paró en la biblioteca de los tribunales y buscó el artículo 509 en un libro sobre la ley de patentes. Aquel día, en el tribunal, su oponente destacó un punto que se trataba en aquel artículo y el abogado pudo citarlo para rebatirlo. De manera comprensible, el juez se quedó impresionado por su cuidadosa preparación, y el abogado siempre sintió que fue su conocimiento del artículo 509 lo que provocó que el juez fallara a su favor.

Otro ejemplo: en un grupo de meditación hacíamos un ejercicio que implicaba disolver los pensamientos en la Conciencia. Un hombre se quedó sorprendido cuando vio que, a medida que sus pensamientos se fundían, eran reemplazados por una imagen de demonios que salían de un pozo. Como sintió la presencia de un ser elevado cerca de él, le pidió que lo protegiera de los demonios. Cuando contempló la imagen, se dio cuenta de que los demonios eran sentimientos profundamente enterrados que comenzaban a emerger conforme su meditación se hacía más profunda. Como temía esos pensamientos, los demonizaba. También vio que, al albergar un fuerte sentimiento de conexión con una Presencia divina protectora, esperaba que aquel poder superior lo protegiera «matando» sus sentimientos negativos. Al contemplar después la imagen, se dio cuenta de que podía adoptar una actitud diferente con sus «demonios» —era capaz de verlos como aspectos de la Conciencia en lugar

de tratar de matarlos—. Esto le llevó a adoptar una actitud más amable y permisiva con su mundo interior.

Una razón por la que es tan útil escribir nuestras experiencias cada vez que meditamos es precisamente porque incluso el torrente aparentemente alocado de imágenes no espirituales que surgen puede tener significado para ti. Por otra parte, también tienes que comprender que, incluso cuando merezca la pena considerar esas imágenes, no debes hacer nada respecto a ellas sin pensártelo bien antes. Hasta que la mente se ha purificado por completo, los mensajes del mundo interior a menudo no son fiables y pueden ser confusos. Un amigo mío suele decir: «Son cien por cien precisos, el cincuenta por ciento de las veces».

> *Nuestro Señor abrió mi ojo espiritual y me enseñó mi alma en medio de mi corazón, y vi el alma tan amplia como si fuera un mundo infinito, y como si fuera un reino bendecido.*
>
> JULIAN DE NORWICH[8]

El estado *Tandra, o Yoga Nidra*

A veces, sin embargo, las imágenes que aparecen en la meditación tienen una cualidad muy diferente. Los colores son más brillantes y la luz es distinta. El contenido de las imágenes tiene un gusto a «verdad» que las distingue de las series aleatorias de imágenes que normalmente atraviesan la pantalla interna cuando viajamos por el cuerpo sutil.

Esta experiencia de tener en meditación imágenes y visiones más ricas, brillantes y, por lo general, más objetivas, recibe el nombre de *tandra*. Las imágenes del estado de sueño normalmente provienen del inconsciente personal, mientras que las imágenes del estado *tandra* son verdaderas visiones de conocidos puntos de referencia internos y externos, figuras simbólicas o sucesos que se producen en el mundo. De hecho, muchos meditadores entran en el estado *tandra* no solo durante la meditación, sino también en los sueños que tienen cuando duermen. Como José en la Biblia, o los antiguos griegos que buscaban consejo en el oráculo de Delfos y lo obtenían a través de los sueños, muchos de nosotros tenemos esos sueños «verdaderos» e incluso sagrados. La tradición judía los llama sueños «proféticos», no porque predigan algo necesariamente, sino porque provienen de un centro interior de sabiduría, del ámbito transpersonal.

En este poema de Antonio Machado podemos encontrar una bella descripción de este estado:

> *Anoche cuando dormía*
> *soñé, ¡bendita ilusión!,*
> *que una colmena tenía*
> *dentro de mi corazón;*
> *y las doradas abejas*
> *iban fabricando en él,*
> *con las amarguras viejas,*
> *blanca cera y dulce miel.*
> *Anoche cuando dormía*
> *soñé, ¡bendita ilusión!,*
> *que un ardiente sol lucía*
> *dentro de mi corazón.*
> *Era ardiente porque daba*
> *calores de rojo hogar,*
> *y era sol porque alumbraba*
> *y porque hacía llorar.*
> *Anoche cuando dormía*
> *soñé, ¡bendita ilusión!,*
> *que era Dios lo que tenía*
> *dentro de mi corazón.*[9]

Meditadores despiertos de diferentes tradiciones nos han dejado relatos de tales visiones y sueños, así como de las luces y sonidos internos que pueden aparecer durante la meditación. Estas experiencias a veces aportan una comprensión que puede cambiar para siempre la vida de la persona. Con frecuencia son presagios de un gran cambio interno de percepción, estaciones de paso en el sendero que transforma a una persona corriente en un individuo capaz de mantener la luz de la verdad en su interior. Desde el famoso relato del profeta Mahoma de su viaje nocturno a los cielos hasta la visita del ángel que hizo entrar en éxtasis a santa Teresa de Ávila cuando le atravesó el corazón con una lanza dorada con la punta de fuego, o las visiones de los seres divinos azulados con luces ovaladas que pintaba Hildegarda de Bingen, vemos el poder que tienen estas experiencias para inspirar no solo a la persona que las vivió sino también a aquellos que leen sobre ellas o las escuchan.

Cuando la meditación está fortalecida por la kundalini despierta, estas experiencias son tan accesibles que nos convencemos de que las experiencias místicas son parte de la vida humana. No solo los santos y místicos las tienen; también las personas como tú y como yo.

Así describió un hombre una experiencia que tuvo lugar durante una meditación guiada por su maestro:

> En aquel momento, por la gracia divina y la ayuda espiritual del shaij, mi corazón se abrió. Vi que dentro de mí había algo que parecía una taza volcada. Cuando la colocaron adecuadamente, un sentimiento de felicidad ilimitada llenó mi corazón.
>
> TEVEKKUL-BEG[10]

Al sentarme para escuchar las instrucciones, la kundalini se liberó. Pude sentirla en la base de la columna vertebral. Comenzó a subir vertiginosamente por la espalda y, al pasar por cada zona, la llenaba de Shakti. Mientras subía, me hice cada vez más consciente de la Shakti. Al principio me reí; la sensación era maravillosa. Cuando la kundalini subió más, comencé a llorar. ¿Quién puede contener una experiencia así? Enseguida me llené de Shakti. Yo era Shakti. Permanecí en ese estado y la experiencia era indescriptible. Pronto me encontré en una orilla contemplando un inmenso océano blanco. Era del blanco más blanco que se pueda imaginar. Comencé a meterme en el océano hasta que me sumergí por completo. Experimenté una libertad que superaba a todo lo que conocía hasta entonces. Era libre. Libre de todas las limitaciones. Nadaba y me movía en el éxtasis del océano.

El hombre dijo después que esta visión creó un cambio en el sentido que tenía de sí mismo, en sus prioridades y en su comprensión de la vida.

No todas las visiones tienen un efecto tan poderoso. Algunas simplemente son extrañas o curiosas. Sin embargo, todas revelan la increíble variedad del mundo interior.

Una mujer en meditación siente que sale de su cuerpo y se eleva hasta el centro del universo, donde ve la forma de Jesús, a quien ha amado toda la vida.

Un hombre de Nueva York ve en su meditación un patrón de energía ondulante que da vueltas alrededor de un núcleo. Esa misma mañana es testigo del mismo patrón en las noticias del tiempo –el patrón de energía del huracán que se acercaba a la costa atlántica.

Una mujer en Hawai ve un muro de luz azul que se eleva ante sus ojos. En él contempla a sus compañeros de piso preparando el desayuno en la sala contigua. Puede ver todo lo que hacen y después lo confirma.

A una mujer en un retiro de meditación le indicaron que meditara sobre el testigo. Después, escribió:

> Escucho que el instructor dice: «Eres el testigo eterno». Cada vez que me centro en la palabra «testigo», me deslizo por detrás de mis pensamientos y llego al lugar que estaba escuchando. Sigo cayendo de nuevo cada vez más y más en un profundo, profundo silencio. Todo lo abarca y es infinito, tan lleno y tranquilo que surge el pensamiento: «Si puedo estar aquí, ¿por qué hacer algo?». Como si se tratara de una respuesta a esto, tengo una visión.
>
> Primero está el espacio infinito del cielo de noche –lleno pero vacío, lleno de energía y, sin embargo, informe–. Después, hay muchas manos en este espacio sin fin que alcanzan la tierra. Las manos realizan una infinita variedad de acciones. A veces están solas; otras, juntas. En ocasiones se enredan y luchan entre sí. Mientras una imagen se despliega ante mí, surgen estas palabras: «No importa las acciones que hagas, todas surgen del mismo sitio, surgen del infinito».

> *El Alma no está en el universo; por el contrario, el universo está en el Alma.*
>
> PLOTINO[11]

Estados de ánimo divinos: los sabores emocionales del mundo interior

La mayoría de nuestras experiencias meditativas se producen en la esfera de los sentimientos sutiles. Aunque estos son más difíciles de catalogar y describir que las visiones, a menudo resultan más satisfactorios y transformadores; son los estados de ánimo espontáneos *(bhavas)* y los sabores *(rasas)* del mundo interior. En algunas personas, toda su experiencia meditativa se halla en el ámbito de los estados de ánimo y los sentimientos. «Tras meditar durante veinte minutos, me inundó este increíble sentimiento de paz –me dijo un hombre–. Es mi experiencia de fondo. De vez en cuando me llega una visión o algo similar. Sin embargo, atesoro ese sentimiento de paz porque puedo llevarlo conmigo cuando me levanto de la meditación.» Una mujer me contó que a menudo experimenta una transformación de un estado de sentimiento a otro durante la meditación. Un sentimiento inicial de depresión o ansiedad puede romperse en partículas resplandecientes de luz que parecen flotar alejándose de ella, dejándola en un estado de serenidad.

Otras personas me han contado cómo en ciertos momentos sienten una sensación espontánea de rendición o confianza en la benevolencia del universo y saben que «todo está bien. Cuidan de mí. Soy amado». O caen en una sensación de conciencia de unidad –la comprensión de que el mundo que las rodea es parte de ellas y que están conectadas con todos los seres del mundo–. Pueden surgir comprensiones como «lo único que importa es el amor», «puedo perdonar» o «así es como puedo manejar esa situación». Con frecuencia el contenido de la comprensión no es nuevo ni sorprendente, pero la certeza y la energía con que llegan le otorgan un poder transformador.

Al volver la vista atrás para contemplar nuestras experiencias meditativas, con frecuencia nos damos cuenta de que este tipo de comprensiones tienen un poderoso impacto a largo plazo en nuestra vida. Esto es así porque las comprensiones profundas que surgen en meditación provienen de la esfera de la Conciencia pura, la esfera del Ser. Es la forma que tiene el Ser de enseñarnos desde el interior. Una vez que vemos en meditación que la fuente de amor está dentro de nosotros, ya no somos tan propensos a quedarnos atrapados en situaciones de dependencia emocional. Una vez que nos damos cuenta de que bendecir interiormente a un enemigo puede disolver nuestra ira y resentimiento, ya no nos sentimos víctimas de nuestros sentimientos. Las comprensiones que nos llegan en meditación pueden cambiar nuestras vidas.

El ámbito del cuerpo sutil es enorme y contiene un almacén casi interminable de experiencias. Es un vasto universo en sí mismo. De hecho, los textos de yoga afirman que todo lo que se puede ver en el universo exterior también puede encontrarse dentro del cuerpo sutil del ser humano. Muchos de nosotros nos entretenemos durante largo tiempo en los diferentes rincones de la esfera sutil. Y, sin embargo, hay otros meditadores que parecen saltárselo todo e ir directamente al siguiente nivel de experiencia, el estado llamado cuerpo causal, o el estado de vacío.

El tercer cuerpo: el cuerpo causal

A veces, en meditación, parece que perdemos totalmente la conciencia. Al describir después la experiencia, solo podemos decir: «Cerré los ojos, y lo siguiente que supe después era que la alarma sonaba», o «No sé dónde estuve», o «Fui tan adentro en mi interior que no sabía nada. Ni siquiera fui consciente». Si tratamos de recordar qué era hallarse en ese estado, no nos acordamos de nada, a excepción de una sensación de descanso, paz y comodidad. Sentimos que tal vez hayamos estado allí durante horas, quizá con la cabeza totalmente inclinada hacia el pecho o reclinados contra la pared, y la respiración en calma y uniforme. Es como estar dormido, pero no estamos exactamente dormidos. Tal vez veamos una negrura aterciopelada. O quizá no veamos nada en absoluto. Pero nos sentimos bien.

Al mismo tiempo, puede ser desconcertante pasar tanto tiempo de la meditación en esta especie de vacío. Puede hacer que te preguntes si eso es verdadera meditación o no —en especial si entras en ese estado de vacío, día tras día, durante meses o años.

Sí es meditación. Es meditación en el cuerpo causal, el *karana sharira*. Es una capa de nuestro Ser compuesta totalmente de oscuridad —pero una oscuridad profundamente satisfactoria—. Por lo general solo habitamos el cuerpo causal cuando estamos profundamente dormidos, en el estado de descanso sin sueños. Un fascinante sello distintivo de la experiencia del cuerpo causal es que se trata de un lugar de gran dicha.

> *Oscuridad dentro de la oscuridad. La puerta a toda comprensión.*
>
> LAO-TZU[12]

El cuerpo causal está cercano al Ser. Es por esa razón por lo que meditar en él puede traernos tanta satisfacción. Con frecuencia cuando meditamos en ese estado de profunda oscuridad, salimos sintiéndonos renovados, felices y rejuvenecidos. Ese es el regalo del cuerpo causal. Pero no es el estado final. El cuerpo causal es inconsciente, mientras que el estado de Ser es un estado de superconciencia.

El cuerpo causal tiene ese nombre por dos razones. En primer lugar, es la parte de nuestro sistema sutil que almacena toda la colección de impresiones, tendencias, deseos, creencias y conceptos sobre la realidad que provocan que nuestra vida se desarrolle tal como lo hace. Y en segundo lugar, el cuerpo causal es el hogar de la oscuridad primordial de *maya*, el poder neblinoso que nos impide ver nuestra luz y unidad esencial. *Maya* es también una energía poderosa, la fuerza que origina nuestra experiencia de la existencia limitada, que provoca que nos veamos como individuos separados y que experimentemos el mundo como un objeto que está fuera de nosotros. De modo que *maya* es la «causa» de nuestra existencia individual. Esto hace del cuerpo causal un lugar muy poderoso.

Solo cuando se levanta el velo de *maya* podemos experimentar el mundo y a nosotros mismos tal como somos: pura luz, Conciencia y dicha. Para alcanzar ese estado que se encuentra más allá de *maya* —el numinoso reino de la superconciencia— debemos viajar a través de la oscuridad de *maya*. No se trata simplemente de un viaje simbólico. El cuerpo causal, literalmente, es un «cuerpo» de oscuridad —la oscuridad del mar profundo del inconsciente colectivo descrito por la psicología junguiana, la oscuridad del vacío a partir del cual todas las formas se manifiestan, la oscuridad del sueño profundo.

En un momento dado, podemos experimentar este cuerpo de oscuridad como una luz negra aterciopelada, la llama del vacío, y si meditamos en esta luz nos llevará a un lugar muy profundo. Aunque nos encontremos en el cuerpo causal en un estado relativamente inconsciente, siempre se produce algo muy significativo y necesario.

Aquí tienes por qué la meditación en el cuerpo causal es de tal relevancia. Como sabemos, una de las principales funciones de la kundalini despierta es limpiar el karma acumulado, las impresiones del pasado, las memorias profundamente guardadas y los miedos arraigados que acechan por todas partes de nuestro sistema sutil, especialmente en el cuerpo causal. La mayoría de nosotros hemos estado aquí durante mucho tiempo y hemos pasado por muchas experiencias. De alguna forma, somos como un par de botas compradas hace diez años que hubieras usado todos los inviernos desde entonces. Las arreglas con parches y suelas nuevas porque te gustan y son cómodas. Pero, en realidad, están bastante deslucidas. Tienen grietas, arañazos, rotos, agujeros en los dedos y refuerzos ya gastados en el interior. Nosotros somos como esas botas. Nos hemos recauchutado y reciclado muchas veces, y, aunque aguantamos, ha habido mucho desgaste y muchas lágrimas.

El tiempo de la meditación es un tiempo que le damos a la kundalini para que disuelva, barra, cincele y limpie no solo las tensiones del cuerpo físico, sino también todas las causas sutiles de esas tensiones: las capas acumuladas de pensamientos olvidados hace mucho tiempo, opiniones y sentimientos que hemos ido adquiriendo durante años e, incluso, vidas. Únicamente para que te hagas una idea de toda la limpieza que hay que hacer allí, piensa en todas las opiniones que has tenido en tu vida. ¿Te acuerdas de cuando pensabas que formar parte del equipo de fútbol del colegio era lo más importante del mundo?, ¿o que aquellos que practicaban religiones diferentes a la tuya estaban engañados, o que aquella posición política tan radical era la única verdad? ¿Recuerdas a la persona de la que te enamoraste cuando tenías quince años y su aspecto cuando la viste diez años después? Todo eso está almacenado en tu sistema sutil, junto con todas las canciones que has oído o todas las cosas insensibles que has dicho a quienes te amaban, por no hablar de lo que ellos te han dicho a ti. Todas tus ideas buenas y malas están allí. Tus sueños. Tus esperanzas. La vergüenza que sentiste a los cuatro años cuando te sorprendieron robando caramelos en la pastelería. El dolor de garganta de cuando te quitaron las amígdalas. Tu compasión por aquel niño al que todos acosaban. La euforia de montar en bicicleta cuesta abajo. O el sentimiento demoledor en tu corazón cuando tu matrimonio se rompió.

La kundalini arrancará cada una de estas viejas memorias y las sacará de tu sistema si apoyas este proceso con la meditación diaria. Esto no significa que vayas a perder tus recuerdos. Podrás seguir recordando los nombres de tus hijos y lo que desayunaste el sábado. De hecho, tu memoria se hará más aguda. Lo que perderás será la carga de esas memorias —incluso el anhelo que a menudo sentimos de regresar a un tiempo que recordamos como dichoso, lo cual puede impedir que estemos totalmente presentes—. Lo que disuelve es el equipaje que va vinculado a esas experiencias —su poder para tirarte al acantilado emocional—. De hecho, probablemente no te importe demasiado que algunas de esas memorias se limpien por completo. ¿Quién quiere recordar esas frases mezquinas que tú y tu mejor amigo le dijisteis a Louise Frankovitch cuando estabais en el colegio? Es mejor que algunas cosas se eliminen por completo.

Todas estas memorias e impresiones, o *samskaras*, están almacenadas en diferentes partes de tu sistema sutil y físico. Pero la mayor parte se encuentra en el cuerpo causal. Ese es el lugar donde residen las capas realmente profundas, las *vasanas*, o tendencias, que te dirigen desde dentro. En cierta ocasión soñé que vivía en una casa inmensa. En el sótano habitaba un hombre que nunca subía a la primera planta. Era el que dirigía el lugar. Él tomaba todas las decisiones, se encargaba del mantenimiento e imponía sutilmente su voluntad a todos los que vivían en la casa. Eso es exactamente lo que hacen los *samskaras* enterrados. Nos dirigen desde dentro, y, como nos resultan tan familiares, entablamos amistad con ellos.

> Todo depende de esto: lo insondable hundiéndose en una nada insondable.
>
> JOHANNES TAULER[13]

Cuando meditamos y permitimos que la kundalini trabaje en nuestro cuerpo causal, ella elimina la influencia de nuestros tiranos ocultos, y por esa razón es tan importante a veces entrar en ese estado de descanso profundo, el estado en el que nos hallamos «fuera», perdidos en una esfera que nos recuerda mucho al sueño. En esos momentos, entramos en el estado de sueño de forma consciente, como meditadores.

Hace años, un amigo mío solía entrar asiduamente en un profundo estado inconsciente. Con el tiempo, decidió hacer algo para mantenerse despierto, de modo que una mañana, antes de meditar, tomó una taza de café y, por supuesto, se mantuvo «consciente» durante toda la meditación. Justo al final de la hora, vio la numinosa imagen de una mujer que parecía estar barriendo su corazón. Lo miró y le dijo: «¿Qué haces despierto? Este es mi momento para hacer mi trabajo, y por eso siempre te dejo inconsciente». Mi amigo regresó a su pauta habitual. Pasado un tiempo, sus meditaciones salieron del nivel causal y comenzaron a ser más conscientes.

Sin embargo, puesto que el viaje de la meditación no es necesariamente en línea recta ni se trata de una progresión perfecta que nos lleve de un ámbito de nuestra alma al siguiente, sino más bien algo así como dos pasos hacia delante y uno hacia atrás en zigzag, tal vez volvamos a visitar este estado profundo y aparentemente inconsciente una y otra vez a lo largo de los años.

El cuarto cuerpo: el cuerpo supracausal

Cuando se ha dicho y hecho todo, por muy agitada o tranquila que sea nuestra meditación, finalmente debemos regresar al que ve, al «Yo» puro, que es la meta de nuestra práctica. En cualquier sesión de meditación, tal vez pasemos por los tres cuerpos que acabo de describir. Cuando nos sentamos al principio, normalmente pasamos un rato fijando la postura, respirando la tensión y quizá observando los movimientos de *kriya Shakti* que nos hacen mover la cabeza o balancear el torso. Después de un tiempo, a medida que seguimos a la Shakti a un estado más profundo y sutil, tal vez nos veamos siendo testigos de imágenes –de apariencia onírica– de la meditación del cuerpo sutil o moviéndonos a través de las corrientes de energía. Posiblemente estalle una profunda visión –un destello repentino de luz o una percepción–. O podemos pasar un tiempo en la oscuridad aterciopelada del cuerpo causal, completamente inconscientes de dónde estamos hasta que salimos de allí.

Sin embargo, en cualquiera de estos estados, y en cualquier momento, hay siempre la posibilidad de que la Conciencia pura del Yo, la experiencia siempre presente del Ser, emerja. Puede suceder de muchas maneras. Podemos encontrarnos elevados en un campo nítido de Conciencia, con los pensamientos a un lado o charlando ligeramente entre ellos en algún lugar por debajo del extenso y tranquilo cielo en el que estamos sentados. Tal vez los pensamientos se disuelvan en un pozo de profunda satisfacción. Quizá nuestro sentimiento de pequeñez se diluya en una sensación de ser más grande y extensa. Puede que nos atraiga algún recuerdo –y nos preguntemos: «¿Dónde está mi Ser en todo esto?» o «¿Quién es mi Yo *real*?»– y gradualmente seamos cada vez más conscientes de la presencia que es testigo, que quizá contenga y rodee al ser-cuerpo-personalidad o esté suspendida por encima y detrás de nuestra cabeza, observando sin decir nada, simplemente *allí*. Cuando el puro «Yo», la gran Conciencia, muestra su rostro sutil, todo lo que tenemos que hacer es estar en él. Fundirnos en él. Darnos permiso para convertirnos en él.

Los textos de Vedanta llaman a ese estado de permanecer en, o con, nuestro Ser supremo consciente *turiya*, que significa «el cuarto» –es decir, el estado que se encuentra más allá de la vigilia, el sueño y el sueño profundo—. En *El néctar de la autoconciencia*, el poeta Jnaneshwar Maharaj lo describió como «el ojo de nuestro ojo, donde termina el vacío». Es el límite más lejano de la experiencia humana, el lugar donde el ser humano se reconoce a sí mismo como espacioso, impersonal y divino.

> Mira atentamente en el resplandeciente corazón de alegría, y percibirás a mi dichosa Madre, matriz de todos los fenómenos [...] quemando las barreras convencionales, impregnando las mentes y los mundos con luz, revelando su elevada belleza [...] donde los amantes se funden con la Madre Realidad, experimentando el sabor único de la no dualidad.
>
> RAMPRASAD[14]

Y aunque la totalidad de la experiencia de este estado es ilimitada y sin forma, algunos *siddhas* (maestros autorrealizados del yoga interno) tántricos relataron que este estado sin límites también tiene un «cuerpo» o forma. La experiencia de la forma de este cuarto cuerpo es uno de los logros más sublimes y secretos que puede tener un meditador.

Jnaneshwar describió cómo este cuerpo trascendental puede verse como una luz azul del tamaño de una semilla de sésamo que aparece y desaparece rápidamente del campo de visión del meditador, y a veces surge cuando no está meditando. Tal vez Jesús también se refiriese a él cuando dijo que el reino de los cielos era «como un grano de mostaza».

El punto azul de luz, o *bindu*, se describe en los tantras como el punto de manifestación a partir del cual surge el universo. Estos textos hablan de un momento en el que toda la energía creativa del universo, el poder oculto tras la manifestación, se condensa en un sonido vibratorio, el sonido *Om*, y después en un diminuto punto de luz, un *bindu*. De este punto de energía intensamente concentrada surge el universo de la materia y la energía. (Tal vez te hayas dado cuenta de que esta visión de la creación tiene cierta correspondencia con la teoría del *Big Bang* de la física.) Cuando tenemos una visión del punto azul de luz, vemos este punto de energía primaria intensamente concentrada.

Puesto que los sabios que escribieron estos textos basaban su metafísica en sus propias visiones místicas, podemos asumir que ellos mismos han visto este *bindu*, este punto diminuto de energía. De hecho, la imagen de una bola azul de inmenso poder puede encontrarse en diferentes textos espirituales. Hildegarda de Bingen pintó la luz azul. Los sabios del shivaísmo de Cachemira y los principales santos de Maharashtra la mencionaron en su poesía. A. H. Almaas, un escritor contemporáneo de la tradición sufí, la describe como la visión de la esencia; la llama «la perla invaluable».

Estos sabios, además de otros de tradiciones devocionales, también escribieron sobre otro tipo de visión que llega al meditador en el estado *turiya*. Estas son las visiones luminosas de Dios con forma humana que Hildegarda de Bingen, al igual que muchos escritores indios y tibetanos, vio como si estuvieran totalmente constituidas de resplandor azul. La forma puede tener la apariencia de Jesús, Krishna, Buda o la diosa. Cuando, en el estado *turiya*, aparece una forma así, esta a menudo parece fundirse inmediatamente en el cuerpo del meditador, de manera que experimenta esa Presencia Divina en su interior. En la tradición tántrica, esta experiencia se contempla como una revelación de la unicidad entre lo individual y lo Absoluto. Puede traer consigo la profunda convicción de que la Esencia humana no es diferente de la divina —en el lenguaje de la tradición hindú, *jiva*, o lo individual, no difiere de Shiva, lo Absoluto.

Sin embargo, todas las tradiciones están de acuerdo en que estas experiencias de lo divino dentro de una forma no son la experiencia suprema. Constituyen una profunda parada en el camino, una visión del cuerpo de luz de la Realidad, la cual, finalmente, no tiene forma. Pero la verdad que se halla en el corazón de la experiencia meditativa está más allá de todo esto. La encontramos en la espaciosa Presencia, en el inmutable estado de Ser que surge cuando el acto de ver se funde en sí mismo, cuando ya no hay objetos en la conciencia.

La conciencia sin objeto es Conciencia pura, puro conocimiento, puro ser —el estado de inmersión en aquel que ve, el Ser—. El acto de entrar en ese estado recibe, una vez más, el nombre de *samadhi*, el estado de total ensimismamiento, o *samavesha*

> El ojo no puede verlo, el oído no puede oírlo, la lengua no puede pronunciarlo; solo en el estado de ensimismamiento profundo puede la mente, que se ha hecho pura y silente, fundirse con la verdad sin forma. Aquel que lo descubre es libre; se ha encontrado a sí mismo; ha resuelto el gran enigma; su corazón estará siempre en paz. Entero, entra en el Todo.
>
> MUNDAKA UPANISHAD[15]

(literalmente, el estado de ser lo mismo con la divina Presencia), el estado de fundirse en tu propia Conciencia. La experiencia del *samadhi* tiene varios niveles. En el primero, llamado *savikalpa samadhi* (ensimismamiento en una forma), se tiene la sensación de fundirse con un objeto, por muy sutil que sea —quedarse totalmente absorto en un mantra, hacerse uno con una luz o fundirse en un sutil sentimiento de dicha—. En este estado de *savikalpa*, pueden quedar pensamientos.

Pero en el estado más profundo, llamado *nirvikalpa samadhi* (ensimismamiento en lo que no tiene forma), no hay pensamientos, solo una calma total —una experiencia de vacío que, al mismo tiempo, está profundamente llena de dicha—. *Nirvipalka* es *chit* —Conciencia sin esfuerzo ni forma—, escribió Ramana Maharshi. Y también dijo:

> Para aquellos cuyas mentes han madurado con prolongadas prácticas en el pasado, *nirvikalpa* llega de repente, como una inundación; pero, para otros puede llegar durante el curso de su práctica espiritual, una práctica que desgasta lentamente los pensamientos obstructivos y revela la pantalla de la Conciencia pura. La práctica adicional deja la pantalla totalmente expuesta. Esta es la autorrealización, *mukti*...
>
> Solo el *samadhi* puede revelar la verdad. Los pensamientos pueden arrojar un velo sobre la realidad, y esto es imposible comprenderlo en estados diferentes al *samadhi*. En el *samadhi* solo hay el sentimiento «yo soy», y en él no hay pensamientos. La experiencia de «yo soy» es «ser en calma».[16]

Sobre este estado existe una paradoja, una de las mayores paradojas de la vida humana. El estado trascendental, la sede del alma, el lugar del Ser, está *más allá* de nuestra conciencia normal y *dentro* de ella. Por un lado, trasciende el tiempo y el espacio. Es el más recóndito ojo del ojo, el Yo respecto a sí mismo. Es intocable por los pensamientos, sentimientos, ambiciones, confusiones y limitaciones de la visión que experimentamos en el estado de vigilia. Las imágenes evanescentes del estado de sueño no le alcanzan, y no le afecta la oscuridad causal del vacío. Es un estado de total Conciencia, una Conciencia tan sutil y refinada que reduce toda materia a su esencia y revela un universo hecho de luminosidad. Es, en pocas palabras, un estado profundamente extraordinario.

Al mismo tiempo, el cuerpo supracausal, el estado trascendental, es total y constantemente accesible porque impregna cada una de las experiencias y estados de la experiencia humana. No es más que el telón de fondo de nuestra experiencia, aquello que vuelve a sí mismo y *reflexiona* en la experiencia, el conocimiento siempre presente que vive en nuestros pensamientos y sentimientos —e incluso en nuestro estado de sueño profundo—. El *Tripura Rahasya*, el texto favorito de Ramana Maharshi, señala que tocamos ese testigo libre de pensamientos varias veces al día —en la pausa entre respiraciones, en el instante en que los ojos pasan de enfocar un objeto cercano a uno distante, en un momento de satisfacción silenciosa—. Para una persona consciente, cualquiera de estos «samadhis fugaces» puede dar paso a un reconocimiento total del Ser.

Su planteamiento es: puedes experimentar el estado supracausal en *cualquier momento*. Puesto que está siempre presente, no tienes que encontrarte en meditación para experimentarlo. Conozco a una mujer que, normalmente, se «despierta» por la noche y se descubre a sí misma en un estado de total oscuridad sin pensamientos ni sensaciones. La experiencia de estar «despierto» en el sueño profundo es una puerta de entrada al testigo siempre presente.

Muchos de nosotros hemos tenido nuestro primer atisbo de la verdadera realidad mediante un destello en el estado de vigilia, como si el tejido de la realidad hubiera sido puesto del revés para revelarse como unidad. Una amiga mía llama a esto «*samadhi* de supermercado», porque lo experimentó por primera vez en un supermercado de Cupertino, California, cuando los paquetes de cereales para el desayuno del pasillo diez comenzaron, sin previo aviso, a irradiar luz, revelando que una inteligencia, radiante de amor, estaba de alguna forma despierta en las estanterías de alimentos, carritos de la compra, luces fluorescentes y su hija, que dormitaba en su sillita.

En un comentario sobre uno de los *Shiva Sutras*, *Udyamo bhairavaha* (o *Los destellos divinos*)[,17] Kshemaraja describió cómo la Conciencia divina, el estado más elevado de intuición, el testigo, puede emerger de repente como si saliera de un escondite, alumbrando nuestra conciencia y tomando el control de ella. En meditación, experimentamos esto cuando la Conciencia subyacente, el conocedor que se conoce a sí mismo, la nítida amplitud llamada testigo-conciencia, de repente envuelve nuestra conciencia ordinaria. «Mi mente se derritió como el granizo en el océano del supremo Absoluto»,[19] escribió Shankaracharya en un famoso pasaje de *Viveka Chudamani*. Un meditador contemporáneo describió cómo en meditación fue elevado de su mente hasta que le pareció que estaba sentado encima de sí mismo, suspendido en una amplia y tranquila conciencia, observando la mente ordinaria que parloteaba como si estuviera muy lejos y fuera muy débil y pequeña.

> *De nuevo, la luz resplandece para mí. De nuevo, veo la luz claramente. De nuevo, abre los cielos; de nuevo, ahuyenta la noche. De nuevo, revela todo.*
>
> SIMEÓN, EL NUEVO TEÓLOGO[18]

De modo que el estado trascendental, el estado de Ser, llega a nuestra meditación de muchas formas, y en cualquier momento. Puede surgir como un sentimiento de profunda dicha o amor. O como una apertura a la compasión profunda. En cierta ocasión, tras meditar y visitar el templo de Chidambaram, en la India, pude sentir las picaduras de mosquito en el cuerpo del conductor y los músculos doloridos de la gente que trillaba el grano en la carretera. Cuando observé a unos niños chapoteando en un estanque, me pareció que el agua que resbalaba por sus cuerpos también resbalaba por el mío. Empecé a llorar con la intensa intimidad del mundo, la profundidad de sus penas y alegrías.

Podemos experimentar el *turiya* como un campo de luz. Una meditadora experimentada a quien pidieron que describiera su experiencia dijo:

> Cuando me siento a meditar, siento que entro en un lugar tranquilo y lleno de paz. Un rato después, el espacio se llena de luz azul, un extenso campo de luz. Después, dentro de ese campo, tienen lugar diferentes manifestaciones. A veces veo un estallido de resplandor blanco tan brillante que me ciega. Es como ver el sol, solo que es todavía más resplandeciente.

Santa Teresa de Ávila escribió sobre estas luces internas:

> Es una luz tan diferente de las de acá que parece una cosa tan deslustrada la claridad del sol que vemos, en comparación de aquella claridad

y luz que se representa a la vista, que no se querrían abrir los ojos después. Es como ver un agua clara, que corre sobre cristal y reverbera en ella el sol, a una muy turbia y con gran nublado que corre por encima de la tierra. No porque se representa sol, ni la luz es como la del sol; parece, en fin, luz natural y estotra cosa artificial. En fin, es de suerte que, por gran entendimiento que una persona tuviese, en todos los días de su vida podría imaginar cómo es.[20]

A veces, la simple lectura de un relato así puede desencadenar la experiencia de la luz, la Conciencia que subyace a la experiencia material. Y también puede hacerlo la práctica de meditar sobre la luz –tal vez imaginando que un campo de resplandor azul llena tu mente– o mediante el ejercicio que viene a continuación:

EJERCICIO: LA LUZ DE LA CONCIENCIA DETRÁS DE TU EXPERIENCIA

Cierra los ojos y céntrate durante unos momentos en la respiración. En silencio, di para tus adentros: «Detrás de mis pensamientos está la luz de la Conciencia pura. Mis pensamientos salen de esa luz y se funden de nuevo en ella. Detrás de mi respiración está la luz de la Conciencia. Mi respiración surge y se hunde en esa luz. Las sensaciones de mi cuerpo provienen de esa luz de la Conciencia. Es la luz de la Conciencia lo que me permite percibir, y esa luz de la Conciencia está en todo lo que percibo, en todo lo que siento y en todo lo que escucho».

A medida que surjan los pensamientos y las percepciones, sé consciente de que emergen y se hunden dentro del terreno de la luz de la Conciencia pura, la fuente divina. Cuando abras los ojos y comiences a mirar a tu alrededor, siente que esa luz es lo que te permite ver y que está en todo lo que ves.

En mi caso, el *turiya* llega a menudo como una fusión gradual de los límites internos y externos hasta que lo experimento todo, dentro y fuera, como una parte de mi propia conciencia. Esto me sucede con más frecuencia durante las meditaciones, pero en ocasiones lo he experimentado con los ojos abiertos. Sentada en una sala llena de gente, de repente, noto un cambio súbito de visión. En lugar de ver la sala a mi alrededor y sentirme dentro de ella, toda la sala está dentro de mí. Los sonidos se producen en mi interior. El propio aire es una pulsación interna. Si alguien se mueve, sus movimientos le hacen cosquillas a mi conciencia. Los *Shiva Sutras* dicen que una de las experiencias del estado trascendental es la sensación de que el propio cuerpo se ha convertido en el universo. En la tradición tántrica, se afirma que el Ser perfectamente autorrealizado vive dentro de esta experiencia todo el tiempo, tanto dentro como fuera de la meditación, siempre consciente de que el mundo que le rodea es una emanación de su propia Conciencia llena de dicha.

> *Solo Dios se revela a Sí mismo en Sí mismo, siendo el conocedor aquello que se conoce.*
>
> MEISTER ECKHART[21]

En ocasiones, el intenso anhelo o el centramiento nos catapultan al estado *turiya*. Una mañana, un hombre que estaba meditando se preguntó cómo sería la experiencia interna de un ser iluminado. A medida que este cuestionamiento interno se intensificó, escuchó un bramido y su conciencia se vio atraída hacia su interior cada vez más hasta que se encontró en un mar de luz azulada. Las olas de luz se movían a su alrededor. La sensación de la energía aumentó hasta que sintió que su conciencia vibraba intensamente. El bramido se hizo más fuerte. Después, de forma abrupta, el movimiento de ese océano se calmó. El bramido se hundió en la pulsación de una conciencia: *Yo soy. Yo soy. Yo soy.* Fuera de esa pulsación, olas y olas de amor le atravesaban.

Como todas las experiencias del estado trascendental, esta también contenía elementos que podemos encontrar en los textos yóguicos y en las escrituras de los maestros. El océano azul aparece en muchas *abhangas*, o canciones, de los poetas santos hindúes, y Ramakrishna Paramahamsa habló a menudo de cómo experimentó a la diosa Kali, la forma divina que él amaba, como un campo azul ilimitado. El bramido probablemente se trataba de una experiencia del *megha nada*, sonido de relámpago, que los textos de *laya yoga* (literalmente, el yoga de la disolución) describen como el sonido que nos conduce al *samadhi*, la experiencia de fundirse con el Absoluto.

> *Mi Yo es Dios, y no reconozco otro Yo que a Dios mismo.*
>
> CATALINA DE GÉNOVA[22]

La conciencia «Yo soy», el reconocimiento de ti mismo como ser puro, como el *purno'ham vimarsha* o perfecta conciencia del yo, fue descrita en los textos del sabio Abhinavagupta y otros como la experiencia suprema de la subjetividad divina. Es el «Yo soy el que soy» que escuchó Moisés en el Sinaí, y el estado supremo del que hablan en el *Vijnana Bhairava* y otros textos. Los escritores de la antigüedad usaban un lenguaje metafórico para describir la paradoja fundamental de este estado, en el que la nada contiene el todo y la ausencia de experiencia externa permite la experiencia más completa de la amplitud interna. Lo describían de forma metafórica como la luz que se funde en la luz, como el espacio que queda después de que el alcanfor se ha consumido o lo que queda cuando a uno se le resta uno.

No hay un modo directo de describir este estado, porque se encuentra mucho más allá de las palabras. «Aquí, el intelecto, avergonzado, se retira junto con la mente y los sentidos», escribe Jnáneshwar. San Juan de la Cruz, en su poema «La noche oscura del alma», dice que para alcanzar ese lugar donde se experimenta todo, se debe ir por la vía de llegar a ser nada. En *El néctar de la autoconciencia*, Jnaneshwar Maharaj describió el mismo estado al afirmar: «Durante un tiempo, el Ser aparece como un objeto de percepción. Pero cuando el que ve y lo que es visto se unen, ambos se disipan. Entonces, lo que es visto es lo mismo que el que ve, y el que ve se funde con lo que es visto. Ambos se disipan, y solo queda la Realidad».[24]

El estado supracausal no es algo que tengamos que alcanzar u obtener. Se revela a sí mismo por sí mismo, mediante la gracia. Sin embargo, como hemos visto antes, podemos «atraerlo» porque está siempre presente. Cuando la kundalini está despierta, este estado puede surgir, y de hecho surge, periódicamente. Muchos de los ejercicios del capítulo 2 nos ayudan a cruzar el puente entre la conciencia ordinaria y el estado de *samadhi*. Aquí tienes otro ejercicio sencillo que puedes practicar tanto con los ojos abiertos como cerrados. Si te apetece, siéntete libre para

> *No sé dónde está el «Yo» ni lo busco... Estoy tan sumergida e inmersa en la fuente de Su amor infinito como si estuviera bajo el agua en el mar y no pudiera tocar, ver o sentir nada que no sea el agua.*
>
> CATALINA DE GÉNOVA[23]

sustituir la palabra «Dios» por otra diferente; tal vez «Pura Presencia», «Conciencia», «Amor» o «Vacío».

EJERCICIO: DIOS ESTÁ EN TODO

Siéntate con la espalda recta, en una postura cómoda, y cierra los ojos. Tómate un momento para relajar tu cuerpo inspirando cualquier sensación de rigidez, y después exhálala.

Centra tu atención en la respiración, sintiendo el ligero frescor del aire cuando entra y la sutil calidez cuando sale de las fosas nasales.

Mantén esto en tu conciencia: «Dios, la Presencia que da vida a todo, está en mi respiración. Dios está en mis pensamientos. Dondequiera que vaya mi mente, Dios está allí. Dios está en mi cuerpo físico. Dios está en el aire. Dios está en la silla sobre la que permanezco sentado. Dios está en la ropa que llevo. Dios ve a través de mis ojos y piensa con mi mente. A dondequiera que vaya mi mente, a dondequiera que vaya mi atención, Dios está allí. Aquello que ve es Dios; aquello que escucha es Dios; aquello que yo llamo "yo" es Dios». Después de un rato, abre los ojos y mira a tu alrededor con esta conciencia.

Aunque un ejercicio así tal vez no nos ofrezca una experiencia completa del estado trascendental, puede abrir las puertas de nuestra conciencia y prepararnos para la aparición de la experiencia completa. Pero incluso una experiencia así puede hacernos cambiar para siempre nuestro sentido de lo que somos —especialmente si podemos recordarla, mantenerla en nuestra conciencia y evocarla.

A medida que acumulamos experiencias de este estado supracausal, comenzamos a darnos cuenta de que hay más, de que el viaje de la meditación no termina en un *samadhi* introspectivo. Hay otros estados más allá del *turiya*. En la tradición *siddha* del hinduismo y en el shivaísmo de Cachemira, la verdadera autorrealización recibe el nombre de *sahaja samadhi*, o *samadhi* natural. Según la descripción de la tradición *siddha*, en el estado *sahaja* tu conciencia de la no dualidad nunca cambia. La expresión «no dual» es muy significativa en este contexto. No quiere decir que todo se funda en el uno, como en el *samadhi* introspectivo, sino que reconoces, incluso en tu experiencia cotidiana, que no hay nada en lo que no esté lo Absoluto. En el estado *sahaja*, eres consciente de las particularidades de las personas y los objetos, de sus singularidades y multiplicidades. Pero también reconoces que surgen dentro como una Conciencia, y que espíritu y materia, lo absoluto y lo relativo, no son realidades diferentes.

> *Aquel que sin ninguna duda ve todo este mundo tangible como tu forma, habiendo llenado el universo con la forma de su propio ser, es eternamente dichoso.*
>
> UTPALADEVA[25]

Ramakrishna Paramahamsa, el gran maestro del siglo XIX, habló de un éxtasis en el que el mundo, tanto el animado como el inanimado, se revelaba como divino, lleno de luz y vivo con Conciencia —incluso aquellas partes supuestamente inconscientes—. Ramana Maharshi dijo que, en ese estado, el *samadhi* es continuo, tanto si meditas como si comes, duermes o caminas.

Kabir escribió:

Siempre inmerso en la dicha, sin miedo
en mi mente, mantengo el espíritu de unión
en medio de todos los placeres.
La morada infinita del Ser Infinito está en todas partes:
en la tierra, el agua, el cielo y el aire...
Él, que está dentro, está afuera:
A Él veo y a nadie más. [26]

Místicos de diferentes tradiciones hablan del estado *sahaja* de diversas maneras y a menudo desde perspectivas únicas. U. G. Krishnamurti dijo: «Cada persona que entra en este estado lo expresa de una manera única, en los términos más relevantes para su época». También describió su propia experiencia como un «estado desconectado» en el que el pensamiento se retira y el mundo se experimenta sin mediación del conocimiento conceptual, y sin embargo la acción se produce de forma espontánea cuando es necesaria. «No puedes entender la tremenda paz que hay siempre en tu interior, la cual es tu estado natural —escribe en *La mística de la iluminación*—. No es algo que deseas que exista. Está ahí. Es el estado de estar vivo. Ese estado es simplemente la actividad funcional de la vida... Es la vida de los sentidos, que funcionan de forma natural sin la interferencia del pensamiento... Lo que hay aquí, este estado natural, es una cosa viviente. No puedo capturarlo, tampoco tú. Es como una flor. Simplemente florece».

> Se dijo de un maestro [...] que cuando quería contemplar cosas separadas se tenía que poner unas gafas para poner dominar su visión espiritual, pues, en caso contrario, veía todas las cosas separadas del mundo como si fueran una.
>
> MARTIN BUBER[27]

La promesa final de la meditación es que nos revelará nuestro propio *sahaja* interno, la experiencia con los ojos abiertos del mundo que resplandece con un solo sabor, sin el condicionamiento del pensamiento ordinario. Es por esa razón por lo que, con el tiempo, nos damos cuenta de que no es suficiente experimentar paz o alegría o el sabor de nuestra Conciencia pura en la meditación. Queremos que ese estado se filtre en nuestro día a día y llene nuestra conciencia, incluso en medio de las idas y venidas de la vida. En otras palabras, deseamos saber, mediante la experiencia directa, qué querían decir los sabios cuando afirmaban que el Ser siempre está presente y que el estado de *turiya*, el estado de *samadhi*, impregna nuestra vida en la vigilia y el sueño, e incluso en nuestro sueño profundo. Así comenzamos a prestarles atención a los primeros momentos tras la meditación y al modo en que introducimos esa conciencia en el día a día.

CAPÍTULO 10

Salir de la meditación: contemplación, recuerdo y redacción de un diario

E s temprano por la mañana. Estoy sentada en un estanque de tranquilidad que se abre desde la región de mi corazón. Cuanto más
tiempo permanezco sentada, más se expande y más suave se vuelve, hasta que mi cuerpo desaparece en él y descanso delicadamente en
sus aguas tranquilas y vibrantes. Entonces, suena la alarma —demasiado
alta—. Me enerva tanto que doy un brinco y salgo bruscamente de la meditación, de vuelta a la conciencia de la silla, mi cuerpo y la necesitad de
pulsar el botón para detener la alarma. Torpemen-
te, me levanto y camino hacia la ventana. Mientras
peleo con la persiana, me doy cuenta de que me
tambaleo, de que no estoy realmente en mi cuerpo
y necesito volver y rehacer el reingreso, porque, si
no lo hago, habrá mucha separación entre la meditación y el resto de mi jornada.

> *Una persona mira,
> las flores le miran: el
> corazón puro exami-
> na el corazón puro.*
>
> Sun Bu-er[1]

Tardé en aprender a reingresar, a darme cuenta de que, aunque no sintiera que hubiera profun-
dizado mucho, necesitaba tomarme un tiempo para salir de la meditación
lentamente. Cuando lo hacemos, a menudo suceden cosas sorprenden-
tes en el intervalo de tiempo inmediatamente posterior. Una amiga mía

195

asegura que si se queda sentada durante un rato una vez que la sesión de meditación ha terminado y, después, abre los ojos, ve un mundo a su alrededor que emerge de un puntito y se recrea a sí mismo ante sus ojos. Ella sabe realmente qué significa decir que todo emerge y se hunde en la propia conciencia.

Esos momentos tras la meditación a menudo son un tiempo para recoger el fruto de una hora de «trabajo» de centramiento y dejar que los pensamientos se ralenticen. En esos momentos sentimos la paz y saboreamos la dicha. Como poco, le ofrecen a nuestra conciencia un espacio para regresar al estado de vigilia. Si a veces te sientes irritable o hipersensible después de la meditación, puede deberse a que no te has dado el tiempo suficiente para volver a entrar en el estado de vigilia.

Además, necesitamos tomarnos ese tiempo por otro motivo: es en esos momentos justo después de la meditación cuando comienza el proceso de integración, el proceso de aprender a llevar la tranquilidad de nuestro mundo interior a nuestra vida cotidiana.

Si la gran pregunta para un principiante es: «¿Cómo entro en la meditación?», para una persona que lleva un tiempo meditando es: «¿Cómo la mantengo?». Al final de mis cursos y talleres de meditación, casi siempre hay alguien que me dice: «Me siento genial mientras medito. Pero, después, abro los ojos y la vida se derrumba sobre mí; antes de que me dé cuenta ya estoy envuelto en la actividad y todo se ha ido, casi como si no hubiera pasado nada».

La mayoría de nosotros tenemos nuestra propia versión de esta queja. Es otra de esas frustraciones universales que ocurren con la meditación: salir de la meditación profunda y entrar en la rutina diaria, solo para observar que la paz y la tranquilidad que habíamos experimentado desaparecen de nuestra mente cotidiana.

Es cierto que todas las experiencias, tanto si son dulces como dolorosas, elevadas o deprimentes, van y vienen. Parte de lo que aprendemos en la meditación es permitir que un determinado estado dé paso al siguiente. Todos hemos conocido a alguna que otra persona que trata de permanecer todo el día en estado meditativo. Por regla general, son fácilmente reconocibles por sus ojos ligeramente vidriosos, por su aspecto de no estar demasiado centradas en la cruda realidad de los platos sucios y las plazas de aparcamiento y por la lentitud con que lo hacen todo, incluso para responder unas cuantas preguntas sencillas. Recuerdo vivamente mi propia etapa de estar con la cabeza en las nubes, durante la cual, en cierta ocasión, conduje la furgoneta de un amigo unas treinta manzanas antes de darme cuenta de que llevaba el freno de mano puesto porque intentaba mantenerme en estado meditativo mientras me dirigía al supermercado.

Por tanto, es inevitable que exista una diferencia entre el estado meditativo y el estado ordinario de vigilia. No obstante, podemos confiar en que, incluso cuando olvidamos lo que ha sucedido en la meditación, el proceso interno iniciado durante la hora de introspección todavía sigue vivo en nosotros, trabajando en nuestra conciencia. En la práctica inspirada por la kundalini, el trabajo interno continúa constantemente bajo la superficie de la conciencia. La inteligencia interna integra de forma natural nuestras experiencias meditativas, elaborando con ellas el tejido de nuestro estado de vigilia sin que lleguemos nunca a darnos cuenta de lo que sucede.

Al mismo tiempo, sin embargo, una señal inconfundible de madurez espiritual es la habilidad de vivir desde el fulcro de ese estado interior —mantener la clara amplitud de la Conciencia como un estanque de néctar de rejuvenecimiento en el que podemos sumergirnos siempre que queramos—. De hecho, si tenemos la intención de que nuestra práctica meditativa sea algo más que un escape, una especie de calistenia interna o algo que hacemos para calmarnos, con el tiempo necesitaremos descubrir

> *Un gran yogui está lleno del estado de* samadhi *hasta cuando se encuentra en el estado de conciencia ordinaria, porque incluso en ese caso contempla todo el conjunto de cosas como disolviéndose en el cielo de la Conciencia, como un trozo de nube en otoño.*
>
> KSHEMARAJA[2]

cómo mantener nuestra conciencia del Ser a lo largo del día. De modo que practicamos para vivir en un estado de «estar totalmente despiertos».

Una diferencia entre un Ser iluminado y otro en el camino de la iluminación es que el primero ha aprendido a mantener esta experiencia interna y convertirla en parte del tejido de su vida cotidiana. La habilidad de fundir nuestro mundo interior con el exterior es una de las principales artes de la vida espiritual.

¿Cómo podemos hacer eso? El primer paso para adquirir el hábito de ordenar y contemplar nuestras experiencias meditativas es llevar un diario. El segundo consiste en aprender a volver a nuestras experiencias llevándolas a futuras meditaciones, e incluso reflexionar sobre ellas entre sesión y sesión.

EL MOMENTO DESPUÉS DE LA MEDITACIÓN

En el *Pratyabhijna Hrdayam*, un texto del shivaísmo de Cachemira, hay un sutra que explica cómo podemos saborear y recordar la experiencia que hemos tenido en la meditación. Al saborear la energía que hemos reunido, facilitamos su integración. A continuación, veremos cómo puedes hacerlo al final de la meditación.

Primero, antes de sentarte a meditar, pones la alarma (si es que la usas) para que suene diez minutos antes de que tengas que levantarte.

> *Sé –y sin embargo conoce– el gran vacío donde todas las cosas comienzan, la fuente infinita de tu propia vibración más intensa, de manera que, esta vez, puedas darle tu total aprobación.*
>
> RAINER MARIA RILKE[3]

Cuando suene, quédate sentado durante un par de minutos o adopta lentamente la postura de *shavasana*, la posición del cadáver: tumbado sobre la espalda con los brazos a ambos lados de los costados. Este es un buen momento para comenzar a recordar tu experiencia.

Sé consciente de cómo te sientes en ese momento. Nota cuál es tu estado. ¿Cómo sientes el corazón? ¿Qué notas en tu mente? ¿Cómo está tu energía? ¿Permanece relajado tu cuerpo, con energía, tal vez adormilado? Toma una fotografía interna de todo esto. Después, vuelve a la meditación. Recuerda sus cualidades, su humor y su textura, y advierte si se ha producido algún suceso inusual o simplemente repasa la secuencia de tu experiencia interna.

Después, abarca con tu conciencia tu estado posmeditativo. Ten el sentimiento de que permanece en tu conciencia. A medida que te acomodas lentamente en tu estado ordinario, trata de mantener una parte de tu conciencia en contacto con la sensación de la meditación.

Al principio, tal vez no puedas mantener esa conciencia durante más de unos pocos minutos. Con la práctica, sin embargo, descubrirás que, incluso después de entrar totalmente en el estado de vigilia, eres capaz de sentir la presencia de tu conciencia meditativa durante periodos cada vez más prolongados. La fotografía interna de tu estado meditativo permanece contigo. Cada vez que tomas esa fotografía de nuevo, refuerzas la impresión de tu meditación. A medida que evocas la experiencia una y otra vez, aprendes a volver a entrar en ella mediante el recuerdo.

REGISTRAR TUS EXPERIENCIAS

El mejor momento para escribir en tu diario de meditación es cuando acabas de salir de ella. Si escribes tan pronto abres los ojos o después de dedicar unos minutos a recordar y mantener tu experiencia, todavía estarás en contacto con el estado meditativo, y el sentimiento de ese estado se reflejará sobre el papel. Las experiencias meditativas a menudo son tan sutiles que, si no las capturas por escrito, desaparecen casi antes de que abras los ojos. Sin embargo, estas comprensiones sutiles pueden transformar la vida totalmente si logramos asirnos a ellas. Cuando releemos nuestros diarios varios meses o años después, nos damos cuenta de que las experiencias que registramos son como tesoros a los que podemos regresar una y otra vez.

El desafío de registrar estas experiencias radica en descubrir el lenguaje apropiado para captar su sutilidad en el papel. Cuando meditas, estás en el reino de lo místico, y eso significa que te mueves en un ámbito que queda fuera del alcance del lenguaje. Esto tal vez explica por qué muchas de las descripciones de la experiencia espiritual tienen que ver con visiones, voces y otras manifestaciones concretas del mundo interior. Es mucho más fácil describir la estrella resplandeciente que aparece en tu ojo interno que hablar de la sensación de una presencia amorosa que todo lo abarca, o del sentimiento de que te abres paso entre los velos de tu conciencia y pasas de un estado espeso y contraído a otro que sientes más ligero y nítido. A veces no hay palabras para describir esos cambios de energía y sensaciones tan sutiles. Si quieres evitar caer en viejos clichés como «dulzura», «néctar interior», «espacio profundo» o «dicha» –palabras que han han perdido su significado a causa de su excesivo uso– necesitarás buscar nuevas formas de capturar tu experiencia interna.

El esfuerzo que hacemos por encontrar las palabras adecuadas para describir el mundo espiritual merece la pena porque ayuda a fijar nuestra experiencia en la mente. Es simplemente un hecho en la vida humana que aquello que ponemos en palabras se vuelve real para nosotros de una forma que con frecuencia no se consigue con aquello que no llegamos a articular. No importa si tus palabras son hermosas o si no tienen significado para nadie excepto para ti. No las escribes para nadie más.

Además de escribir sobre lo que sucede en la meditación, también me gusta recordar y registrar el proceso que me llevó a ello. ¿Estaba repitiendo un mantra? ¿Observaba la respiración? ¿Creo que la técnica me impulsó hacia ese cambio? ¿O fue un puro acto de gracia? Tal vez piense que no sucedió nada. Pero ¿cómo siento esa «nada»? ¿Hubo algún momento de separación entre los pensamientos, un pequeño espacio que se abrió entre ellos? ¿Sentí algún cambio en la energía? ¿Surgió alguna comprensión o algún sentimiento de consuelo? ¿Fui excesivamente consciente de alguna ansiedad persistente o problema? ¿Hubo algún momento en que mi conciencia pareció más aguda, más brillante? Merece la pena registrar todos esos detalles.

Aquí tienes un extracto de uno de mis diarios de meditación:

> Solo el Corazón amado es el refugio del surgimiento y la remisión de ese «yo». [...] el Corazón, la fuente, es el comienzo, el medio y el final de todo. El Corazón, el espacio supremo, nunca es una forma. Es la luz de la verdad.
>
> RAMANA MAHARSHI[4]

Un amor creciente en mi corazón, y la respiración comenzó a surgir de ese sentimiento de amor. La respiración surge como si el amor respirara. Cada exhalación late con una Shakti suave; una dulce energía en el corazón. Una sensación: esta energía soy yo... Ofrecí mentalmente flores a la Shakti de mi corazón. Adorar a tu Ser. ¿Significa eso adorar la energía pulsante del corazón?

Cuando releí este pasaje un año después, un día en que mi meditación no había sido tan dulce, pude regresar a los sentimientos devocionales de esa otra etapa. Mis palabras me recordaron mi conexión con la divinidad de mi interior –que siempre está ahí aunque no la sienta–.

Otro meditador escribió esta percepción en forma de poema:

¡En el cuerpo ahora!
Sobre la inspiración, el Todo.
Sobre la espiración, amor.

En esta meditación, se dio cuenta de que solo podía experimentar el sentimiento de amor si estaba «dentro» del cuerpo. La práctica de inspirar el universo y espirar amor había surgido de forma natural como resultado de esa percepción.

TRABAJAR CON LAS EXPERIENCIAS

Una vez que escribimos nuestras experiencias, tenemos ya el material necesario no solo para la contemplación, sino también para profundizar en la propia experiencia. Al comenzar a analizar las experiencias de mi diario, me resultó evidente que, aunque eran muy sutiles, había en ellas mucho para reflexionar: a partir de ellas surgían comprensiones que creaban otro diminuto cambio en mi sentido del ser.

Cada vez que comprendes algo sobre tu propia naturaleza sutil —por ejemplo, que tus emociones son en realidad energía, que el espacio que hay detrás de tus pensamientos es tu yo real o que una fuerza poderosa te está respirando, en lugar de ser tú quien respira—, te liberas de otro átomo de apego al ser limitado. Cada pequeña comprensión o percepción que surja en la meditación crea un nuevo patrón en tu conciencia que puedes contemplar en cualquier momento. La memoria está ahí, y es una memoria de libertad. Profundizarás en el nuevo patrón cada vez que regreses a él. De hecho, la experiencia de una meditación puede convertirse en un punto de enfoque para la siguiente sesión.

SEGUIR LAS SECUENCIAS

Esto adquiere sentido cuando tienes en cuenta que las principales técnicas de meditación y yoga probablemente comenzaron como la experiencia espontánea de alguien. Un practicante —tal vez un sabio o un futuro sabio— escucha o intuye una instrucción que surge en su interior: «Pregúntate "¿quién soy?"» o «Sigue el movimiento de la respiración». O quizá surge espontáneamente una visión o un sonido interno que le conduce a un estado más profundo. Después, repite esos pasos durante la misma secuencia de meditación, con la excepción de que esta vez lo hace de forma deliberada. Algunas de estas secuencias llegan a convertirse en la base de toda una escuela de meditación.

No necesitas ser un sabio o un maestro para poder usar tus propias experiencias como técnicas para tus prácticas. Imagina que tu atención se dirige al centro de tu cabeza durante una meditación y te enfocas allí como un láser a medida que «observas» los pensamientos y sentimientos que pasan ante ti. En una siguiente meditación, puedes depositar tu atención en ese centro y ser testigo de tus pensamientos desde ese lugar.

> *Aprende a escuchar la voz de tu interior. Tu cuerpo y mente se convertirán en uno, y te darás cuenta de la unidad de todas las cosas.*
>
> Dogen Zenji[5]

O imagina que tienes la experiencia de «ser respirado por una fuerza más poderosa». En otra meditación, puedes recuperar esa percepción y practicarla. A medida que entrenas tu conciencia sobre tu propia respiración, recuerdas la sensación de ser respirado. Buscas la presencia de esa fuerza poderosa que hace entrar y salir el aire. Hacer esto es suficiente para recordar la existencia de esa Presencia mayor y sintonizar con ella. Permanece en ella. Explórala. Ábrete a ella. Una meditadora que un día tuvo la percepción de que era respirada, se sentó más tarde en meditación y mantuvo en su conciencia lo siguiente: «Toda la fuerza del universo se mueve en cada una de mis respiraciones». Yo he practicado durante años con el *dharana* «Dios me está respirando», que surgió de una experiencia real que tuve en meditación.

Cada experiencia meditativa sugiere nuevas avenidas para la meditación. Cuando te sientas embotado, necesitado de inspiración o simplemente con espíritu aventurero, ahí tienes tu diario para poder explorar.

Con el tiempo, empezarás a darte cuenta de que el hecho de estar en contacto con las percepciones que te llegan en la meditación influye en tu experiencia del estado de vigilia. Las impresiones de unidad y amor, de atención consciente o Presencia interna se anclarán más firmemente en tu conciencia. A menudo surgirán cuando las necesites, como antídotos naturales para los sentimientos de rabia o tristeza, o ayudándote cada vez que te sientas desconectado o disperso. Es entonces cuando comenzarás a ver las verdaderas transformaciones en tu interior, los auténticos cambios en tu forma de ver las cosas. De hecho, en esta fase muchos meditadores empiezan a darse cuenta de que las habilidades que han aprendido en meditación son transferibles a otras áreas. En otras palabras, comienzas a aplicar en tu vida cotidiana aquello que has aprendido en meditación.

CAPÍTULO 11

La vida cotidiana del meditador: mantener la atención interna

La mayoría de nosotros, tarde o temprano, descubrimos que la práctica meditativa no es solo algo que sucede cuando nos sentamos en la esterilla, sino que con el tiempo se expande hasta que toda tu vida se convierte en un continuo entrenamiento de vivir desde tu centro. A medida que la alquimia del trabajo de meditación realiza sus sutiles cambios en tu conciencia y carácter, también te desafía simultáneamente a actuar basándote en aquello en lo que te estás convirtiendo, a llevar tus habilidades meditativas, percepciones y experiencias al resto de tu vida.

La fuerza de tu práctica se pone a prueba en todo momento y con toda interacción. ¿Puedes llevar el amor que experimentaste en la meditación a tus acciones? ¿Eres capaz de mantenerte en contacto con la Conciencia cuando trabajas, cuando te mudas a una nueva casa o cuando alguien a quien quieres te decepciona? ¿Hablas y actúas desde ese nivel

> *Mientras vives, practica la meditación. No medites únicamente escondido en un rincón oscuro; medita siempre, de pie, sentado, en movimiento y durante el descanso. Cuando tu meditación continúe a lo largo de la vigilia y el sueño, estés donde estés, te hallarás en el cielo.*
>
> HAKUIN[1]

profundo del Ser o estás con el piloto automático, quizá haciendo lo que es preciso pero sin sentir que te hallas en contacto con tu Ser más profundo, sin acceder a su inspiración y amor?

Ciertamente, habrá momentos en los que el mundo interior, con todas sus inspiraciones y visiones amplificadas, parezca estar en la punta de tus dedos; momentos en los que el amor te inunde por sí solo. Puede que te encuentres de repente en el estado de «fluidez», actuando con precisión sin ningún esfuerzo aparente y con la mente en calma. El testigo puede emerger en medio de una discusión o una crisis, manteniéndote firme y ecuánime en una situación en la que normalmente te pondrías hecho una furia. Puedes experimentar mañanas en las que el mundo irradie un carácter sagrado, en las que encuentres significado a las hojas de los árboles llevadas por el viento, en las que los periódicos parezcan latir con el desbordamiento de tu felicidad. Experimentarás la magia de la sincronicidad cuando la conversación que escuchas en el autobús o el mensaje que ves en la valla publicitaria parezcan ofrecerte una sutil enseñanza espiritual. En esos momentos, el trabajo se transmuta en culto, y un paseo por el bosque se convierte en una procesión a una catedral.

Sin embargo, habrá muchos otros momentos en los que los regalos de la meditación solo estarán ahí si trabajas para obtenerlos. El hecho de que medites no te inmuniza de repente contra el dolor psicológico. No eliminará los cambios de humor, los sentimientos de incompetencia o los problemas con los demás. Aquellos que meditan pueden estar tan expuestos a los altibajos como cualquier otra persona. Sin embargo, la principal diferencia radica en su *actitud* hacia sus estados de ánimo y propensiones, y en los recursos que tienen para manejarlos. Cuando la tristeza, la rabia y la frustración surgen, los meditadores experimentados pueden distinguir entre su sentido del ser y sus sentimientos y estados de ánimo. Saben que a una parte central de sí mismos no le afecta la climatología emocional. Y no solo eso: han aprendido algunas habilidades en meditación que les ayudan a superar un encuentro problemático o un bloqueo mental. Cuentan con más opciones para manejar sus sentimientos y trabajar con aquellos deseos, miedos y crisis que podrían hacerlos descarriar.

Se necesita un esfuerzo para vivir desde tu propio centro, pero también es algo emocionante. Cuando contemplas la vida como un entrenamiento espiritual en curso, vives desde una perspectiva que otorga significado hasta a la más común de las interacciones. No piensas demasiado en términos de ganar o perder, éxito o fracaso. En lugar de eso, solo hay entrenamiento, el esfuerzo consistente para regresar al amor y la lucidez que llevas en tu interior, y llevar los valores de tu mundo interior a tus acciones externas.

Este es el segundo nivel de la práctica: la práctica en el estado de vigilia de permanecer en contacto con tu centro, cultivar el carácter, reflexionar y aprender de las situaciones que la vida te presenta, además de descubrir las técnicas, enseñanzas, disciplinas y modalidades de práctica con los ojos abiertos que te permitan vivir desde la conciencia en desarrollo del Ser.

MANTENER LA ATENCIÓN INTERNA

En la tradición de *yoga shaiva*, se dice que un Ser iluminado vive en *shambhavi mudra,* un estado en el que, incluso con los ojos abiertos, la atención está siempre centrada en el campo interno de la Conciencia luminosa e inmutable. Esta es una poderosa representación del estado de iluminación, y también la clave para la práctica con los ojos abiertos. La práctica con los ojos abiertos es similar al juego de «como si...». Intentas transformarte en un Ser iluminado al actuar y pensar como si estuvieras en ese estado.

Una clave para esto es mantener una conciencia interna —una corriente firme de atención a tu propia Conciencia, a tu sentido de ser o a la Presencia con la que sintonizas cuando diriges la atención de vuelta a sí misma—. Como la mayoría de las prácticas sobre la esencia, esta es extremadamente sencilla sin que por ello resulte fácil en absoluto. La atención interna tiene una frustrante habilidad para disolverse en los momentos cruciales, como cuando estamos preocupados, entusiasmados o bajo presión. Incluso en los días más normales, entras y sales de ella de forma espontánea, puesto que esa Conciencia esencial suele experimentarse a través de destellos, atisbos que van y vienen. Por

> El verdadero hombre de Dios se sienta en medio de sus compañeros, y se levanta y come y duerme y se casa y compra y vende y da y toma… y, sin embargo, nunca olvida a Dios, ni siquiera por un momento.
>
> ABU SA'ID IBN ABI'L-KHAYR[2]

esta razón es útil trabajar con diferentes prácticas en diferentes momentos. Algunas veces, estarás directamente frente a la luz de la Conciencia. Otras, la mirarás de soslayo, a través de la respiración, de un *bhavana* o incluso de una postura física.

Mantener la atención interna de forma continuada requiere un triple esfuerzo:

- Primero, necesitas una aljaba de prácticas destinadas a la atención interna, o al recuerdo del Ser. Deberán ser prácticas que te funcionen, y tendrás que realizarlas de forma continuada.
- Segundo, precisas hacer un «trabajo de carácter», examinar tus motivos y actitudes, y aprender a expresar las cualidades del Ser —compasión, amabilidad, delicadeza, firmeza, sabiduría, honestidad, etc.
- Tercero, debes desarrollar el hábito de comprobar tu estado, de modo que puedas reconocer cuándo te has salido de tu centro y, después, averiguar cómo regresar a él.

PRÁCTICA CON LOS OJOS ABIERTOS

Muchas de las prácticas descritas en este libro —como la repetición de mantras, la conciencia de la Conciencia, centrarse en el testigo, atención a la respiración o ver los pensamientos como energía— son susceptibles de ser realizadas en situaciones del día a día. Lo mismo sucede con los diferentes *bhavas*, las actitudes espirituales con las que trabajas cuando meditas.

Del mismo modo que comienzas a meditar ofreciendo tu práctica a Dios o para la elevación de la humanidad, puedes también ofrecer tus acciones diarias como servicios, y después ver cómo ese simple acto te saca de tu centramiento en ti mismo y deshace tu tendencia a buscar resultados. Tu práctica de sentarte y hacerte consciente de la Conciencia, ser el testigo de tus pensamientos o ver el contenido de toda tu experiencia meditativa como Shakti puede convertirse en un punto de referencia interno al que puedas regresar durante el día. Te ayuda a salir de las emociones densas, las distracciones o los patrones de pensamiento neuróticos.

Tal vez sea útil establecer tiempos en tu agenda para trabajar con la repetición de un mantra, la conciencia de la Conciencia o el recuerdo de la unidad. Puedes realizar dos veces al día, al comienzo y al final de tu jornada de trabajo, el ritual de ofrecer tus acciones, pensamientos y sentimientos. También puedes adoptar el hábito de llevar tu atención al corazón cada hora, o programar la alarma de tu reloj de pulsera para que suene cinco minutos antes de la hora y destinar esos cinco minutos a llevar tu mente a una enseñanza sobre la que estés reflexionando, o pasar ese tiempo preguntándote: «¿Quién soy?» o «¿Dónde está mi Ser en todo esto?». Puedes trabajar con una práctica diferente cada día hasta que encuentres aquella o aquellas que sientas como tuyas, y después dedicar un tiempo a explorarlas en profundidad. Cuando estés en la sala de espera del médico, en lugar de leer una revista, haz un ejercicio. Practica mientras caminas. Uno de mis ejercicios favoritos mientras camino consiste en darle la bienvenida internamente a todo aquello con lo que me cruzo.

A medida que realizas estas meditaciones con los ojos abiertos, verás sus efectos. Primero, te sentirás más integrado. Habrá menos distancia entre tu meditación en posición de sentado y el resto del día: te resultará más fácil entrar en meditación cuando te sientes, y necesitarás menos tiempo para «desprogramarte» del estrés de tu jornada. Después, durante las horas de vigilia y trabajo, habrá cierta dulzura en tu vida, una sensación de apertura y amplitud en tu mundo. Te descubrirás a ti mismo sintiéndote más cerca de los demás, con menos miedo, más calmado e inspirado. En los momentos de mayor ansiedad, los días con mucha carga de trabajo o los periodos en que la vida parece desplomarse sobre ti, estas prácticas pueden convertirse en tu verdadero refugio. Te ayudarán a estabilizar tu estado.

RECONOCER DÓNDE DEBERÍAS TRABAJAR

Pocos de nosotros podemos practicar durante mucho tiempo sin llegar a darnos cuenta de que la vida nos enfrenta a situaciones que ponen a prueba nuestra firmeza a la hora de mantener nuestro estado interior. Tal vez enfermes y tengas que estar en cama unos cuantos días. Entonces, una de las primeras cosas que puedes percibir es lo malhumorado que te sientes —¡y también que no consigues dejar atrás tu malhumor!—. Tal vez tu hijo adolescente te diga: «¡Mamá, ya estás gritándome otra vez», o un compañero de trabajo te pregunte intencionadamente si no has meditado.

Esos momentos de reconocimiento son extremadamente valiosos, en especial si te resistes al impulso de salir corriendo de la habitación para no enfrentarte a ellos. No solo te muestran en qué áreas necesitas trabajar, sino que tener conciencia de una disposición o comportamiento poco constructivo es, de hecho, el primer paso para cambiarlo. *En otras palabras, la conciencia que te permite reconocer tu estado es también la fuente de la energía que puede transformarlo.*

> *Ocuparse del momento es ocuparse de la eternidad. Ocuparse de la parte es ocuparse del todo. Ocuparse de la Realidad es vivir de forma constructiva.*
>
> Pirke Avot[3]

La mayoría de las emociones o los comportamientos más molestos provienen de aquellas áreas de nuestro psiquismo que hemos preferido que se mantengan inconscientes. En hindi, la palabra empleada para designar esas cualidades inconscientes e inmaduras es *kacha*, que significa «inmaduro» o «sin hornear». Todos somos en parte *kacha*. Nos hacemos *pukka* (maduros) mediante nuestra práctica, en concreto a través del *tapas*, el proceso de calor yóguico que enciende la kundalini y cuyo fuego es avivado por nuestra práctica. Sin embargo, el tipo de práctica que nos hace madurar no consiste en la acumulación mecánica de rituales y ejercicios. Es la práctica *con* conciencia y la práctica *de* la conciencia lo que transforma la textura de esta. La propia conciencia, con su claridad, impersonalidad, amplitud y capacidad para mantener todo en sí misma, es el fuego que hornea o hace madurar nuestros sentimientos y comportamientos inmaduros. El simple hecho de mantener sin juicios esos sentimientos en la Conciencia —ser el testigo sin actuar sobre ellos, sin tratar de eliminarlos o perderte en tus historias o creencias sobre lo que sucede— a menudo es suficiente para que pasen de crudos a horneados.

Este principio también es válido para cualquier situación con la que nos enfrentamos, tanto si se ha generado de forma interna como externa. Como nuestra conciencia es una versión a pequeña escala de la gran Conciencia que subyace a todo lo que es, cuando dirigimos nuestra atención sin juicios a aquello que causa sufrimiento a los demás o a nosotros mismos, llevamos ese estado, comportamiento o disposición a la luz de la gran Conciencia. Esta no solo ilumina los rincones oscuros de nuestro psiquismo, sino que también puede transmutar las energías extrañas y los sentimientos crudos que habitan en él. Es entonces cuando la energía bloqueada en él se libera y queda disponible para otras tareas más creativas.

Estamos espiritualmente maduros y horneados cuando todas las energías y sentimientos bloqueados se liberan y recanalizan para manifestar sabiduría, poder y amor. La forma en que esto se produce es uno de los misterios de la Conciencia, pero nuestro acto de llevar conciencia a nuestros estados de ánimo y sentimientos es una gran táctica para poner en marcha esa alquimia.

AUTOINDAGACIÓN

Los sabios de la tradición Vedanta le dieron el nombre de *atma vichara*, o autoindagación, al acto de hacernos conscientes de nosotros mismos. *Vichara* no es solo pensar en algo, ni un autoanálisis psicológico. Es una práctica yóguica o reflexión en la que mantenemos nuestra atención en los fenómenos internos de una forma firme y centrada sin entrar en meditación.

Hay dos tipos principales de *vichara*. Uno es la reflexión que realizamos para entrar en contacto con nuestra sabiduría más profunda, dejar espacio para la revelación, comprender una enseñanza espiritual o tocar nuestro Ser. La clásica pregunta interna «¿quién soy?» (que enseñaron Ramana Maharshi y otros) es un ejemplo de este tipo de *vichara*.

El otro tipo de autoindagación es la reflexión sobre lo que bloquea nuestra experiencia del Ser. Cuando estamos de malhumor, en lugar de dejar paso a los sentimientos o perdernos en las historias que nos contamos a nosotros mismos, centramos la atención en los propios sentimientos. Nos permitimos sentirlos al completo. Percibimos los pensamientos que los acompañan. Observamos el sabor de la energía, las sensaciones en nuestro cuerpo. En ciertos momentos, puede ser útil seguir el rastro de un sentimiento hasta su fuente, tal vez para descubrir el deseo frustrado, el miedo o la expectativa que lo ha provocado. Pero lo más importante es seguir notando nuestros sentimientos internos y el estado de nuestra energía hasta que el acto de notar los síntomas de estar fuera de nuestro centro se convierte en algo automático en nosotros.

Solo cuando reconocemos e identificamos las sensaciones internas de no estar alineados con nosotros mismos, podemos volver a estar en contacto con nuestro interior. Sin ese reconocimiento, únicamente sabemos que no nos encontramos cómodos y tenemos pocas probabilidades de ajustar nuestro estado.

Autoindagación en acción

Imagina el siguiente escenario: es temprano por la mañana y has trabajado hasta avanzadas horas de la madrugada en un proyecto cuyo plazo de entrega está ya cercano. Necesitas llegar temprano a la oficina para encontrarte con tu equipo y poder terminar algunos detalles importantes. En el momento en que pones la cafetera al fuego, tu hija de diez años te dice que se siente mal. Tiene mucha fiebre y una tos terrible. Necesita guardar cama todo el día e ir al médico. Te das cuenta de que no tienes a nadie que pueda hacerse cargo de ella con tan poca antelación. Tendrás que quedarte en casa y cuidarla tú mismo. Sin embargo, si no acudes a tu cita de la oficina, no podrás terminar a tiempo tu proyecto. El pensamiento de lo que esto puede suponer te hace entrar en una espiral de pánico. «¿Por qué siempre me pasan estas cosas? —te descubres pensando—. Mi vida es un desastre». Miedo, frustración, rabia y desesperación.

> *Cuanto mayor sea la conciencia de uno, más cerca estará de Dios.*
>
> RUMI[4]

En ese momento, tomas una decisión yóguica crucial. En lugar de dejarte llevar por el pánico y la rabia, decides detenerte conscientemente. Decides prestarle atención a tu propio estado y aceptarlo antes de tratar de actuar.

Realizas un par de respiraciones profundas y después compruebas tu estado. Escaneas tu cuerpo y notas el ritmo de tu respiración. Descubres que es entrecortada —de hecho, contienes el aliento—. Percibes una sensación de tensión en el diafragma y los músculos del estómago, además de rigidez en el pecho. Te das cuenta de que tu corazón también se siente tenso y cerrado, y que hay como filamentos de miedo en él. Tu energía palpita y se hunde alternativamente; a veces sube por tu interior en olas de pánico, y otras te recorre con un sentimiento depresivo y de indefensión. Todos tus pensamientos giran en torno a tu posición de víctima: «Es injusto. ¿Por qué siempre soy yo quien tiene que hacerse cargo de todo? ¿Por qué siempre me pasa esto?».

Este momento de detenerse, dirigirse al interior, comprobar el estado interno para percibir cómo te sientes y observar los pensamientos sin creer en ellos es un acto de yoga muy profundo y significativo. Te da el poder necesario para actuar desde un lugar más ingenioso y hábil, en lugar de limitarte a reaccionar emocionalmente ante la dificultad de la situación. Ahora, en lugar de bloquear tu incomodidad o tratar de distraerte, en lugar de anular tus emociones y lanzarte de cabeza sin tener en cuenta tu energía interna, en lugar de dejar que tus fuertes reacciones emocionales te abrumen y terminen por hacerte estallar con tu hija o por paralizarte con el resentimiento y la paranoia, utilizas estos sentimientos como una señal para detenerte y regresar a ti mismo.

Una vez que has reconocido tu estado interno, puedes comenzar a trabajar con él. Para ello, tienes numerosas opciones.

REFÚGIATE EN LA RESPIRACIÓN

Lo primero que hago cuando me encuentro atrapada en la ansiedad, las prisas o el deseo es recordarme a mí misma en silencio, con un tono tranquilizador, firme y pausado, que debo detenerme y respirar. A veces, incluso me lo digo como si se tratase de un mantra: «Párate. Párate. *Respiraaaaa. Respiraaaaa*». La respiración conecta de forma automática a la mente ordinaria con el Ser más profundo. Cuando nos aferramos a la respiración y centramos nuestra mente en ella, llevamos nuestra conciencia al corazón. Por tanto, cada vez que queramos centrarnos, debemos comenzar siempre con la respiración.

Puedes empezar simplemente siguiendo la respiración con tu atención, inhalando de forma natural y haciendo una espiración larga. Cuenta y respira: cuatro latidos, inspira; ocho latidos, espira; o inspira durante cuatro latidos, mantén el aire durante otros cuatro y espira durante ocho. Haz esto durante cinco minutos, o respira en tres tiempos. Inspira con la intención de llenar tus pulmones en tres partes: primero el tercio inferior, después el tercio central y finalmente el superior. Espira vaciando primero la parte superior, después la central y finalmente la zona baja de los pulmones.

LLEVA TU ATENCIÓN AL CORAZÓN

Para mí, éste es el segundo paso. Una vez que he vuelto a mis casillas mediante unas cuantas series de respiraciones firmes y pausadas, dejo caer una especie de plomada interna dentro de la zona media del pecho, detrás del esternón, y permito que mi atención descanse en ese lugar hasta que siento el espacio interno del corazón relajado y expandido. Cuando la energía se halla estancada en la cabeza, los pensamientos tienden a dar vueltas, y solo obtienes soluciones mecánicas y poco creativas para tus problemas. Una vez que tu atención se desplaza al corazón, entras automáticamente en contacto con tu intuición. Te sitúas en uno de los principales centros de sabiduría espiritual y conciencia. Al descansar en ese lugar del corazón, puedes hacer cualquier otra práctica que necesites.

EJERCICIO: ENTRAR EN EL CORAZÓN

Centra tu atención en el centro del corazón. Como hemos visto, este sutil centro espiritual se ubica dentro del cuerpo, detrás del esternón, a unos diez o doce centímetros (aproximadamente ocho dedos) por debajo de la clavícula. Tal vez desees llevar la mano a esa zona al comienzo del ejercicio para que te ayude a fijar tu conciencia en ella. Inspira y espira desde ese espacio del corazón hasta que te sientas centrado. Si te resulta más fácil centrarte respirando en el centro que se encuentra debajo del ombligo, puedes inspirar en un punto situado a unos tres dedos por debajo de él.

Si sientes que la energía en la zona del corazón está bloqueada, imagina una abertura en ese bloqueo energético y deja que tu conciencia pase a través de él. Avanza por esas aberturas en la energía hasta que sientas que el bloqueo comienza a dispersarse.

Llevar la atención al corazón afloja casi automáticamente el aferramiento de la mente superficial, con su tendencia a preocuparse, fantasear y sentirse separada de los demás y del mundo que te rodea. Cuando contactas con el centro del corazón en tu propio cuerpo, abres la puerta del gran Corazón, el núcleo de tu ser, la Conciencia que es la fuente de tu amor primordial, inspiración y sabiduría. Si te sientes emocionalmente abrumado, puedes mantener tus emociones en ese espacio del corazón y permitir que el poder de la Conciencia las disuelva en su energía esencial. O preguntarle a tu intuición —la cual, para la mayoría de nosotros, resulta más accesible desde el centro del corazón— qué es lo mejor que puedes hacer.

Pero estas solo son dos de las opciones disponibles. Tienes otras más. Tal vez decidas que necesitas pasar un tiempo tranquilizándote, quizá reemplazando tus pensamientos agitados por alguno positivo o un mantra. Puedes dirigir tu atención al mantra y mantenerlo en el primer plano de tu conciencia hasta que sientas que comienza a calmar tu campo de energía interna. O bien cultivar la atención durante un momento, «sentándote» en el corazón y advirtiendo los pensamientos, sentimientos y sensaciones internas a medida que surgen. Otra opción es hacerte preguntas como: «¿Puedes soltar ese pensamiento?» o simplemente esperar a que se produzca la comprensión natural de que los pensamientos y sentimientos se limitan a surgir y pasar —y que puedes dejar que se vayan.

También puedes elegir trabajar directamente con la energía que se encuentra detrás de tus sentimientos de pánico, rabia y frustración. Primero, recuerda que tras el contenido del sentimiento hay pura energía. El miedo simplemente es una clase particular de energía, al igual que la ira o la desesperación. Permítete sentir la energía *como energía*, soltando el contenido del sentimiento y centrándote en la *sensación* que este crea en tu espacio psíquico y en tu cuerpo. Nota la energía dentro del sentimiento. Al hacerlo, sé consciente de la energía de fondo, la conciencia dentro de la cual el sentimiento surge y se hunde. Deja que este permanezca en la Conciencia y nota cómo la energía de temor o rabia se disuelve de forma natural en la Conciencia subyacente que es su base.

REFÚGIATE EN LA VERDAD

Otra cosa que puedes hacer es acordarte de la Verdad. Me refiero a la gran Verdad —la verdad de la unicidad-. Si tu hija comienza a lloriquear o se muestra malhumorada, trata de recordar que el mismo Ser, la misma energía, la misma Conciencia que se ha convertido en ti también se ha convertido en ella. Ten presente que su malhumor, tu frustración

> *Si no reconoces la fuente, tropiezas con la confusión y el sufrimiento. Cuando reconoces de dónde vienes, te vuelves tolerante, desinteresado, divertido y bondadoso como una abuela, majestuoso como un rey.*
>
> LAO-TZU[5]

y todo lo demás son simplemente formas de una energía. Mantener ese *bhavana*, aunque solo sea provisionalmente, puede tener un efecto global en tu estado —abrirte a tu compasión, eliminar la brusquedad del miedo y permitirte actuar de manera ingeniosa—, simplemente porque ya no te sientes tan abrumado por la aparente negativa del mundo a funcionar del modo que tú deseas.

Ciertas enseñanzas espirituales tendrán una relevancia especial para una situación específica o una resonancia concreta para ti. Por ejemplo, una mujer atravesaba una difícil etapa como jefa de su departamento en la universidad. Durante las reuniones, un compañero de trabajo, que mantenía una actitud hostil hacia ella, no cejaba en su empeño de desacreditarla y hostigarla. Lo superó al recordarse a sí misma: «Estás en la mente tranquila de Dios».

De un modo similar, un hombre con cierta tendencia a enfadarse en los momentos de frustración suele trabajar con una conocida técnica de yoga llamada «practicar lo opuesto» del *Yoga Sutra* de Patanjali.[6] Cuando advierte que la rabia emerge en su interior, dedica un tiempo a hacerse consciente de los pensamientos asociados con el sentimiento, y después llena la mente de pensamientos contrarios, como: «Soy muy tolerante y respeto siempre a esas personas». Aunque no siempre es verdad, mantener esos pensamientos positivos calma su mente lo suficiente como para no reaccionar con rabia.

En mi caso, cuando me veo atrapada por el deseo de un resultado concreto, a menudo surge en mí una frase del *Bhagavad Gita*: «Tenemos derecho al trabajo, pero no a sus frutos».[7] Reflexionar sobre esta misteriosa y vibrante enseñanza me ayuda a desapegarme de mis miedos, deseos y expectativas, lo cual me permite actuar con más objetividad.

De modo que, una vez que te has detenido, comprobado tu estado y reconocido cómo te sientes cuando estás descentrado, cuentas con varias opciones para comenzar a regresar a ti mismo. A medida que trabajas con este triple proceso de reconocimiento, autoindagación y práctica, aprendes a navegar por tus propios mares sacudidos por la tormenta y a encontrar los puertos que siempre están a tu disposición.

En un momento dado, tal vez reconozcas que necesitas procesar las emociones de un modo más directo o descubrir cuáles son los asuntos que te están creando ansiedad y miedo. Entonces, puedes trabajar con el ejercicio destinado a manejar las emociones intensas que vimos en el capítulo 7 (página 137), o con la siguiente versión, que hace uso de un mantra.

EJERCICIO: PROCESAR LAS EMOCIONES EN TU CORAZÓN

Una vez que te has centrado en tu corazón (ver las instrucciones de la página 212), lleva la emoción al espacio del corazón, mantenla allí y deja que se rodee de la energía de este órgano. Todavía enfocado en el corazón, expande tu atención hasta que seas consciente de todo el campo de Conciencia en el que tiene lugar tu experiencia. Mantén en tu conciencia toda la habitación, incluyendo tu propio cuerpo. Simultáneamente, sigue manteniendo la emoción en el espacio del corazón y conserva la sensación del campo de Conciencia que rodea y contiene tu cuerpo. Siente la energía de la emoción. Sé consciente de que es, en realidad, un fardo de energía. Después, imagina una abertura en ese fardo de energía y pasa a través de ella. Repite este proceso y nota cómo cambia tu estado.

Si lo prefieres, puedes mezclar el mantra con la emoción, y dejar que la energía del mantra comience a romper o disolver los sentimientos densos. Es importante no crear una sensación de enfrentamiento entre el mantra y tus emociones –y no usarlo como una cachiporra para golpear los sentimientos intensos–. Simplemente, lleva el mantra a la emoción y deja que haga su alquimia sin tratar de forzar nada.

Esta práctica de advertir cuándo estamos descentrados y regresar después al corazón tiene algunos efectos secundarios casi milagrosos. Todo lo que hacemos resulta mucho más divertido. Parece que nos cuesta mucho menos obtener buenos resultados. Nos sentimos más cerca de nuestra sabiduría intuitiva, y más dispuestos a confiar en ella y seguirla. Ya no somos tan impacientes con nosotros mismos o con los demás. Las

> *La montaña es la montaña, y el camino no ha cambiado desde los viejos tiempos. Verdaderamente, es mi corazón el que ha cambiado.*
>
> KUMAGAI[8]

responsabilidades nos parecen menos pesadas y la rutina no nos resulta tan aburrida. Por tanto, de un modo natural, a los demás les resulta más fácil estar a nuestro lado.

A medida que continuamos dirigiéndonos a nuestro centro y actuando desde él, descubrimos que podemos contar con la fuerza, la comprensión y el amor. Podemos acceder a ellas porque somos alimentados en la fuente. Es entonces cuando la meditación comienza verdaderamente a cambiar nuestra vida.

CAPÍTULO 12

Programa intensivo
de tres semanas

L a decisión de profundizar en la meditación no se toma de una sola vez. La tomamos una y otra vez, a niveles cada vez más profundos, sabiendo que la sola intención no es suficiente para hacernos avanzar permanentemente. El firme propósito de este mes se convierte en la incomodidad del mes siguiente, a menos que no dejemos de renovar nuestros propósitos, reinventarlos y volver a centrarnos en ellos. En el mejor de los casos, renovamos nuestras intenciones diariamente y nos volvemos a motivar si lo necesitamos —recordando la brevedad de la vida humana, la oportunidad que nos ofrece, la velocidad del cambio en el mundo, el sufrimiento que experimentamos cuando no estamos en contacto con nuestro centro, la dulzura del mundo interior y los beneficios de una conciencia estable.

Sin embargo, todos pasamos por etapas en las que nuestra práctica es más sólida y otras en las que nos encontramos menos centrados. Y, a veces, notarás que estás como dormido con respecto a tu interior, que ya no aprecias tu práctica o que te has quedado atascado en tu rutina. Esta es una buena razón para dedicar un tiempo a avanzar de un modo significativo.

Otra de las razones por las que puedes decidir que estás preparado para avanzar significativamente es que escuchas la llamada de tu Ser interior, la atracción del mundo interior. Sientes que los muros de tu conciencia están listos para derrumbarse y las puertas preparadas para abrirse. De ese modo, te comprometes a realizar un esfuerzo mayor. Dices: «Esta semana, este mes, este año, voy a meditar más seriamente. Voy a hacer un importante avance».

Quien haya logrado atacar con éxito las fuerzas de la inercia sabe que el gesto más decisivo es el del compromiso. En cuanto te dispones a dirigir toda tu atención hacia tu plan, proyecto o meta, el universo comienza a moverse a tu favor. Los caminos se abren, los acontecimientos parecen conspirar para ayudarte. Esto es especialmente evidente en la meditación, en la que te relacionas con el universo interior infinitamente fluido y expansivo. Como tu Conciencia interna es incomparablemente creativa, basta una sola intención firme para obtener un efecto casi milagroso.

De modo que el primer paso para avanzar es tu intención, y cuanto más apasionada y seria sea esta, más poderoso resultará ese instrumento.

> «La perla está en la ostra. Y la ostra está en el fondo del mar. Sumérgete en las profundidades»
>
> KABIR[1]

Tradicionalmente, cuando se quiere profundizar en la meditación, se suele asistir a un retiro. El programa que viene a continuación puede seguirse durante uno de ellos —y si estás muy ocupado o tienes niños pequeños, probablemente necesitarás reservarte un tiempo para poder asistir al retiro—. De hecho, quienes tienen su tiempo tan lleno de responsabilidades que apenas pueden dedicar más de unos pocos minutos a la práctica podrían plantearse la idea de hacer un hueco en su agenda para asistir a un retiro un día a la semana o incluso al mes.

Si no te resulta posible, este programa ha sido diseñado para que puedas ajustarlo a tu vida diaria —integrarlo en tu rutina tiene muchas ventajas—. Meditar en un retiro es relativamente fácil. Estamos fuera de nuestro ambiente ordinario, alejados de muchas de nuestras obligaciones diarias, y puede que se desarrolle en un lugar especialmente tranquilo que favorezca la meditación. Sin embargo, cualquier retiro, por muy profundo y tranquilo que resulte, inevitablemente tiene su final. Entonces, tenemos que enfrentarnos al hecho de integrar la vida que hemos llevado durante el retiro en nuestra existencia ordinaria. Cuanto más nos hayamos alejado de nuestra vida ordinaria, más difícil nos resultará llevar nuestra práctica a la rutina de los días llenos de ajetreo y responsabilidades.

Cuando realizas el programa intensivo en tu casa, creas una atmósfera de retiro dentro de tu día a día. Creas una nueva rutina que queda impregnada en el ambiente y que te estimula a avanzar incluso después de que el programa haya finalizado.

COMPROMETERSE

Para comenzar con el programa, tendrás que comprometerte a **meditar a diario –si es posible de una hora y media a tres horas al día.**

Puedes hacerlo en una sola sesión o dos. Si estás demasiado ocupado como para sentarte durante más de una hora en una sola sesión, si tienes niños pequeños o un trabajo muy exigente, siéntete libre para adaptar el programa a tus necesidades. Los principios de este programa te ayudarán aunque solo medites entre veinte y treinta minutos cada vez. Además, a medida que continúes con la práctica, tal vez descubras que tu situación personal evoluciona de una forma inesperada.

Lleva un diario de meditación en el que registres todo lo que sucede en ella, y reserva un tiempo cada semana para leer tus experiencias y reflexionar sobre ellas.

Pasa al menos diez minutos al día leyendo algún libro que induzca a la meditación e inspire amor hacia el mundo interior (encontrarás una lista de libros recomendados al final de esta obra).

Tal vez resulte abrumador pensar en dedicar tanto tiempo a la meditación al día, especialmente si estás muy ocupado. Por esa razón, se ha establecido que este programa solo dure tres semanas. Con la planificación adecuada, cualquier persona puede encontrar tres semanas en las que se comprometa a meditar intensamente.

Para avanzar en la meditación, la continuidad en la práctica es muy importante. El hecho de meditar dos veces al día nos ayuda a enmarcar la jornada y también nos da la oportunidad de consolidar estados que hemos experimentado en sesiones anteriores. Como dije antes, la mayoría de las personas necesitan sentarse durante una hora aproximadamente para profundizar de manera significativa en la meditación, simplemente porque a la mente le lleva un tiempo asentarse, cambiar su tendencia a divagar y comenzar a profundizar en sí misma. Cuanto más activos seamos, más tiempo nos llevará digerir los residuos de nuestras impresiones diarias. Pero si nos sentamos durante el tiempo suficiente, la Conciencia emergerá de forma natural de las capas de pensamientos que se revuelven en la superficie, revelando así sus tranquilas profundidades.

RESERVAR UN TIEMPO

Todos tenemos nuestra mejor hora para meditar, y esta no siempre es temprano por la mañana. Cada etapa del día tiene su energía particular, que afecta a nuestro campo de energía. Tradicionalmente, los momentos más poderosos para meditar son los *sandhyas*, los puntos de intersección. El *sandhya* es un momento del día en el que se produce un cambio en la energía atmosférica.

> *Debemos, entonces [...] incluso en medio de las ocupaciones, retirarnos a nosotros mismos.*
>
> TERESA DE ÁVILA[2]

Hay tres *sandhyas*. El de primera hora de la mañana es el periodo del amanecer, justo antes y después de la salida del sol. El del mediodía marca el cambio de la mañana a la tarde, y transcurre desde las once y media hasta las doce y media aproximadamente. Y el de la tarde comienza justo antes de la puesta de sol y dura hasta que oscurece.

Del mismo modo que el espacio entre la inspiración y la espiración es la puerta abierta al *madhya*, el centro de la Conciencia, estos espacios entre una parte del día y la siguiente son como grietas entre los mundos, momentos en los que la energía interna cambia para adaptarse al ritmo de la energía del día y crea un abertura natural en el mundo interior.

Esto no significa que no podamos entrar en meditación en otro momento. Sin embargo, muchas personas encuentran que su energía se dirige hacia su interior de forma natural durante los *sandhyas*. Si observas tus propios ritmos diarios, tal vez descubras cierta tendencia a «adormecerte» durante esos momentos. No es que tengas un nivel bajo de azúcar en sangre, sino que se trata del poder de los *sandhyas* para llevarte a tu interior.

Por tanto, está muy bien que experimentes con la meditación a diferentes horas del día. Tal vez hayas asumido que la primera hora de la mañana es el mejor momento para ti, cuando, en realidad, podrías meditar igual de bien o mejor a última hora de la tarde o incluso al mediodía.

Una vez que hayas descubierto tu mejor periodo del día para meditar, asegúrate de que conste del tiempo suficiente para permitirte profundizar. En general es mejor que en ese intervalo puedas meditar al menos durante una hora seguida, y dejar tal vez un poco de tiempo libre al final en caso de que quieras permanecer sentado un poco más. Tu segundo momento de meditación puede ser de una media hora.

TU ESTILO DE VIDA DURANTE EL PROGRAMA

Si buscas un avance significativo en tu meditación, tu estilo de vida es importante. Desde luego, no es necesario que sigas un plan de retiro monástico, ni que te hagas vegetariano o célibe, ni que te agobies con una disciplina yóguica. Sin embargo, ciertas disciplinas básicas crearán una importante diferencia positiva en tu experiencia de la meditación. Aquí tienes algunas:

SI MEDITAS TEMPRANO POR LA MAÑANA, ACUÉSTATE PRONTO POR LA NOCHE PARA QUE PUEDAS LEVANTARTE A TIEMPO CON COMODIDAD. ANTES DE ACOSTARTE, LEE ALGO INSPIRADOR O REPITE UN MANTRA.

Un amigo mío siempre dice que la decisión de meditar se toma la noche anterior. Si tienes que levantarte para meditar, necesitarás estar en cama a una hora razonable y tener la mente despejada. Este es uno de los principales secretos de la meditación a primera hora de la mañana. Si ves la televisión, o lees el periódico o una novela de acción antes de acostarte, esto no solo afectará a tu patrón de sueño sino que también influirá en el modo en que te levantas por la mañana.

Puedes experimentar con lo siguiente: nota en qué piensas cuando te acuestas, y después advierte cuáles son tus primeros pensamientos cuando te levantas a la mañana siguiente. A menos que hayas tenido un sueño impactante que permanezca contigo durante la vigilia, el pensamiento con el que te levantas casi siempre será el mismo que tenías cuando te fuiste a dormir. Si antes de acostarte piensas en los problemas que tienes en la oficina, en el proyecto en que estás trabajando o en las posibilidades que tienen los Lakers de llegar a los *play-offs*, hay muchas probabilidades de que te despiertes con el mismo asunto en tu mente.

Sin embargo, si antes de ir a dormir has estado leyendo poesía de Rumi, un libro de un maestro o algún otro libro espiritual, eso es lo que te vendrá a la mente cuando te despiertes. Y, mejor todavía, si te duermes haciendo una práctica, descubrirás que la práctica sigue contigo por la mañana.

REPITE UN MANTRA O CÉNTRATE EN LA RESPIRACIÓN ANTES DE IRTE A DORMIR Y CUANDO TE DESPIERTES.

POR LA MAÑANA, LEVÁNTATE INMEDIATAMENTE.

Si te quedas en la cama, das tiempo para que el diálogo interno comience y corres el riesgo de volver a quedarte dormido.

DÚCHATE O LÁVATE LAS MANOS, LA CARA Y LOS PIES INMEDIATAMENTE ANTES DE LA MEDITACIÓN.

Lavarse antes de la meditación hace algo más que simplemente limpiar el cuerpo y despertarte. Es también una forma de limpiar la mente. Mientras el agua cae por tu cuerpo, puedes repetir mentalmente tu mantra o imaginar el agua como una ducha de luz que lava tu cuerpo interno de la suciedad del pensamiento acumulado.

> *Para aquel que come y se entretiene con moderación, cuyas acciones son disciplinadas, y es moderado en el sueño y en la vigilia, el yoga destruye toda pena.*
>
> BHAGAVAD GITA[3]

SÉ MODERADO CON LAS COMIDAS.

La verdadera clave para una dieta yóguica es no excederse con las comidas. Eso no significa que debas hacer ayuno. Lo ideal es que te levantes de la mesa sin sentirte lleno. Comer hasta hartarse nos obliga a forzar el sistema digestivo y a usar energía que podría emplearse para la meditación.

Muchos meditadores prefieren seguir una dieta vegetariana o casi vegetariana. Sin embargo, asegúrate de tomar suficientes proteínas. La falta de proteínas puede hacer que nos sintamos un poco ausentes, y aunque esto puede ser agradable durante un tiempo, nos resultará más difícil desenvolvernos con normalidad e integrar nuestras experiencias.

Trata de seguir un horario para comer y crea un ritual agradable en torno a las comidas. Si es posible, haz al menos una de tus comidas en silencio. Es mejor no leer ni ver la televisión cuando se come y centrarse totalmente en el acto de comer.

Mastica bien los alimentos —al menos cincuenta veces cada bocado—. Esto no solo ayuda a digerir mejor la comida, sino también a centrarte en el acto de comer. Te vuelves más consciente, atento y centrado mientras comes. Y, además, comerás menos.

Repite un mantra o mantén tu conciencia centrada en la respiración mientras comes. Si cocinas tú mismo, hazlo también mientras preparas la comida. La energía del mantra se mezclará con la comida y esta te proporcionará tanto nutrientes físicos como sutiles.

ADAPTA TU VIDA SOCIAL.

Pregúntate ahora: sin llegar a descuidar a mi familia ni privarme de las interacciones normales y los apoyos sociales adecuados, ¿qué compromisos innecesarios puedo eliminar durante mi programa intensivo de meditación?

En parte es cuestión de tiempo. Puesto que solo hay un determinado número de horas al día y quieres dedicar algunas a la práctica espiritual, lo más fácil para poder disponer de ellas es quitarlas del tiempo que dedicas a las actividades sociales o el entretenimiento.

Pero existe otra razón por la que tal vez quieras examinar tu calendario de compromisos en este momento. Las personas con las que compartes tu tiempo influyen en tu estado interno de una forma muy profunda. Aunque tal vez no sea posible que te rodees totalmente de gente edificante que apoye tu práctica meditativa, sí puedes alejarte de aquellos individuos y eventos que te lleven de forma innecesaria a estados mentales agitados que dificulten tu interiorización.

Sin embargo, ¡esto puede ser un problema si las personas que te distraen son precisamente aquellas con las que vives! Tal vez tus compañeros de piso, tu cónyuge o tus hijos hagan que te resulte difícil encontrar un momento de tranquilidad. O quizá suceda que las personas más cercanas a ti se sientan amenazadas por tu práctica. Podrían pensar que te aleja de ellas. Tal vez sientan celos o piensen que la meditación es una estupidez. O puede que te den su apoyo, pero les cueste ayudarte a crear una atmósfera propicia para la meditación.

En mi etapa inicial con la meditación, fui a pasar un fin de semana a casa de una amiga. Era la década de los setenta y en aquella época la meditación a muchos les parecía algo extraño. Por la mañana, cuando estaba en plena práctica, mi amiga empezaba a lavar ruidosamente los platos en la cocina, que estaba al lado de la habitación donde yo me encontraba. «¿Todavía estás meditando?», me preguntaba de vez en cuando. Mi reacción de enfado con ella me distraía tanto como la interrupción en sí.

Incluso si tus seres queridos se muestran entusiasmados a la hora de apoyar tu práctica, sigue siendo una buena idea dedicar un tiempo a hablar de este tema con ellos. Cuéntales lo que tratas de hacer y por qué lo haces. Diles qué necesitas en lo referente al tiempo y la privacidad. Pídeles su apoyo. Después, dales la oportunidad de que te digan cómo se sienten *ellos* acerca de tu decisión y qué necesitan de ti para poder sentirse cómodos y apoyarte. Muéstrate dispuesto a comprometerte, siempre que sea razonable, en lo que sea necesario para que el programa no suponga un problema para ellos.

AJUSTA EL TIEMPO QUE DEDICAS A LA LECTURA, LA TELEVISIÓN Y EL CINE DURANTE ESTE PERIODO.

Las imágenes, ideas e impresiones de nuestra mente determinan nuestro estado de ánimo y sentimientos. Ya tienes un enorme banco de imágenes, ideas e impresiones bullendo en tu inconsciente, espesando tu conciencia y creando barreras sutiles entre tú y el mundo interior. Cuanto más despejada esté tu mente durante este programa intensivo, más fácil te resultará adentrarte en la meditación.

Muchos meditadores avanzados renuncian a leer cualquier cosa que no esté relacionada con la meditación cuando van a un retiro. Si puedes hacer lo mismo durante tu programa, tanto mejor. Sin embargo, puede que debido a tu profesión te resulte imposible ignorar el periódico de la mañana o las noticias de la noche. En ese caso, decide las lecturas mínimas que necesitas para mantenerte bien informado y trata de reducir las que te resulten innecesarias.

> *Toda esa charla, agitación, ruido, movimiento y deseo está fuera del velo; dentro del velo hay silencio, calma y paz.*
>
> ABU YAZID AL-BISTAMI[4]

Tal vez descubras que tu «ayuno» de información y entretenimiento crea tal espacio en tu mente que desees mantenerlo después del programa de tres semanas. Muchos de nosotros tenemos cierto grado de adicción a la información –a las películas, novelas y revistas–. A veces, utilizamos inconscientemente la lectura o la televisión para crear una barricada contra un sentimiento de depresión subyacente o para no analizar algunas cuestiones de la vida que queremos evitar. E incluso puede que asociemos la calma con el aburrimiento.

Pero el precio que pagamos por esa evitación es muy alto. Cuando llenamos nuestro espacio interno con ruido y color, con historias y distracciones, también nos desvinculamos de la alegría natural y de la comprensión que surge cuando simplemente estamos con nosotros mismos. Por tanto, aprovecha esta oportunidad para experimentar el poder de la calma, incluso si eso significa que tienes que escuchar el ruido mental que has estado evitando o experimentar los sentimientos enterrados que te has ocultado.

AÑADE PRÁCTICAS COMO LA REPETICIÓN DE UN MANTRA, LA CONTEMPLACIÓN O LA RESPIRACIÓN YÓGUICA DURANTE TU JORNADA.

Cada vez que tu mente no esté ocupada con el trabajo o una interacción importante —por ejemplo, cuando caminas, conduces, vas en el autobús, cocinas o limpias—, lleva la atención a tu mundo interior. Repite el mantra con el sentimiento de que estás llamando a tu Ser interior. Haz tus tareas al ritmo de tu respiración. Realiza un ejercicio de conciencia —imagina que estás rodeado de un manto de amor divino, o mira a alguien a los ojos siendo consciente de que es la misma Conciencia la que mira tanto a través de sus ojos como de los tuyos—. Camina con el sentimiento de que caminas en la amplitud. Ofrécele a Dios tus acciones por el bien de los demás, la sanación de la Tierra o el siempre presente Ser interior. A lo largo del día, en diferentes momentos, sé consciente de la Conciencia que es testigo.

EL PLAN DEL PROGRAMA INTENSIVO

El día antes de empezar

Resérvate un tiempo para estar solo y hacer el siguiente examen interior:

EJERCICIO: ANÁLISIS DE TU PRÁCTICA MEDITATIVA

Pregúntate:

¿Cuáles son los puntos fuertes de mi práctica meditativa?

¿En qué creo que podría mejorar?

¿Por qué medito? ¿Qué espero obtener de ello?

¿Cuáles son mis metas a corto plazo?

¿Cuáles son mis metas a largo plazo?

¿Cuándo he disfrutado más de la meditación?

¿Qué sucedía en mi vida en aquella época?

Mientras sigues pensando en la época en que has disfrutado más de la meditación, pregúntate si hubo algún ejercicio o actitud que contribuyeron de alguna forma a ese disfrute.

¿Qué ejercicios te han ayudado más a adentrarte en la meditación?

Dedica tanto tiempo como necesites a reflexionar sobre todas estas cuestiones y anota tus conclusiones.

A continuación, escribe en tu diario la siguiente promesa que te harás a ti mismo (puedes expresarla con otras palabras si sientes que no se adapta a ti):

Yo, (nombre), prometo hacer de mi práctica meditativa una prioridad durante las siguientes tres semanas. Ajustaré mi agenda para tener tiempo para meditar durante (número) horas al día. Durante este tiempo adaptaré mi vida de forma que mi dieta, horarios de sueño y vida social apoyen mi meditación. Ofrezco esta promesa a mi propio Ser interior y por el bien de todos los seres, y pido que el Ser supremo, que vive en mí y en todas las cosas, me dé la gracia para cumplir mi promesa.

EL PROGRAMA DE MEDITACIÓN

Durante cada sesión de meditación de tu programa intensivo de tres semanas, es recomendable que sigas siempre la misma secuencia de pasos preliminares, que se ofrecen a continuación. La secuencia está diseñada para ayudarte a salir de la conciencia mundana y ordinaria y entrar en el estado sutil de conciencia que lleva a la meditación.

Prácticas preliminares

Pon el cronómetro para que suene dentro de una hora
O el tiempo que hayas establecido.

Ofrece tus saludos
Enciende una vela. Si tienes un altar, céntrate en él durante unos minutos. Inclínate en dirección al altar o simplemente al espacio que se halla frente a ti. Al hacerlo, ten el sentimiento de que haces una reverencia a tu Conciencia interna, el espíritu supremo que está dentro de ti y del universo. Ahora, inclínate en dirección a los cuatro puntos cardinales –Norte, Sur, Este y Oeste-, moviéndote en el sentido de las agujas del reloj. A medida que haces cada reverencia, ten el sentimiento de que saludas a la divina Conciencia que reside en cada esquina del universo.

Adopta una postura
Siéntate con la espalda recta y adopta una postura relajada; asegúrate de que estás cómodo. (Ver en la página 76 los puntos básicos de la posición y el método para relajar el cuerpo con la postura.)

> *Dios actúa y se derrama en ti en el momento en que te encuentra preparado.*
>
> Meister Eckhart[5]

Formula tu intención
Formula para tus adentros una intención clara y firme. Por ejemplo: «Estoy meditando en mi Ser interior. Contemplo todo lo que surge en la meditación como una forma de Conciencia. Suelto los pensamientos y las emociones que me distraen, y me sumerjo en mi Conciencia pura (o en la energía del mantra, o en el corazón)».

Invoca la gracia del gurú
Imagina que tu gurú, gran maestro o santo con quien te sientes profundamente conectado está sentado ante ti. Siente que un rayo de energía, o una corriente de amor, conecta tu corazón con el de tu maestro. Imagina que un arroyo de gracia y bendiciones fluye desde el corazón de tu maestro hasta el tuyo.

Cuando sientas esa conexión en el corazón, háblale a tu maestro con tus propias palabras, ofrécele tus respetos y pídele sus bendiciones para entrar en la meditación profunda. Puedes pedirle sus bendiciones para meditar en la atención, sumergirte en el Ser o entrar en el corazón. Tal vez simplemente prefieras ofrecerle tu meditación a tu maestro. Siente que te escucha y accede a tu petición. Permítete recibir las bendiciones que fluyen de su corazón.

Una vez que hayas completado los pasos preliminares, puedes practicar con cualquiera de las técnicas del capítulo 4 o seguir las instrucciones que se ofrecen en la siguiente sección, las cuales son de algún modo versiones avanzadas de las expuestas en ese capítulo. Siéntete libre para probarlas o para emplear cualquier técnica que abra tu espacio interior y te ayude a profundizar. Es importante recordar que empleamos estas técnicas para aquietar nuestra energía mental, calmar los pensamientos y facilitar que nuestra atención vaya hacia el interior y se estabilice. Son puertas a la meditación y no metas en sí mismas.

Cuando el torrente de pensamientos se haya calmado y ralentizado, puedes comenzar a sentir hacia dónde quiere llevarte la energía interior. En ese punto, tal vez desees dejar la técnica y seguir los caminos internos que tu Shakti sugiere. Si surgen pensamientos, te distraes o pierdes de vista el sentimiento de la Shakti, regresa a la técnica.

Una vez que has decidido cuánto tiempo pretendes meditar en una sesión determinada, es importante que permanezcas en meditación hasta que la sesión haya finalizado. Haga lo que haga tu mente, quédate en la esterilla (está bien moverse para ajustar la postura o estirarse si no te sientes cómodo). Tu firmeza a la hora de permanecer sentado es esencial para profundizar. Crea el contenedor, la estructura dentro de la cual puede surgir el estado meditativo.

Puede suceder que salgas de tu estado meditativo una, dos o varias veces durante el transcurso de la sesión. Esto es normal. Simplemente, permanece sentado, sintoniza con la energía de tu cuerpo y regresa a la técnica o práctica que has estado usando hasta que sientas que tu atención vuelve de nuevo hacia tu interior.

Plan de prácticas meditativas para tres semanas

Para cada semana, se ofrecen de dos a cuatro prácticas. Puedes elegir una y trabajar con ella durante toda la semana, o experimentar con diferentes ejercicios. También te recomiendo que trabajes con el ejercicio de la página 151, «Invocar la orientación de la Shakti», al menos una o dos veces por semana.

Si así lo deseas, puedes grabar algunas de estas instrucciones y reproducirlas antes de la meditación.

PRIMERA SEMANA

Enfoque sugerido: Entrar en la pulsación interna.

INSTRUCCIONES DE MEDITACIÓN 1:
MEDITAR EN LA PULSACIÓN DEL MANTRA

Realiza los cinco pasos preliminares (página 227).

Comienza a repetir tu mantra, en coordinación con tu respiración. Céntrate en la energía, en la pulsación de las sílabas —no en el significado de las palabras, sino en la pulsación que hay en ellas.

Ahora, imagínate rodeado del mantra. Estás dentro de él. Puedes imaginar que hay una puerta dentro de la pulsación del mantra y entras a través de ella. O que el mantra es una nube que te rodea y te contiene en su interior.

Cuando te sientas verdaderamente inmerso en el mantra, deja las sílabas y céntrate en la pulsación de energía que estas hayan creado en tu mente. Comprende que la pulsación es el mantra. Esa pulsación de energía es la Shakti del mantra. Está llena de gracia, Conciencia divina, comprensión y amor.

Permítete descansar en la pulsación de energía. Imagina una abertura o una puerta dentro de la pulsación, y siente que te deslizas a través de ella. No es tu cuerpo el que entra en la pulsación. Eres tú como energía, como un punto de conciencia. Al entrar en la pulsación, te internas en un lugar más profundo de tu conciencia, de tu propio campo de energía.

Descansa allí. Si surgen pensamientos, comprende que son energía, Shakti.

En cualquier punto de este proceso de meditación, la Shakti de tu conciencia interna puede cambiar tu estado o guiar tu meditación de algún modo. Recuerda que las expresiones internas que surgen en la meditación —sentimientos sutiles, luces y sonidos— son expresiones de la Shakti. Mantente abierto al proceso y deja que la energía te lleve a un lugar más profundo de tu interior. Si surgen pensamientos, acuérdate de contemplarlos como pulsaciones de la Shakti. Si te distraes, vuelve a centrarte en la pulsación dentro del mantra.

Variación

Una vez que hayas centrado tu conciencia en la pulsación interna, tal vez desees pedirle a la Shakti orientación en tu meditación, como en la práctica descrita en la página 151. Al centrarte en la pulsación dentro de tu conciencia, hónrala reconociéndola como la pulsación de la kundalini. Después, pídele a la kundalini que guíe tu meditación, que te muestre cómo desea que medites o simplemente que te dé la experiencia de meditación adecuada para hoy.

INSTRUCCIONES DE MEDITACIÓN 2:
MEDITACIÓN EN EL ESPACIO DEL CORAZÓN

Comienza con los cinco pasos preliminares.

Sigue el ritmo de la respiración y céntrate en el espacio donde la inhalación se disuelve en la región del corazón y donde la espiración se disuelve fuera. Comprende que los pensamientos que surgen y se hunden están hechos de Conciencia, y deja que se diluyan en la respiración.

Hazte consciente del espacio interno del corazón. Está ubicado a unos diez o doce centímetros por debajo de la clavícula, en el interior. (Por supuesto, no es el corazón físico, sino un centro sutil de la Conciencia, un centro donde podemos experimentar el Ser interior de forma directa.) Permite que tu conciencia, junto con la respiración, se centre en el espacio interno del corazón. Sé consciente de la energía de ese espacio, la energía dentro del corazón. ¿Cómo la sientes? ¿Qué notas allí? Explora ese espacio del corazón. Mira si puedes sentir la pulsación sutil, la energía que late dentro de ese lugar. Allí están los latidos del corazón, pero hay un latido más sutil, el latido de tu energía más profunda.

Mientras tu conciencia explora el espacio del corazón, siente que hay una abertura, una puerta, dentro de la energía del corazón. Esta te lleva hacia dentro. Puedes imaginarte visualmente esa abertura, o simplemente sentir su presencia. Permite que tu atención pase hacia dentro a través de ella, y se adentre en el espacio del corazón. No es tu cuerpo el que se adentra, sino tu atención. Al descansar en ese profundo espacio del corazón, deja que tu atención se funda con la energía que hay allí.

Cuando estés preparado, imagina otra abertura dentro del espacio del corazón. Deja que tu atención pase a través de ella y se adentre más en el corazón hasta que llegues a un lugar donde tu atención quiera descansar. Descansa allí, en tu espacioso corazón. Al tomar aire, siente que inspiras pura energía consciente. Al espirar, permite que la pura energía consciente expanda la energía en tu corazón. Tu respiración es pura energía consciente. Tus pensamientos son pura energía consciente.

Durante este ejercicio puede suceder que la energía lleve tu atención a otro centro espiritual, como el espacio entre las cejas o la coronilla. Si esto sucede, permítete seguirla.

INSTRUCCIONES DE MEDITACIÓN 3:
ENTRAR EN EL ESPACIO ENTRE LAS RESPIRACIONES

Comienza con los cinco pasos preliminares (página 227).

Centra tu atención en el movimiento de la respiración.

Cuando tomes aire, siente que inspiras Conciencia pura sutil. Con cada espiración, siente que exhalas tus pensamientos.

Al final de la inspiración, fíjate en el lugar donde la respiración se disuelve en la región del corazón. Céntrate delicadamente en ese espacio, sin tensarte ni esforzarte por contener el aliento, sino simplemente notando el espacio. Del mismo modo, céntrate en el lugar al final de la espiración donde el aliento se disuelve fuera del cuerpo.

A veces, cuando practicas este *dharana*, descubres que el espacio interior y exterior se convierten en uno. Te das cuenta de que el cuerpo ya no es una barrera entre lo interno y lo externo, y puedes limitarte a descansar en ese lugar.

A medida que te centras cada vez más en el espacio entre las respiraciones, imagina una abertura al final de la espiración. Puedes visualizarla como una puerta o simplemente sentirla como un espacio abierto. Entra por esa abertura. No es tu cuerpo el que entra, sino tú como conciencia, como atención. Mantén tu atención en el espacio que sientes allí, incluso

> *Dios está mucho más cerca de nosotros que nuestra propia alma, porque él es el terreno donde se alza nuestra alma.*
>
> JULIAN DE NORWICH[6]

231

a medida que la respiración continúa fluyendo de forma natural. No tienes que retener el aliento, sino solo permitirte descansar en el espacio al final de la espiración.

Sigue adentrándote en ese espacio al final de la espiración. Medita sobre ese espacio interior. Si surgen pensamientos, recuerda que están hechos de Conciencia, de energía, de Shakti.

Después de la meditación

Dedica un rato a salir de la meditación, y siéntate el tiempo suficiente para saborear el sutil sentimiento que te queda. Si tienes tiempo, puedes tumbarte sobre la espalda en la postura del cadáver (descrita en la página 198) durante unos minutos. A veces, los frutos de la meditación llegan durante esos minutos de descanso posteriores. El cambio en el Ser que parece haberte evitado cuando permanecías sentado puede llegar por su cuenta al relajarte después de la meditación.

Cuando tu meditación haya finalizado, registra lo que has experimentado. Si las experiencias son muy sutiles, tal vez tengas que reflexionar sobre ellas un poco para encontrar las palabras que las describan. Es importante hacerlo por muy impreciso que te parezca el lenguaje a la hora de describirlas.

Ofrece tu meditación por el bien y la elevación de todos los seres.

Observa durante cuánto tiempo eres capaz de mantener la sensación de conexión con tu amplitud interna. Puedes hacerlo llevando tu atención al corazón, centrándote en la respiración o repitiendo el mantra mientras llevas la atención a la pulsación de las sílabas.

Continúa practicando estos ejercicios por la mañana y por la tarde durante el resto de la primera semana.

SEGUNDA SEMANA

Enfoque sugerido: Meditación sobre la Conciencia.

INSTRUCCIONES DE MEDITACIÓN 1:
CONVIÉRTETE EN EL CONOCEDOR

La siguiente meditación se basa en una de las prácticas básicas de autoconocimiento de la tradición Vedanta, a menudo llamada *neti neti* («esto no, esto no»). Mediante este proceso profundamente liberador nos despegamos de la identificación con el cuerpo, la mente y el ego, de forma que la Conciencia pura pueda revelarse.

Comienza con los cinco pasos preeliminares (página 227).

Sentado en una posición cómoda, sé consciente de tu experiencia de estar donde estás en este momento. Nota los sonidos que te rodean, la sensación del aire contra tu rostro, la ropa sobre tu piel. Percibe las sensaciones que acompañan al hecho de estar sentado —los muslos contra el suelo o la silla, la forma en que los músculos mantienen tu postura—. Sé consciente de los músculos de la espalda —cómo se contraen para mantener recta la columna o se relajan contra el respaldo de la silla.

Ahora percátate de las sensaciones internas de tu cuerpo. ¿Cómo sientes el estómago? Las mejillas y la frente, ¿están relajadas o tensas? ¿Alguna parte del cuerpo siente frío o calor?

Di para tus adentros: «Observo este cuerpo. Si puedo conocerlo, debe de estar fuera de mí». Di: «Soy consciente de mi cuerpo, pero no soy mi cuerpo».

Sé consciente de la respiración, nota cómo el aire entra y sale por las fosas nasales, cómo se mueve hacia abajo para expandir los pulmones. A medida que sigues la respiración, pronuncia interiormente: «Observo mi respiración. Puesto que puedo observarla, debe de estar fuera de mí. No soy mi respiración».

Fíjate ahora en la experiencia de tu propia energía. ¿Cómo es tu energía? ¿Te sientes en alerta? ¿Aburrido o soñoliento? ¿Fresco? ¿Nervioso?

Conforme observas la energía, di interiormente: «Soy testigo del estado de mi energía. Puesto que puedo observar mi energía, esta debe de estar fuera de mí. Es algo diferente a mí. No soy mi energía».

Sé consciente del flujo de pensamientos e imágenes de tu mente, los comentarios que circulan, el ruido mental. Sé también consciente de las emociones que surgen, del estado de ánimo subyacente. Observa el flujo de pensamientos y sentimientos. Observa tu estado de ánimo.

Ahora di: «Conozco mis pensamientos. Soy consciente de mis sentimientos. Soy testigo de mi estado de ánimo. Por lo tanto, son externos a mí. No soy mis pensamientos ni mis sentimientos. No soy mis estados de ánimo».

Percátate de tu sensación de ser un Yo, de tu ego. Nota cómo hay una parte de ti que se siente como un «yo» en particular, que se identifica

> *Verdaderamente, es el Infinito, sin principio ni final, el que existe como la Conciencia pura que experimenta.*
>
> YOGA VASISHTHA[7]

como alguien. Pronuncia interiormente: «Soy el conocedor de esta sensación de ser un Yo. Puesto que observo esa sensación, debe de estar fuera de mí. No soy mi ego».

Ahora, pregúntate: «¿Quién es el conocedor, el testigo del cuerpo, la mente y el ego? ¿Quién es el conocedor?».

Simplemente hazte la pregunta «¿Quién es el conocedor?» y espera a ver qué surge. Si te apetece, formula una y otra vez la pregunta, espera en silencio y vuelve a preguntar. No buscas una respuesta expresada mediante palabras o una experiencia en particular. Estás invitando al Ser, a la Conciencia que es testigo, a revelarse.

Finalmente, descansa en el conocedor. Medita como el conocedor. (A medida que experimentes con esta práctica, tal vez descubras que prefieres hacer preguntas diferentes, como «¿Quién es el testigo?» o «¿Quién soy?».)

> *Cuando te permites estar en calma, cuando te instalas en la respiración, te descubres en el corazón... Cuando te acostumbras a esta práctica, puedes limitarte a sentarte en tu esterilla de meditación y entrar en tu propio corazón, el corazón sutil, el núcleo más recóndito de tu ser.*
>
> SWAMI CHIDVILASANANDA[8]

INSTRUCCIONES DE MEDITACIÓN 2: MEDITA EN TU PROPIA CONCIENCIA

Comienza con los cinco pasos preliminares (página 227).

Centra tu atención en la respiración, siguiendo el aire que entra y sale. Con cada espiración, siente que sueltas cualquier tensión que tengas en tu cuerpo, cualquier miedo o sentimiento de limitación. Cuando surjan los pensamientos, exhálalos. Si surgen emociones, exhálalas también. Percibe el espacio interior que queda cada vez que exhalas tus pensamientos, emociones o limitaciones. Continúa exhalando tus pensamientos, tensiones, miedos y limitaciones hasta que tu mente comience a aquietarse.

Permítete percibir la Conciencia a través de la cual conoces tu cuerpo, tu respiración y tus pensamientos. Mantén tu atención en la Conciencia. A medida que surjan los pensamientos y tu atención se desplace a diferentes objetos, deja que los pensamientos y los objetos se vayan con la respiración y céntrate en la Conciencia.

Después de la meditación

Sigue las instrucciones ofrecidas para la primera semana.

TERCERA SEMANA

Enfoque sugerido: Meditación devocional.

Haz los cinco pasos preliminares (página 227) y después realiza una de las siguientes técnicas.

INSTRUCCIONES DE MEDITACIÓN 1:
INSPIRAR AMOR

Comienza por ser consciente de la presencia de una ternura esencial, una suavidad, una bondad amorosa en la atmósfera que te rodea. (Puedes hacer esto preguntando: «¿Está el amor presente?».) El amor con el que aquí sintonizas no es una emoción. Sintonizas con la ternura de la vida hacia la vida, la cualidad amorosa natural de la Presencia, la intención benévola y afectuosa que fluye por el universo y da vida.

Permite que tu atención se centre en la respiración, en el aire que entra y sale. Siente que inspiras amor como si fuera una sensación dulce y tierna que fluyera desde el propio aire. Al inhalar, percibe que esa ternura amorosa envuelve tu cuerpo. Al exhalar, permite que fluya a través de todo tu cuerpo y salga a la atmósfera.

INSTRUCCIONES DE MEDITACIÓN 2:
REPETICIÓN DEVOCIONAL DEL MANTRA

Repite tu mantra con uno de los siguientes *bhavanas*:

Ten el sentimiento de que le ofreces el mantra al Amado dentro de tu corazón o de que lo dejas caer en el corazón de Dios.

Imagina que cada repetición del mantra es una flor que le ofreces al Amado en tu corazón.

Al repetir el mantra, siente que es Dios, tu propio Ser divino, quien lo repite.

INSTRUCCIONES DE MEDITACIÓN 3:
DESCANSAR EN EL CORAZÓN DIVINO

Centra tu atención en la respiración y, con cada inspiración, lleva tu conciencia al espacio interno del corazón. No se trata de tocar el corazón físico, sino el centro sutil situado en el pecho, en el lugar donde la inspiración termina de forma natural.

> ¿Qué es el cuerpo? Esa sombra de una sombra de tu amor que, de alguna forma, contiene el universo entero.
>
> RUMI.[9]

Como si se tratara de un mantra, di suavemente para tus adentros «Mi corazón es el corazón de Dios» o «Mi corazón es el corazón del universo». Cada vez que repitas esas palabras, párate y descansa en el espacio que crea en ti el pensamiento de que tu corazón es el corazón de Dios, el corazón del universo. Siente que descansas en el corazón divino. Si surgen pensamientos, deja que se disuelvan en el espacio del corazón divino.

CAPÍTULO 13

El proceso de maduración

Gran parte del trabajo de la meditación se produce de un modo soterrado, en su mayoría imperceptible. Esta es una de las razones por las que medimos nuestros progresos no tanto por lo que sucede durante una sesión de meditación en particular, sino por las formas sutiles en que la práctica continuada de la meditación cambia nuestros sentimientos sobre nosotros mismos y el mundo. En caso contrario, nuestra experiencia diaria de la meditación a menudo no parece seguir una progresión discernible. Con frecuencia es como moverse a través de diferentes patrones climatológicos.

Si observas un mapa del tiempo, puedes ver que está marcado con colores y espirales. En la zona azul, hay lluvias; en la roja, brilla el sol. La zona verde se enfrenta a tormentas tropicales, y la amarilla muestra una tormenta de nieve impropia de la estación. Con frecuencia, la meditación parece algo similar. Diferentes patrones climatológicos parecen sucederse uno tras otro. Un periodo de meditación profunda puede ir seguido de una etapa de agitada tormenta en que la mente no consigue calmarse, y todo eso después de una especie de fase gris en la cual la meditación parece bastante superficial, o un periodo en el que sientes cierta resistencia a meditar.

Puedes tener un día o una semana de gran dicha y claridad. Después, al día siguiente, te quedas atascado en determinadas emociones densas. Sientes el corazón seco; la mente, espesa y opaca. Un día tienes una experiencia completa del testigo, y al siguiente tu mente se niega a abandonar los pensamientos. El martes, sales de la meditación resplandeciente, en sintonía con tu mundo. Piensas: «La meditación es maravillosa; hace mi mente más aguda». El miércoles te sientes tan torpe o ausente que no puedes evitar pensar: «¿Es posible que la meditación me esté haciendo perder la memoria?».

> ¿Recuerdas cómo tu vida anhelaba, desde la infancia, lo grande? Yo veo que ahora, desde lo grande, anhela lo que es todavía mayor. Es por eso por lo que no deja de ser difícil, pero también por eso no dejará de crecer.
>
> RAINER MARIA RILKE[1]

¿Por qué es así? No es porque la meditación cambie, sino simplemente porque, como hemos visto, nuestro viaje hacia el interior siempre nos lleva a través de diferentes capas o terrenos de nuestra Conciencia interna. Mi gurú solía sorprenderme a veces con su insistencia a la hora de ver bajo una luz positiva todo lo que le contaba. Le decía: «Me siento extasiada», y él me respondía: «Muy bien». O: «Siento mucha tristeza», y él me contestaba de nuevo: «Muy bien». Le hablaba de una visión o de una avalancha de pensamientos, o del sentimiento de que no sucedía nada en absoluto, y me decía: «Muy bien». A veces, impaciente por un análisis o desconfiando del proceso, me preguntaba si realmente entendía lo aburrida que era esa nada o lo especial que era mi visión.

Según pasaron los años y nosotros, sus alumnos, atravesamos diferentes fases del universo interno, comenzamos a entender qué quería decir —en otras palabras, a reconocer que realmente todo estaba muy bien—. Cuando más interiorizábamos en el reconocimiento tántrico de que la conciencia humana está irrevocablemente teñida de la tonalidad divina, más experimentábamos cómo esas burbujas y olas de sentimientos, pensamientos e imágenes se disolvían con el tiempo en el tejido subyacente de la Conciencia, cuya esencia es amor. ¿A dónde, entonces, podían ir a parar esos pensamientos, imágenes y sentimientos sino de vuelta a la Conciencia de la que están hechos? Y —para mí, este era el milagro— a medida que salían en la meditación y podían apagarse, el tejido interno de mi conciencia se iluminaba, se volvía más libre, más juguetón, menos volátil. Más puro.

Con el tiempo, llegué a entender que lo más importante era seguir meditando, porque el propio proceso de meditación en sí mismo me llevaría a lo que necesitaba experimentar hasta pasar al otro lado. Uno de los principios más importantes de la vida espiritual es «seguir moviéndose». Nuestras estructuras de creencias y miedos –aquellos que siempre acechan en los lugares más recónditos de nuestra mente personal– pueden bloquearnos si dedicamos demasiado tiempo a pensar y a preocuparnos de nuestras experiencias. La reflexión es necesaria. Pero tratar de averiguar los porqués y las razones de lo que experimentamos, o dejarnos asustar o desanimar por una sensación extraña o un determinado estado de ánimo (o, al contrario, dejarnos llevar por el entusiasmo ante una experiencia «elevada»), puede bloquearnos en uno de nuestros conceptos restrictivos. La única solución es seguir avanzando. La propia Conciencia corregirá cualquier desequilibrio que sientas. La propia meditación te mostrará lo que necesitas saber. Es un proceso y, por lo tanto, se encuentra en evolución.

> En esta práctica, ningún esfuerzo se pierde. Incluso un poco de esta práctica lo protege a uno de un gran miedo.
>
> BHAGAVAD GITA[2]

Cuando un piloto vuela de Nueva York a París, no sigue siempre la ruta con exactitud. La ajusta continuamente, siempre corrige pequeñas desviaciones. De modo que su pauta de vuelo puede describirse como un proceso de rectificación –hasta que finalmente llega a su destino–. Nuestro proceso interno es muy similar: un proceso de equilibrio constante. El progreso espiritual no es, como a veces imaginamos, una línea recta, sino más bien en zigzag, dos pasos hacia delante y uno hacia atrás. Sin embargo, si nos mantenemos en él con firme determinación, llegamos a nuestro destino.

MADURACIÓN

El despliegue interior lleva su tiempo. Esta es simplemente una de las grandes verdades de la vida espiritual. No podemos acelerar el proceso del despertar por mucho que lo deseemos. Por otra parte, una vez que comenzamos, podemos confiar en que nuestro proceso interno se desplegará.

A veces queremos asaltar el mundo interior, como los primeros discípulos de Ramakrishna, que se despertaban y decían: «¡Otro día que se ha ido y todavía ninguna visión de Dios!». Llenos de aspiraciones y anhelos, no podemos entender por qué el universo interior no se abre a nosotros inmediatamente.

En otros momentos, nos preguntamos si alguna vez aprenderemos a mantener la mente en calma durante más de cinco minutos. Nos desanimamos porque los «malos» pensamientos que creemos que tendríamos que haber eliminado siguen con nosotros. Olvidamos que gran parte del proceso de la meditación tiene que ver con la autoconfrontación, el autorreconocimiento y el humillante encuentro diario con la brecha entre lo que somos y lo que queremos ser.

Cuando plantas un melocotonero, este tiene su estación para brotar. Crece durante varios años, da hojas y después flores. Y cuando alcanza cierto punto de maduración, da frutos. El tiempo que necesita para ello depende de varios factores –el suelo, el clima, el tipo de árbol y la calidad del agua–, pero, finalmente, el árbol dará frutos y, una vez que lo hace, los dará año tras año. El crecimiento espiritual es exactamente igual. Para la mayoría es un proceso lento y gradual, una cuestión de maduración. Lleva su propio ritmo. No sabemos cuándo dará sus frutos. Todo lo que sabemos es que los dará.

Déjame darte un ejemplo más personal. En el capítulo 1 describí una de las experiencias más significativas de lo que yo llamaría la apertura de mi corazón. De hecho, fue una fase de un proceso que duró años. Tras la intensa dulzura de las tempranas experiencias que tuvieron lugar después de ese despertar, entré en una fase en la que, cada vez que me sentaba en meditación, sentía una energía dura y casi dolorosa alrededor de mi corazón. Ocasionalmente, el caparazón que cubría mi corazón parecía disolverse y me encontraba en un campo interior de dulzura, aunque, sin embargo, me pasaba la mayoría de las horas de meditación cara a cara con ese muro que rodeaba mi corazón. Llegué a tomármelo como un hecho, a aceptar esa sensación espinosa de energía interna que presionaba la región del corazón. Repetía el mantra, me centraba en la respiración y con frecuencia me adentraba bastante en un estado de amplia quietud expansiva. Pero el caparazón que rodeaba a mi corazón se mantenía firme en su sitio.

Durante esa época, solía rezar intensamente para sentir más amor y para que mi corazón se abriera totalmente. No obstante, esto nunca sucedía durante más de unas pocas horas o, como mucho, unos días. Era terriblemente frustrante.

Después, tras casi diez años de dura práctica, un día me di cuenta de que, sin haber percibido lo sucedido, mi corazón se había vuelto más suave. La energía ya no era dura ni dolorosa. Gradualmente, durante los años siguientes, el sentimiento de suavidad y apertura en el corazón siguió creciendo. En la actualidad, mi experiencia normal y cotidiana es una especie de dulzura sedosa y tierna alrededor del corazón que se intensifica durante la meditación y se convierte en lo que solo puedo describir como una sensación de amor dorado.

En retrospectiva, desde luego, puedo entender por qué este proceso me llevó tanto tiempo. Abrir el nudo del corazón no es un asunto sencillo para nadie. Tenía muchas, muchísimas, capas de armaduras alrededor de mi corazón, capas que tenían que ser retiradas una a una —que todavía se están retirando, puesto que con frecuencia solemos reemplazar una modalidad de armadura por otra—. Estas profundas transformaciones internas necesitan muchos elementos, entre ellos una tremenda configuración de gracia, esfuerzo personal y puro trabajo. Esa transformación en particular requirió años de práctica interna, meditación diaria constante y salmodias. También actos de servicio, mucha oración y el propio proceso de la vida —el trabajo interno de las relaciones, de las exigencias de vivir en una comunidad, de hacer el trabajo que me gustaba y el que no me gustaba, de conseguir lo que quería y de no conseguirlo.

El imponderable e inestimable trabajo oculto de la gracia manejó, propulsó e hizo esto posible. Al trabajar en mi práctica y las situaciones que pulían mi corazón, la gracia gradualmente limpió e hizo más sutil mi campo interno de energía. Cayeron capas para que pudiera sentir la dulzura de lo que reside detrás de ellas. Lo sutil se fortaleció para que mi cuerpo pudiera soportar más energía. Más que eso, durante ese tiempo esa energía interna amorosa, la energía de la gracia, alivió y sanó muchas de mis heridas emocionales, los lugares crudos que todos conservamos en nuestro corazón, a fin de que finalmente pudiera deshacerme del caparazón que había construido para proteger aquel lugar herido de mi interior. Entonces, pude sentir y expresar el amor que había allí.

Todo el proceso se vuelve más misterioso cuando me doy cuenta de que incluso aunque digo «yo» solté, la verdad es que no lo hice. *No podía soltar.* El acto de soltar es algo que simplemente sucedió. Sucedió en el momento preciso, y duró lo que tenía que durar.

El proceso de maduración es así. Nuestra práctica crea el ruedo que permite que se produzca. Pero las transformaciones, los cambios internos y las aperturas, ¿cómo se producen? De una forma tan natural y sutil que, cuando el proceso ya está hecho, con frecuencia sentimos que nuestros esfuerzos no tuvieron nada que ver con el cambio. Sin embargo, es la interacción de nuestros esfuerzos con la gracia lo que hace que el cambio sea posible.

> *¡Saludo al Ser! Saludos a mí mismo, ¡la Conciencia no dividida, la joya de todos los mundos visibles e invisibles!*
>
> YOGA VASISHTHA[3]

Tal vez por esa razón es una buena idea preguntarte periódicamente: «¿Cómo me he transformado desde que comencé a meditar?». Puedes buscar los cambios en cómo te sientes contigo mismo, en tu carácter, en la forma que tienes de relacionarte con los demás y en tu manera de trabajar. Busca, también, modificaciones más sutiles en tu esfera interna, en la claridad de tu mente, en el flujo de tu energía. Registra por escrito lo que descubras y tómate también un tiempo para honrar tu propio proceso y el poder que opera en tu meditación.

EPÍLOGO

Dejar que la danza
interna se despliegue

El propósito de este libro y de toda la experiencia de la meditación es ayudarte a establecer una relación más profunda contigo mismo. Los principios y las disciplinas contenidos en estas páginas —el compromiso de meditar todos los días, llevar el diario y abordar la meditación con una intención consciente y respeto— no se ofrecen como ritos que han de seguirse, sino como claves que acelerarán tu proceso. Han sido diseñados para crear una estructura dentro de la cual puedas comenzar a volar. Todas las instrucciones deben considerarse plataformas de lanzamiento para tu exploración interna, vehículos con los que la kundalini puede dirigir tu práctica. Cuanto más tiempo inviertas en ellos —y en cualquier práctica-, junto con tus sentimientos, intención e inspiración, más energía desplegada se alzará y danzará en tu ser, y más te inspirará esta.

De manera que cuando veas que surge la inspiración o se te presentan nuevas formas de meditación, contémplalas como regalos de la Shakti. Si te sientes atraído a meditar en lugares diferentes a los acostumbrados o en horarios extraños, cede a ese impulso y contempla su efecto. Deja que el hilo de la meditación se abra camino a su manera en tu vida y observa cómo te sientes.

Estas prácticas pueden marcar una pauta para el resto de tu vida como meditador, especialmente si recuerdas que lo que buscas en la meditación es tu propio Amado, tu propia inteligencia interna, tu propia Conciencia, tu propia Verdad. Aquel que vive en tu interior se revela de muchas maneras diferentes. Danza bajo la forma de la energía sutil que se concentra en tu cuerpo cuando cierras los ojos. Late en la respiración y se eleva como el entendimiento de que esta se produce como consecuencia de una fuerza mayor. Está ahí como un sentimiento de amor o suavidad que entra a hurtadillas cuando relajas tus músculos tensos, como la presión de tu frente y como la conciencia de la Conciencia. Llega como el sentimiento de paz en la quietud interna, como la comprensión de tu propia magnificencia, como el pensamiento más elevado sobre ti mismo que puedas albergar y como la comodidad que sientes cuando exhalas tus tensiones.

Incluso cuando sientes tu energía tensa, irregular, opaca o dolorosa, incluso cuando los pensamientos y emociones dan vueltas como remolinos en tu espacio interior o el aburrimiento se asienta como un poso de fango en tu corazón, está ahí en el fondo de tu agitación y detrás de los sentimientos, las memorias y las sensaciones. Está en cada momento de tu meditación; es tu amigo interno, tu amante y tu Ser.

Sigue buscándolo; búscalo, búscala, busca Eso —sin olvidar que aquello que buscas es lo que ya eres—. Cuando sientas esa presencia, permítete estar con ella. Es más, permítete ser ella. Medita sobre tu propio Ser, aquel que siempre está ahí contigo, aquel que te sostiene en su tranquilidad, aquel que siempre está meditando sobre ti.

Que la práctica de tu meditación se despliegue con gozo en todas sus etapas y te lleve, una y otra vez, a tu propio corazón, el Corazón del universo, el Ser supremo.

Kundalini

«Tu vida sola, gran Madre, es el aliento de cada criatura»,[1] escribió Ramprasad, el poeta bengalí del siglo XIX. Su frase toca el misterio de la kundalini Shakti, el poder interior que muchos textos yóguicos describen como la fuerza que se halla detrás del crecimiento espiritual. La kundalini es un misterio, una fuente tanto de fascinación como de confusión, y el tema central de una de las ramas más esotéricas de la literatura espiritual. Es también una energía muy palpable –aunque sutil– que podrás empezar a reconocer a medida que tu meditación evolucione.

La kundalini, mencionada en textos yóguicos de la India que se remontan al siglo VI de nuestra era, también se describe en el manual de yoga taoísta *El secreto de la flor dorada* y en muchos textos claves del yoga tibetano. En la actualidad, textos tradicionales de kundalini yoga como *Shiva Samhita* y *Hatha Yoga Pradipika* pueden encontrarse en librerías en Internet, junto a otros manuales contemporáneos y libros de mayor difusión sobre este tema. Muchos de los que llevan bastante tiempo meditando, especialmente aquellos que han sido iniciados por maestros de ciertos linajes indios y tibetanos, han experimentado la kundalini durante el transcurso de su práctica. Sin embargo, en muchos textos clásicos a menudo se habla de la kundalini, al menos en principio, como si fuera una energía casi mecánica, una energía susceptible de ser manipulada, que uno puede aprender a controlar y que también se nos puede ir de las manos.

No obstante, la kundalini es mucho más que eso, y aquí radica tanto su fascinación como su misterio. Como asegura el estudioso francés Jean Varenne en su libro *El yoga y la tradición hindú*: «La kundalini es la Shakti, el poder divino encarnado en el cuerpo e inextricablemente implicado en su destino».[2] Los sabios que compilaron los tantras hindúes, textos yóguicos en los que se invoca y celebra la kundalini, la contemplaban como una forma interna de divinidad femenina, la diosa, que nos ofrece el regalo de la conciencia espiritual.[3] Como afirma un verso del *Niruttara Tantra*: «Sin el conocimiento de la Shakti, la liberación es inalcanzable».[4]

En la tradición tántrica, el nombre kundalini —que significa «enrollada»— es una más de las denominaciones que recibe la energía creativa cósmica, la Shakti o el aspecto poderoso de lo divino; y para entender cómo funciona dentro del cuerpo humano, necesitamos comprender esa faceta básica de su naturaleza. Esta tradición, en la que se inscriben los textos del shivaísmo de Cachemira, describe la realidad suprema como una pareja inseparable conocida como Shiva/Shakti. Frecuentemente personalizados en la mitología como una pareja divina, Shiva y Shakti representan los dos polos complementarios de un sola realidad divina intacta. Shiva es el terreno en calma, la Conciencia pura que es testigo y contiene todo lo que es. Shakti es el poder creativo dinámico inherente a la realidad, el poder que, según esta tradición, manifiesta universos de libertad dichosa. Como se afirma en *Pratyabhijna Hrdayam*: «La Chiti [un nombre de la Shakti] supremamente independiente es la causa de la manifestación, el mantenimiento y la reabsorción del universo. Lo manifiesta sobre su propia pantalla».[5] La Shakti, entonces, es la energía que se convierte en todo lo que hay en el universo —y más allá del universo—. Se transforma en sí misma, el terreno creativo primordial dentro del cual todo lo transformado se manifiesta. No hay nada en este universo o más allá de él que *no* sea Shakti, y, por lo tanto, nada que no tenga conciencia, puesto que la Shakti es, por encima de todo, consciente, viva y sensible. Esta es una noción radical, aunque fácil de captar si tienes algún conocimiento de física cuántica.

Los textos del shivaísmo de Cachemira nos dicen que la Shakti se transforma en el universo mediante un proceso de contracción –la energía infinitamente sutil, vasta y sin forma se solidifica en materia, de un modo parecido al vapor que se condensa para formar agua y después hielo. Cuando la energía cósmica se contrae, oculta su verdadera naturaleza y se esconde detrás de la pantalla de las formas –y se identifica a sí misma con formas particulares, cuerpos y egos–.Cuando la Shakti se contrae, el ser humano –que en esencia es Conciencia pura y libre– se identifica con su cuerpo, mente e historia personal. Por tanto, no puede saber la verdad sobre sí mismo.

Este es un punto esencial en la cosmovisión tántrica: el propio poder que ha manifestado las formas de este mundo trabaja dentro de nosotros para llevar nuestros sentidos hacia fuera y crearnos la ilusión de la individualidad, de que estamos separados de los demás. Por lo tanto, no puede haber ninguna experiencia de unicidad a menos que este poder dé su consentimiento, por así decirlo, para llevar a la mente hacia el interior y revelar la esencia que se esconde detrás de las formas.

Cuando nos encontramos en este estado de contracción y limitación, se dice que la kundalini se halla «dormida». En este estado, nuestra energía está atada en la identificación con las limitaciones del cuerpo, la mente y la historia personal –la condición llamada «ego» o autocontracción–. Lo que llamamos «el despertar de la kundalini» es, de hecho, la inversión de esta tendencia de la energía a contraerse, de modo que, en lugar de ocultar la verdad de que somos pura energía, luz y dicha, la kundalini despertada comienza a *revelarla*. Pero, primero, el cuerpo humano tiene que prepararse para experimentarse a sí mismo como Conciencia pura. De otra forma, nuestra densidad física, nuestros bloqueos físicos y psicológicos, y nuestros bloqueos emocionales, distorsiones y miedos hacen que nos resulte imposible contener el nivel de energía que la kundalini expandida liberaría en nuestro sistema.

Así que, en general, cuando tiene lugar el despertar, la energía que ha llevado a nuestra mente y sentidos hacia fuera, dándonos la experiencia de la separación y la diferencia, ahora comienza a facilitar el movimiento hacia el interior y la unidad. La energía se mueve a través del cuerpo físico, así como del sistema sutil, y los purifica, elimina toxinas del sistema, disipa bloqueos emocionales, hace la mente sutil y le da el poder del centrarse interiormente.

La kundalini trabaja mediante el *prana*, la fuerza vital del cuerpo, y a través de los canales del *prana* o *nadis*. Muchas tradiciones yóguicas describen su acción como un movimiento de elevación en el que la energía fluye hacia arriba a través de un canal sutil llamado *sushumna nadi*, que va desde la base de la columna hasta la parte superior de la cabeza dentro de nuestro sistema sutil o energético. Pero también fluye con la fuerza vital *por todo* el cuerpo, eliminando bloqueos del sistema nervioso físico así como de los canales energéticos. Cuando la kundalini trabaja dentro del organismo, crea una gran variedad de efectos físicos y psicológicos —en el capítulo 9 he hablado de algunos de estos efectos físicos; en los libros detallados en la secciones «Notas» y «Lecturas recomendadas» podrás encontrar más información sobre otros.

Psicológicamente, la actividad de la kundalini le otorga un enorme poder a cualquier práctica o disciplina que realicemos —tanto meditación como yoga, psicoterapia, arte o trabajo de autoayuda—. Este poder puede sentirse como la sensación directa de estar bendecido, inspirado o transformado desde el interior a medida que los miedos se desvanecen y surgen emociones más elevadas como la valentía y el amor. La kundalini puede aumentar drásticamente tus aspiraciones espirituales y tu capacidad de práctica. Por otra parte, también ayuda a que surjan emociones o memorias enterradas, lo que te permite poder enfrentarte directamente a ellas. Y lo que es más, la energía despertada apoya cualquier práctica que utilices para limpiar tus bloqueos psicológicos, creencias y traumas personales, de manera que cualquier tipo de trabajo de autoayuda, así como cualquier práctica espiritual, produce resultados más rápidamente.

Para mí, al igual que para muchos otros, el cambio más espectacular que he observado a raíz del despertar de mi kundalini fue una importante profundización en mi práctica meditativa. Algunas prácticas que llevaba tiempo realizando, y cuyos resultados eran más bien pobres, comenzaron a abrir esferas en mi mente y en mi corazón que no había experimentado antes. El estado meditativo empezó a surgir espontáneamente, junto con algunas percepciones espirituales y un nuevo nivel de comprensión filosófica, creatividad y franqueza. Al mismo tiempo, hubo periodos de agitación afectiva en los que ciertas heridas emocionales que llevaban mucho tiempo enterradas salieron a la superficie —y tuve que aprender a trabajar con ellas, por ejemplo, sin exteriorizar un arrebato de rabia, perderme en la tristeza o creer que un sentimiento de enamoramiento anunciaba necesariamente la conexión con mi alma gemela.

Si eres lo que los textos denominan un aspirante «mundano» medio —es decir, un practicante que no ha pasado por las rigurosas disciplinas de las escuelas yóguicas— es normal que la kundalini al principio trabaje a nivel físico y psicológico. Muchos escritores de Occidente, siguiendo a Carl Jung, asocian estos cambios psicológicos con el movimiento de la kundalini a través de los chakras. Sin embargo, los textos más tradicionales consideran que la apertura de los chakras es un movimiento separado de la kundalini que se produce simultáneamente con el proceso de purificación física y psicológica, y que con frecuencia solo tiene lugar cuando esta purificación ya ha alcanzado cierto nivel.

En este proceso, llamado *vedha mayi*, o penetración de los centros, la kundalini se mueve a través de los chakras o centros espirituales que están a lo largo del *sushumna nadi*; los abre y así abre las puertas a las dimensiones místicas de la experiencia. Con el tiempo, cuando la kundalini se estabiliza en el chakra de la parte superior de la cabeza, el practicante experimenta la unión —la unidad con todas las cosas—. Poco a poco, esta experiencia comienza a impregnar la actividad de los sentidos externos, permitiendo la experiencia ininterrumpida de la conciencia de unidad.

LA KUNDALINI Y LAS TRADICIONES

Puesto que la kundalini es un poder universal, místicos de todas las tradiciones y aquellos que no se harían llamar místicos han sentido —y registrado— sus efectos. Los éxtasis, visiones, percepciones y comprensiones místicas descritos por los místicos cristianos como Santa Teresa de Ávila o Hildegarda de Bingen, los místicos judíos como Baal Shem Tov y los practicantes sufíes, taoístas y budistas concuerdan con las experiencias descritas en los textos yóguicos sobre la kundalini despertada. Las escrituras del budismo vajrayana, así como algunas de la tradición hermética de Occidente y la cábala, se asemejan en las descripciones de la kundalini que pueden encontrarse en los tantras hindúes. Elaine Pagels, en *Los evangelios gnósticos*, cita un antiguo texto del cristianismo gnóstico que dice: «En cada ser humano mora un poder infinito, la raíz del universo. Ese poder infinito existe en estado latente en cada uno».[6]

Los autores cristianos utilizan el término «Espíritu Santo» para hablar de esta energía espiritual. En la tradición china recibe el nombre de *chi* interno; en la japonesa, *ki* interno, para distinguirlo de la energía física externa. Los bosquimanos ¡kung hablan de una poderosa energía sutil llamada n/um,[7] mientras que los hopi del suroeste americano describen la columna vertebral humana como un eje que contiene varios centros vibratorios.[8] Estos centros coinciden con el sistema de chakras del kundalini yoga.

En los textos yóguicos de la India, la kundalini se representa a menudo como una serpiente. Sir John Woodroffe, el primer estudioso occidental que escribió extensamente sobre la tradición india del kundalini yoga, se refirió a la kundalini como la serpiente poder. Importantes textos del antiguo Egipto y la tradición celta asocian la imagen de la serpiente con las antiguas religiones de la diosa. Algunos escritores contemporáneos de la tradición cabalística han señalado que la serpiente del jardín del Edén podría estar relacionada con la kundalini y la iniciación al conocimiento más elevado. Carlos Suarès, en *Las cifras del Génesis*, explica cómo la cábala se refiere a la serpiente que se aparece a Adán y Esha (Eva) en el jardín del Edén como la resurrección del Aleph, el principio de todo lo que es y no es, desde su sepultura en la tierra.[9] Según esta tradición, cuando la serpiente aparece, Adán y Eva están emergiendo de un estado de profunda inconsciencia. Su tarea es despertarlos para que comiencen su viaje de evolución. Un texto cabalístico afirma que cuando la voz de Dios le pregunta a Eva sobre este suceso, ella en realidad no responde: «La serpiente me engañó», sino que le explica que la serpiente ha mezclado su fuego terrenal con su fuego celestial perdido, el cual ha vuelto de nuevo a la vida.

> *Explora la vida que es la vida de tu forma presente. Un día descubrirás que no es diferente de la vida del Ser Secreto, y tu corazón cantará himnos triunfantes de estar en su hogar en cualquier sitio.*
>
> LOS SUTRAS DE LA REFULGENCIA[10]

DESPERTAR LA KUNDALINI

¿Cómo, entonces, se despierta la kundalini? Los textos occidentales nos dicen que esto puede producirse de una de las cuatro formas siguientes: espontáneamente, quizá como resultado de las prácticas realizadas previamente; a través de ciertas posturas de *hatha yoga* y ejercicios de respiración;* empleando la meditación concentrada, la devoción y la oración; o mediante la transmisión de energía por parte de un gurú. Los textos tradicionales sostienen que la forma más natural y segura de despertar la kundalini es mediante la transmisión de energía por parte de un gurú cuya kundalini se encuentre totalmente desplegada. Este proceso, llamado *shaktipat* en la tradición de *yoga shaiva*, es poco frecuente pero extremadamente efectivo. Cuando el gurú activa la energía, se crea una conexión entre él y el alumno gracias a la cual la energía se regula y orienta automáticamente.

Cuando la kundalini se despierta mediante otros métodos –a través de la práctica o de forma espontánea– sigue siendo importante contar con la orientación y el consejo de maestros experimentados. Un maestro competente puede ayudarte a trabajar con la energía despertada y a comprender el significado de tus experiencias y movimientos espontáneos. En la mayoría de las personas, la energía trabaja según el grado de preparación y las necesidades; sin embargo, si el despertar ha sido fuerte y el individuo no está preparado o ignora el proceso, los miedos y la falta de comprensión pueden provocar problemas si no se cuenta con la guía adecuada. Esto es especialmente cierto en el caso de individuos psicológicamente inestables. Aunque la kundalini despierta ayuda a curar los desequilibrios psicológicos, también puede exacerbarlos. Quienes padezcan este tipo de desequilibrios deben continuar con sus pautas terapéuticas, tomar su medicación en caso de que la precisen y recibir asesoramiento.

Sin embargo, para un practicante medio, la kundalini es una poderosa ayuda. La energía despertada da impulso a cualquier práctica que realice, de modo que incluso la práctica más sencilla puede aportar comprensiones profundas a medida que hace su trabajo. Esto es especialmente cierto cuando el practicante comprende la naturaleza de la

---

*. Los maestros tradicionales a veces advierten a sus alumnos de que si para activar la kundalini practican *hatha yoga* y *pranayama* de un modo demasiado enérgico, corren el riesgo de que se produzca un despertar parcial repentino que puede resultar perjudicial. Por esta razón, es importante realizar estas prácticas solo bajo la supervisión de un guía experimentado.

energía. No obstante, es importante que mantenga una actitud práctica y experimental y sienta cómo su sistema responde a ella.

A continuación, ofrezco algunas pautas para trabajar con la kundalini cuando se despliega.

Actitudes que apoyan el despliegue de la kundalini

Primero, comprende que la kundalini es tu propia energía vital –no algo impuesto desde el exterior–. Por lo tanto, cuando trabaja en tu interior, trabaja en todo tu sistema, y en circunstancias normales procesará y purificará al ritmo adecuado para tu constitución y preparación.

Segundo, reconoce que la kundalini no es simplemente una energía personal o física. Es nuestra porción personal, por así decirlo, de la divina energía creativa del universo. Cuanyo más entendamos esto y más apreciemos y respetemos la calidad cósmica de la kundalini, más amable será nuestra experiencia de ella. En el capítulo 8 describí cómo, cuando adoptamos una actitud respetuosa hacia la kundalini, la propia energía comienza a guiarnos y enseñarnos desde el interior. Todos necesitamos desarrollar nuestra propia relación con la energía y aprender a distinguir la orientación de la kundalini de las distintas voces de la mente egotista. Con el tiempo, con la atención y la retroalimentación adecuadas, podemos empezar a reconocer el trabajo de la kundalini en nuestro interior, y es entonces cuando aprendemos a relacionarnos con ella.

En tercer lugar, la dieta y el ejercicio son un aspecto importante del trabajo con la kundalini. Tradicionalmente, una dieta rica en proteínas, frutas y verduras ayuda a nutrir la energía. Cuando esta trabaja intensamente, las fragancias dulces y refrescantes como el sándalo pueden ayudar a asentarla. También puede ayudar el ejercicio vigoroso. Es importante comer de forma regular –tres comidas ligeras al día– cuando la kundalini trabaja intensamente, porque la energía puede consumir los nutrientes si no la alimentamos de forma adecuada. Cuando sucede esto, podemos perder peso y sentirnos débiles o descentrados. Las plantas medicinales tonificantes, tanto chinas como ayurvédicas, pueden ser de ayuda, al igual que acordarse de ingerir más proteínas. Por otra parte, la alimentación disciplinada permite que la energía trabaje con dinamismo –si comes en exceso, apagarás la energía.

Con disciplina y comprensión, la kundalini espiritualizará tu vida de múltiples formas. El resultado supremo de la práctica con la kundalini despertada es la experiencia de la unión: la unión de la conciencia humana con la vasta Conciencia de la cual forma parte o, como dicen los textos yóguicos, el reconocimiento de que no hay separación entre nosotros y el Todo. En este estado, el Ser se conoce a sí mismo y comprendemos nuestra verdadera identidad como Conciencia ilimitada —mientras nos regocijamos en nuestra particularidad única, nuestro lugar en la danza cósmica—. Este es el estado de la no dualidad, en el cual podemos experimentar la diversidad del *multiverso* y reconocer al mismo tiempo que nada en él difiere de la Conciencia.

APÉNDICE 2

Guía para la
resolución de problemas

Los obstáculos son importantes. B. K. S Iyengar, maestro de *hatha yoga* y autor del clásico *Luz sobre el yoga*, ha afirmado que muchas de sus innovaciones en la práctica del *hatha yoga* terapéutico surgieron mientras trabajaba con sus propios obstáculos y lesiones, que le enseñaron cómo funciona el cuerpo. Los obstáculos son nuestros maestros y la meditación, el laboratorio perfecto para aprender de ellos. La mayoría de los bloqueos internos que surgen cuando meditamos son variaciones de los obstáculos que ya conocemos. El miedo, la frustración, la torpeza y la distracción nos inundan no solo en la meditación, sino también en el trabajo, en el amor y en nuestra vida familiar. Esto sucede porque hemos aprendido a ignorar estos sentimientos, a distraernos o, de alguna forma, a evitar confrontarlos. Sin embargo, cuando nos sentamos en la esterilla de meditación, nuestras tendencias y bloqueos se sientan frente a nosotros y nos desafían a que los miremos a los ojos.

Afortunadamente, en tu meditación no te enfrentarás a ningún bloqueo, obstrucción o desafío al que no se haya enfrentado antes algún maestro. Tenemos mucha suerte de que estos hombres y mujeres tan decididos hayan viajado antes que nosotros por el sendero interno y nos hayan dejado escritos acerca de lo que hicieron cuando se encontraron con los problemas que ahora nosotros afrontamos. Las siguientes preguntas provienen de alumnos de mis clases de meditación. Las respuestas están basadas en los consejos de mis maestros, así como en mis propias experiencias.

¿Cómo puedo evitar dormirme durante la meditación?

Antes de nada, asegúrate de que duermes lo suficiente por la noche. Si tu cuerpo está cansado, utilizará el tiempo de tu meditación para echar una cabezada.

> Cada vez que la mente vacilante deambule, uno debe llevarla de vuelta y ponerla bajo el control del Ser.
>
> BHAGAVAD GITA[1]

Después, necesitas averiguar si realmente te duermes. Hay niveles de meditación profunda que pueden parecerse al sueño, pero en realidad son estados yóguicos. Como vimos en el capítulo 9, cuando tu meditación entra en el cuerpo causal, te adentras en un estado oscuro y aparentemente inconsciente. Descansas en él mientras la energía de la meditación limpia tus *samskaras* más limitadores o impresiones enterradas. Este proceso es una parte muy significativa de tu viaje interior.

Sin embargo, la meditación en el cuerpo causal te deja renovado y lleno de energía. Si sales de ella sintiéndote aturdido y torpe, es muy probable que te hayas dormido.

A veces, simplemente no podemos evitar dormirnos. Cuando la kundalini se activa durante una sesión de meditación, la mente comienza a ir hacia dentro. En este punto, tiendes a salir del estado de vigilia y entrar en un estado más sutil —el cual, dependiendo de la fuerza de tu enfoque, será sueño o meditación—. Si tu voluntad interna no está entrenada para permanecer alerta cuando el poder de la meditación es muy fuerte, te quedarás dormido.

Cuando comenzamos a meditar, la mayoría de nosotros pasamos por esa situación. No estamos acostumbrados a surcar las olas del mundo interior, así que no sabemos cómo mantenernos a flote en él. Esta es la razón por la cual los textos de meditación hacen tanto énfasis en aprender a centrar la mente.

El hecho de centrarse, como dije antes, desarrolla una especie de voluntad sutil, de forma que la mente puede mantenerse firme y entrar en la meditación en lugar de dormirse. Esta voluntad sutil puede desarrollarse de diferentes maneras. Una de ellas es la práctica de mantener la atención centrada durante esos momentos del día en los que tendemos a encontrarnos más ausentes o fantasear. Mientras estás en el coche, en el autobús o lavando los platos, nota dónde deambula tu atención y no dejes de llevarla de vuelta a la situación que te ocupa. Céntrate en la tarea presente —en el acto de caminar o en el movimiento de las manos sobre los platos-.

Otra forma de desarrollar la fuerza de centrarse es trabajar con un mantra. No dejes de repetirlo aunque la energía de la meditación te impulse a dormir. Al principio, sentirás que luchas contra el sueño. Después de un tiempo, sin embargo, descubrirás que eres capaz de mantener el mantra en acción incluso cuando estás «fuera». Poco a poco, el hecho de tener una parte de ti mismo en alerta y centrada se convertirá en algo automático. Después, cuando la mente vaya hacia el interior, entrará en el *samadhi* y no en el sueño.

OTRAS SOLUCIONES

Ciertas prácticas pueden ayudarte a conquistar tu tendencia a quedarte dormido. La mayoría de las que aparecen a continuación están explicadas en detalle a lo largo del libro.

Siéntate en una postura firme. Mantén los huesos sobre los que te sientas bien firmes y apoyados, la columna estirada, los omoplatos hacia abajo y hacia atrás, y el corazón hacia arriba. Reajusta la postura periódicamente durante la meditación.

Haz unas cuantas posturas de hatha yoga antes de meditar. Además de ayudarte a ser más flexible, el *hatha yoga* produce cambios en la energía corporal que te ayudan a permanecer más calmado y alerta al mismo tiempo.

Pide gracia. Cuando invoques la gracia antes de la meditación, di: «Por favor, permíteme centrarme profundamente y mantenerme consciente durante la meditación de hoy».

Adopta la firme intención de permanecer despierto. Haz un pacto contigo mismo: «Hoy, durante esta hora, voy a permanecer consciente». Después céntrate en el objeto de tu meditación con mucha firmeza. Trata de realizar cada repetición del mantra como si fuera el último pensamiento que fueras a tener en la Tierra.

Vuelve a leer el capítulo 4 y elige un nuevo punto de enfoque o puerta de entrada a la meditación.

¿Qué significan los mareos o las náuseas que
siento durante la meditación profunda?

A menos que tengas gripe u otro desorden físico, las náuseas durante la meditación a menudo son una señal de que la corriente meditativa está trabajando más de lo que tu cuerpo es capaz de procesar en el momento. La meditación puede ser una fuerza muy poderosa, y para poder integrarla necesitamos que nuestro organismo sea fuerte y estable. Cuando no es lo suficientemente fuerte, nos lo hace saber mediante sensaciones de debilidad, de estar ausentes o de náuseas. Si el malestar o las náuseas se producen únicamente durante la meditación y desaparecen cuando te levantas, es probable que este sea tu problema.

La solución inmediata es reducir tu tiempo de meditación durante una temporada. Esto puede suponer no meditar durante unos cuantos días o una semana, o meditar solo unos minutos en cada sesión mientras te ocupas de fortalecerte (¡continúa leyendo!).

Cuando meditamos en profundidad, accedemos a nuestras reservas de energía vital. En sánscrito, esta reserva de energía recibe el nombre de *ojas*. Según el ayurveda, el sistema tradicional de medicina india, el *ojas* es un fluido sutil que se aloja en la médula de los huesos. El ejercicio intenso, en especial la actividad sexual, lo agotan. También los malos hábitos alimentarios y de sueño, o hablar, pensar y preocuparse en exceso. Muchas personas en la actualidad tienen agotada su reserva de *ojas*.

El método tradicional para reponer el *ojas* consiste en ingerir alimentos nutritivos, en especial proteínas. Las bebidas con alto contenido proteínico, como la leche o la leche de almendras, son de gran ayuda. También la fruta y los dulces naturales, como la miel, en cantidades moderadas. Asegúrate de que no tienes una deficiencia proteínica; algunos vegetarianos sufren carencia de *ojas*, especialmente aquellos que siguen una dieta muy baja en proteínas. Hay ciertos tónicos herbales chinos y ayurvédicos especialmente indicados para la escasez de *ojas*, conocida en la medicina china como deficiencia *jing*.

El ejercicio moderado, especialmente el *hatha yoga* y caminar, es también recomendable para fortalecer el cuerpo.

A veces, los síntomas como las náuseas o los mareos son señales de purificación yóguica, signos de que una enfermedad latente está emergiendo para ser eliminada de tu sistema. Cuando esto sucede, puedes experimentar malestar o mucho calor, o tal vez síntomas similares a los de la fiebre durante un breve periodo. Si estos síntomas son consecuencia de la purificación yóguica, durarán poco tiempo. Surgirán con mucha intensidad y desaparecerán en cuestión de horas o un día.

> *El yoga no es comer demasiado ni dejar de comer por completo; no es el hábito de dormir demasiado ni de quedarse despierto mucho tiempo.*
>
> BHAGAVAD GITA[2]

Cuando comencé a meditar, de vez en cuando solía tener fiebre alta. La fiebre subía hasta los 39 o 39,5 grados, duraba toda la tarde, y después bajaba y volvía a la normalidad. Nunca pudieron encontrarle una causa orgánica. Cuando la fiebre desaparecía, me sentía renovada y ligera, como si algo se hubiera elevado en mí. Esa es una de las señales clásicas de purificación: una sensación de liberación, de ligereza después del episodio.

¿Qué puedo hacer con el hecho de que no soy capaz de permanecer en la meditación profunda? Puedo estar en un lugar muy profundo y, de repente, regreso al estado ordinario de vigilia.

Esto es bastante normal. En el transcurso de una hora podemos entrar y salir del estado meditativo una y otra vez. Profundizamos durante un tiempo y, después, nuestra conciencia puede salir otra vez a la superficie, solo para volverse luego hacia dentro y profundizar de nuevo. En cierta ocasión, un meditador bastante avanzado contó el número de veces que salía de la meditación durante una sola sesión y descubrió que lo había hecho diez veces.

El secreto es aceptar el ritmo de tu experiencia meditativa y permitirle que sea como es. Cuando sientas que sales de la meditación, continúa sentado en tu postura. Si necesitas mover las piernas o estirarte, hazlo con suavidad y despacio. Relájate y permítete sentir la experiencia de permanecer sentado en esa postura. Sé consciente de cómo se siente tu cuerpo. Sé consciente de tu respiración. Repite tu mantra, o vuelve a la técnica que usaste al principio de la sesión. Gradualmente, te adentrarás de nuevo –y con frecuencia llegarás a un lugar más profundo.

Llevo dos años meditando, y parece que nunca consigo dejar de pensar o adentrarme en la meditación. ¿Qué debo hacer?

Incluso los meditadores más experimentados atraviesan periodos en los que la meditación solo supone un duro trabajo. Es como remar en contra de la corriente. Interceptas los pensamientos y tratas de centrarte, pero no hay liberación en tu Ser profundo, no experimentas el paso de «conciencia de vigilia» a «conciencia meditativa», ni sientes que la Shakti te abraza y te lleva a tu interior. Aunque has oído una y otra vez que un meditador debe deshacerse de las expectativas, todavía te preguntas: «¿Por qué me ocurre esto? ¿Qué pasa conmigo que no tengo ninguna experiencia palpable?».

La respuesta más corta es «nada». Si aprendes a jugar al tenis, no esperas hacer un buen saque sin esfuerzo tras solo tres semanas de práctica. Practicas tu saque durante horas, haces saques malos, y lo intentas una y otra vez. Entrenas hasta que la técnica se convierte en algo automático para ti, y comienzas a sentir el tenis jugando a través de ti.

La meditación también es una habilidad. Lleva un tiempo desarrollar los «músculos» internos de la atención y aprender a adentrarse en el mundo interior. Se necesita práctica para descubrir cómo avanzar por los senderos de la Shakti interna, para estar consciente sin pensar y poder mantener un estado interno cuando surge.

Si te resulta difícil entrar en la meditación, la mejor solución es reservarte un periodo de tiempo más largo para cada sesión. Todos tenemos un punto natural a partir del cual los pensamientos se ralentizan de forma natural y el estado meditativo emerge. Solo tienes que estar dispuesto a sentarte el tiempo que sea necesario para llegar a ese punto. Para la mayoría de las personas, ese punto de entrada automática surge entre los cuarenta y cinco minutos y una hora de meditación. Si tienes una mente muy activa, puede tardar algo más en aparecer. De hecho, la mayoría podría mejorar su meditación si se permiten de una hora a setenta y cinco minutos.

Conocí a un hombre que durante años se quejó de que lo único que hacía en meditación era sentarse y pensar. Por si fuera poco, estaba casado con una mujer cuyas meditaciones enseguida se encendían todas las mañanas solía nadar en el éxtasis de esferas de luz o sentarse tranquilamente en la oscuridad aterciopelada del vacío, del que emergía con una luz resplandeciente y beatífica en los ojos. Su marido se comparaba con ella y se sentía espiritualmente muerto.

Pero persistió. Como sucede con las personas mentalmente muy activas, descubrió que sentarse durante más de una hora obraba maravillas en su meditación. Comenzó a entrar en un estado de energía suave y dichosa durante sus sesiones. Su mente se volvió más calmada, y después de un tiempo advirtió que sus meditaciones empezaban a dar frutos en su vida externa. El sentimiento de frustración acerca de sus ambiciones insatisfechas se apaciguó y, paradójicamente, poco a poco le llegó el reconocimiento profesional que había deseado.

> «¿Puedes disuadir a la mente de su deambular y permanecer en la unidad original?... ¿Puedes limpiar tu visión interna hasta que sólo veas la luz? ... ¿Puedes distanciarte de tu propia mente y así comprenderlo todo?»
>
> LAO-TZU[3]

Pasaron diez años —diez años de meditaciones diarias y firme crecimiento interno—. Un día, durante un taller de meditación, tuvo la visión de un templo semienterrado. Supo que, tiempo atrás, ese templo había estado totalmente sepultado, y así comprendió lo que su trabajo interior había hecho: había limpiado el número suficiente de capas de «suciedad» alrededor de su Ser interior como para que ahora pudiera comenzar a verlo.

Este hombre tenía un interés profundo en la meditación, y por eso se mantuvo en ella. Experimentó con diferentes técnicas, actitudes y disciplinas. Su continuo y firme esfuerzo le trajo ese importante avance —y cuando este llegó, sintió que se lo había ganado—. Lo hizo suyo, por así decirlo. Se ganó sus experiencias internas, aunque, al mismo tiempo, fueron dones de la gracia. De esa forma pudo mantenerlas e incorporarlas a su vida cotidiana.

¿Qué puedo hacer para que mi mente deje de hacer comentarios
sobre mi meditación? Eso me está volviendo loco.

Este es uno de los trucos de la mente. Cuando se da cuenta de que no vas a prestarle atención a su cháchara mundana, comienza a hacer comentarios sobre tu meditación. «¿Estoy haciendo bien esto?, ¡estoy teniendo una experiencia importante!, etc.» Puedes tratar la cháchara espiritual como tratarías a cualquier otro tipo de cháchara. En otras palabras, intenta evitar dejarte seducir por el mensaje. Recuerda que todos los pensamientos están hechos de Conciencia, de energía, y deja que se vayan. Si esos comentarios te sacan de tu conciencia meditativa, vuelve a centrarte en la práctica que estés haciendo o simplemente espira con el pensamiento «soltar». Permítete ir de nuevo a la meditación.

No dejo de llegar a un punto en que realmente siento que voy a
fundirme en una especie de cielo interno. Entonces, me entra el pánico
y salgo de ese estado. Estoy furioso conmigo mismo porque siento que
podría haber hecho un gran cambio, pero tenía demasiado miedo.
¿Qué puedo hacer con el miedo que surge en mi meditación?

Probablemente no existe nadie en el que mundo que en algún momento no haya salido de su meditación a causa del miedo a lo que podría haber sido una profunda experiencia. En parte, esto es inevitable. Todos tenemos focos de miedo en nuestro interior, y al igual que pasamos por otros estados en la meditación, también pasamos por el miedo. Además, tendemos a asustarnos cuando no entendemos qué nos sucede.

Un ejemplo: a veces la respiración se detiene en la meditación. Si desconoces que se trata de un profundo *kriya* yóguico que puede llevarte al estado de *samadhi*, tendrás miedo de que la respiración no regrese. Del mismo modo, cuando tu conciencia se expande por primera vez, puede que no te des cuenta de que experimentas el estado original de tu propia Conciencia, la cual abarca todas las cosas. Comprender el significado de una experiencia particular puede ayudar a eliminar el miedo.

Otra razón por la que nos asustamos es porque el ego —esa parte de nosotros que identifica el «yo» con el ser psicológico— se siente fuera de sitio y trata de hacernos regresar a un estado en el que se encuentre más cómodo.

Echémosle un vistazo a la relación del ego con la meditación. El ego realiza una importante función psíquica. Su trabajo consiste en asegurarse de que no olvidemos nuestra identidad como seres individuales. Si tenemos que desenvolvernos en el mundo, recordar cómo nos llamamos y saber dónde tenemos que estar a las diez, necesitamos que el ego nos recuerde pequeños detalles de nuestra identidad personal, como «te sienta bien el color beige» o «recuerda que eso lleva leche y tú eres alérgico a la lactosa».

Lamentablemente, el ego tiende a extender su papel hasta que lo vemos como si fuera la única protección que tenemos en la vida. Esa es una de las razones por las que tiene tantos problemas con la meditación. En un principio, el ego disfruta de la práctica espiritual. Le gusta la idea de mejorar, la cual, por supuesto, la define a su manera. El ego quiere ser mejor en su juego –ser más rápido, más listo, más humilde, más puro o lo que sea que busque–. Espera que la meditación le ayude con sus planes.

Los problemas para el ego se producen cuando la meditación comienza a disolver sus límites. Si fuéramos a tener una verdadera experiencia de Dios, el ego no sería capaz de estar presente. No hay espacio para el sentimiento de ser una persona limitada y pequeña en el océano de la Conciencia. Y el ego lo sabe. Así que, cada vez que nuestras limitaciones corporales y mentales parecen aflojarse, y cada vez que parece que nuestra identidad está a punto de expandirse un poco, el ego reconoce que su territorio está siendo amenazado y despliega su primera línea de defensa. El miedo que experimentas es, de hecho, el terror del ego a que te hagas mayor que él, mayor que el territorio cuidadosamente delimitado de nuestras memorias, opiniones, gustos y aversiones que el ego considera el «yo».

En lugar de asustarte de tu miedo, puedes verlo como una señal de que necesitas cuidar y tranquilizar a tu yo menor. Así le resultará más fácil integrar tus experiencias de expansión. Y te dejará avanzar.

Lo primero que puedes hacer con el miedo es nombrarlo. A veces le digo a mi miedo: «Hola miedo. Sé que solo eres mi ego que habla». Esto puede ser suficiente para disiparlo. En caso contrario, a continuación tienes algunos antídotos.

Puedes recordar que sea lo que sea que te asuste, así como el propio miedo, son aspectos de tu propia Conciencia. A excepción de ti, allí no hay nadie más. Como tal vez ya hayas advertido, la comprensión de que «todo lo que experimento en la meditación es una manifestación de mi propia Conciencia» resuelve muchas dificultades. ¿Por qué? Porque lo devuelve todo a su fuente. Esta comprensión nos lleva de vuelta al contacto con nuestro Ser verdadero, que siempre está presente y es el tejido de toda nuestra vida, así como de nuestra meditación. Cuando estamos en contacto con la verdad, también entramos en contacto con nuestra valentía natural.

> «¿Cómo pudimos olvidar esos mitos antiguos… los mitos de dragones que en el último momento se transformaban en princesas? Quizá todos los dragones de nuestras vidas son princesas que sólo esperan vernos actuar, sólo una vez, con belleza y valor. Quizá todo aquello que nos asusta es, en su esencia más profunda, algo indefenso que quiere nuestro amor»
>
> RAINER MARIA RILKE[4]

Otra cosa que puedes hacer es enfrentarte a tu miedo y ser testigo de él. Este es el método del guerrero. El proceso es el siguiente: comienzas a ir hacia tu interior. Sientes que surge el miedo. Percibes tu tendencia a escapar de él –a echarte a correr delante de él, por así decirlo, y dejar que te persiga hasta que te haga salir de la meditación–. En lugar de ceder, te quedas en el límite de tu miedo y lo miras directamente. Nota cómo lo sientes. ¿Dónde se localiza en tu cuerpo? ¿Lo sientes en el corazón? ¿Qué palabras te dice? ¿Tiene algún color? ¿Alguna forma? Quédate cerca del miedo, pero en su margen, y obsérvalo. Nota que, mientras lo observas, hay una parte de ti a la que no le afecta. Al observador no le alcanza el miedo. Sigue observándolo, y recuerda identificarte con el observador en lugar de con el miedo.

Una forma alternativa de hacer eso es entrar en tu miedo y sentir su energía. El miedo no es más que energía. De hecho, puedes llevar esa energía a un nivel más profundo.

Un hombre que hizo este ejercicio dijo: «Cuando entré en el miedo, me sentí casi dominado por él. Después, noté que no solo sentía miedo. Había también resistencia, un sentimiento de contención. Permanecí con eso, permitiéndome experimentar esos sentimientos. Durante un momento, me llené de la energía del miedo. Después, fue como si cayera en un lugar más profundo de él, y vi que era una energía pura y fuerte. Un nudo de energía. Me quedé con esa energía y, en un determinado momento, vi que el duro nudo se había suavizado. Luego se expandió. Pude sentir una suave pulsación que se expandía desde mi corazón hacia fuera».

En *Spanda Karikas*, uno de los textos yóguicos más avanzados del shivaísmo de Cachemira, hay un verso que se refiere al estado de miedo como un estado lleno de potencial para la Conciencia elevada. Dice que la pura experiencia del *spanda*, la pura energía creativa del universo, está particularmente presente «cuando uno se encuentra en un estado de terror o corriendo para salvar la vida».[5] En el miedo hay una energía intensa y centrada. Cuando entramos en esa energía, esta nos lleva a su fuente.

Finalmente, podemos refugiarnos en el gurú —la imagen de un ser iluminado con el que te sientas conectado— o en Dios. La energía del gurú está totalmente presente en tu universo interno. Cuando la llamas, descubres la firmeza con la que puede apoyarte esa presencia protectora. Esta es una de las razones por las que invocamos la gracia en la meditación; de esa forma, cuando tenemos miedo o sentimos que no profundizamos podemos rezar para pedir ayuda y orientación.

Aquí tienes la oración que he utilizado cuando la velocidad de mi proceso interno me hacía sentir incómoda: «Esto es demasiado para mí. Por favor, calma un poco mi meditación; hazla un poco más suave».

Fíjate en las palabras. No pides que una determinada experiencia desaparezca. Al fin y al cabo, no deseas que estas experiencias de expansión se cierren. Solo quieres que sean ligeramente menos intensas.

A veces nos preguntamos qué sucede realmente cuando llamamos a un gurú o a una forma personal de espíritu. ¿En qué sentido nos escucha el gurú? ¿Pides realmente su intervención personal? ¿Es una clase de truco que hacemos con nuestro inconsciente para poder acceder a nuestra fuente interna de fuerza y valentía? Mi experiencia es que, cuando tratamos al espíritu como si fuera un «tú», accedemos a la gurú Shakti, la fuerza universal protectora y dadora de gracia que está tanto en nosotros como en todo lo demás. No es una energía personal, pero tampoco es un «otro». Aunque se invoca a través de la conexión con un maestro particular o una forma divina, en realidad es un aspecto de nuestra propia Shakti, nuestra energía kundalini despertada.

Algo en mí se resiste a sentarse en meditación. Incluso cuando lo hago, en cuanto empiezo a profundizar, la resistencia se hace tan fuerte que, de hecho, me saca de la meditación.

Al igual que el miedo, la resistencia es una manifestación normal del ego. Cuando el miedo a profundizar no da resultado, la mente limitadora aparece con otras estrategias para mantenerte controlado. Te recuerda todo aquello que podrías estar haciendo. Te señala que nunca has tenido experiencias interesantes en la meditación. Te dice que una hora es mucho tiempo y que si dejas la sesión a los treinta minutos podrías hacer algunas de esas llamadas de teléfono que tienes pendientes. No hay nada misterioso en esas voces. Simplemente son signos de tu mente mundana. Pasado un tiempo, si prestas atención, las conocerás muy bien.

La resistencia a menudo surge en el momento en que estás a punto de profundizar. Emerge como un impulso, casi como una necesidad de regresar a lo que nos resulta conocido y familiar. Esa membrana de resistencia, ese deseo conservador y profundo de no avanzar, es extremadamente tenaz y persuasiva. Puede sacarte directamente de la meditación. George Gurdjieff, el maestro del siglo XX, solía afirmar que hay dos fuerzas en el universo: una dice «sí» al crecimiento espiritual, y la otra dice «no». Estas dos fuerzas están continuamente en nosotros, y constantemente decidimos a cuál de ellas seguir. La resistencia es la expresión de la fuerza del «no».

Lo mejor que podemos hacer cuando surge la resistencia es quedarnos ahí. Permanece sentado. Mantén tu cuerpo en la esterilla por mucho que desees levantarte, y mantén tu atención centrada, sin juicios, aversión o miedo respecto al sentimiento de resistencia. No tienes que hacer nada más. Si puedes sentarte siendo consciente de tu resistencia, tu propia conciencia con el tiempo llegará a disolverla. Entonces:

Pregúntate: ¿qué hay detrás de mi resistencia a profundizar? Escribe lo que te llegue. Después, hazte la siguiente pregunta: «¿Hay algo más?». Pregúntatelo hasta que sientas que has profundizado lo máximo posible en esta cuestión. Analiza las respuestas y después pregúntate otra vez: «¿Hay algo más detrás de esto?».

Siéntate tranquilamente y convoca al sentimiento de resistencia. Permítete estar con él unos minutos. Después, pregúntale a tu resistencia: «¿Qué tienes que contarme?, ¿a qué te resistes?». Escribe las respuestas que surjan en tu mente, sin importar lo extrañas o irrelevantes que puedan parecerte inicialmente.

Una mujer que se hizo esta pregunta obtuvo la siguiente respuesta: «La gente que medita es rara». Al profundizar en ella, se encontró con: «Temo que si me dejo ir, no seré capaz de desenvolverme». Y cuando profundizó todavía más, la respuesta fue: «¿Y si pierdo mi personalidad?».

> *Tanto la lucha como la paz ocurren dentro de Dios.*
>
> RUMI[6]

Un hombre joven se topó con: «Necesito aferrarme a mis pensamientos porque son importantes». A un nivel más profundo, encontró el sentimiento: «Necesito hacer algo. La meditación es una pérdida de tiempo en comparación con el trabajo que tengo que hacer».

Cuando has descubierto cuáles son tus resistencias específicas, ya puedes dirigirte a ellas. Puedes encontrar una forma de reaccionar a ellas. Puedes tranquilizarte.

Por ejemplo: «En lugar de hacerme menos capaz de desenvolverme, la meditación me da una base a partir de la cual desenvolverme. Mira el caso de X, X y X (pon el nombre de algunos grandes maestros o meditadores avanzados que hayas conocido o de los que hayas oído hablar). Tenían unas personalidades fuertes y bien definidas». Y una reacción todavía más poderosa al miedo de ser raro es adoptar una posición de total autoaceptación: «Está bien ser raro».

Otra forma de indagar sobre tu resistencia es hablar directamente con el sentimiento como si fuera una persona, y preguntarle a tu resistencia cómo trabajar con ella. Una mujer joven llamó al sentimiento de resistencia y le preguntó: «¿Cómo puedo aprender a soltarte?». En su interior, escuchó: «Simplemente, sigue regresando a tu mantra. El mantra me disolverá».

Incluso si examinas el contenido de tu resistencia, lo comprendes y respondes a él, también necesitarás trabajar a nivel energético con el sentimiento en sí mismo —mantener el sentimiento en la Conciencia y disolverlo en la pura energía sin contenido—. Para disolver los bloqueos de tu conciencia, no hay nada más poderoso que la Conciencia pura.

Nunca pasa nada en mi meditación. ¿Qué puedo hacer?

No sé cuántas veces habré oído esta pregunta a mis alumnos. Normalmente, la meditación es mucho más rica de lo que piensan. Su problema es que tienen muchos conceptos acerca de lo que significa una «meditación correcta», y su experiencia no coincide con sus ideas.

Esto es algo que los meditadores deben reflexionar cuidadosamente. Tal vez el tipo de experiencia meditativa del que normalmente se habla en tu tradición espiritual represente solo una parte del espectro de la experiencia interna. Cada sendero tiene su propio lenguaje para describir la experiencia espiritual, y, por muy universal que sea este sendero, muchas comunidades espirituales tienden a hacer mayor énfasis en ciertos tipos de experiencias que en otros. Por regla general, son aquellas que el maestro encontró en su propio viaje. El maestro habla de estas experiencias para ayudar a sus discípulos, para inspirarlos o mostrarles algunas de las señales del camino. Ramana Maharshi despertó a la realidad suprema al preguntarse: «¿Quién soy?» hasta que la sensación del yo se reveló a sí misma como una ficción; y este fue el camino que él y sus seguidores de su época enseñaron. Los budistas dan prioridad a las experiencias del vacío, mientras que los místicos cristianos como Santa Teresa de Ávila o los meditadores devocionales hindúes a menudo hablan de visiones extraordinarias o «dones» internos. Sin embargo, la mayoría de los maestros han afirmado que su camino y sus experiencias son simplemente eso —sus experiencias personales— y que otro meditador tal vez experimente un camino muy diferente.

No obstante, por mucho que un maestro nos recuerde que el mundo interno es ilimitado y que cada individuo tiene su propia trayectoria en la meditación, los discípulos suelen asumir que las descripciones del maestro abarcan todo el ámbito de la experiencia espiritual «aceptable». Si su propia experiencia es diferente, llegan a la conclusión (si tienden a desaprobarse a sí mismos) de que fallan en la meditación, que van por la ruta equivocada o (si son arrogantes) que el maestro se equivoca.

Muchas personas sufren a consecuencia de estas conclusiones porque sus experiencias no aparecen descritas en los textos de su tradición. En su libro *How to Grow a Lotus Blossom*, Jigu-Kennett Roshi describe las dudas que experimentó sobre la autenticidad de sus visiones porque en su escuela zen no se fomentan ni admiran las visiones. Cuando una católica a través de la contemplación experimentó un estado de vacío interno en el que su ser personal desapareció, su director espiritual católico, que desconocía este tipo de experiencia, dudó de su autenticidad. Un alumno mío se vio llevado a centrarse en un campo de energía interna con el sentimiento de que Dios estaba presente en ese campo. La única descripción exacta que pudo encontrar de esa experiencia la halló en un texto místico cristiano llamado *La nube del desconocimiento*. No obstante, esto no lo convierte en un meditador cristiano, del mismo modo que un meditador católico no se vuelve budista por tener una experiencia que aparece detallada en los textos budistas.

> *Siento que el barco mío ha tropezado, allá en el fondo, con algo grande. ¡Y nada sucede! Nada... Quietud... Olas... —¿Nada sucede, o es que ha sucedido todo, y estamos ya, tranquilos, en lo nuevo?*
>
> JUAN RAMÓN JIMÉNEZ[7]

La verdad es que no tenemos ni idea de los *samskaras* que experimentamos, de las prácticas del pasado que ahora están dando sus frutos o del país de nuestro universo interno en el que hemos entrado. Tampoco tenemos forma de saber qué cantidad de purificación interior necesitamos realizar antes de que lleguemos a tener «experiencias» patentes. El *Pratyabhijna Hrdayam* dice que, desde el punto de vista de la Realidad suprema, cada posición filosófica y cada tipo de experiencia espiritual es simplemente una fase en la escalera hacia la unidad suprema.[8] El Esplendor, en resumen, puede aparecer de la forma que quiera —y, de hecho, es lo que hace—. Con frecuencia aparece como cambios en la vida que solo resultan obvios cuando te levantas de tu cojín de meditación.

Si sientes que no sucede nada en tu meditación, lo primero que tienes que hacer es examinar la calidad de esa «nada». Antes de que califiques tu meditación de aburrida y estática, investiga sobre tu estado interior, tanto durante como después de la meditación. El estado de vacío y aburrimiento, o la experiencia de que persisten los pensamientos, no significa necesariamente que hagamos algo mal. Puede tratarse simplemente de una invitación para entrar en tu campo interno y trabajar con él, como detallé en los capítulos 1 y 4. Tal vez sea el momento de explorar tu propia Conciencia desnuda o ver tus pensamientos como Shakti. Si entras en el vacío interno que crees experimentar, tal vez descubras que lo que parece «nada» es, en realidad, algo inmensamente lleno, preñado de Conciencia y creatividad.

> Piensa en el espacio vacío encerrado en una jarra. Cuando la jarra se rompe en pedazos, solo se rompe la jarra, no el espacio. La vida es como la jarra. Todas las formas son como la jarra. Se rompen continuamente en pedazos. Cuando ya no están, no son conscientes. Sin embargo, Él es eternamente consciente.
>
> BRAHMABINDU UPANISHAD[9]

Hay otro indicio que puedes buscar a la hora de evaluar la meditación sutil. Presta atención a los cambios de percepción que te llegan cuando te levantas después de meditar. Incluso si no has dejado de pensar durante tu tiempo de práctica, tal vez notes al levantarte que te sientes más ligero, como si te hubieran quitado una carga. Tal vez tu mente, que percibiste muy ocupada cuando tenías los ojos cerrados, esté ahora mucho más despejada. Quizá te encuentres más tranquilo y feliz o sientas que se ha resuelto algo que te preocupaba.

Es posible que tu visión se haya amplificado y cambiado, y ahora veas el mundo con mayor profundidad y con una mirada llena de asombro. Quizá tus sueños se estén volviendo más lúcidos —o tal vez los destellos de los estados más profundos, la conciencia acrecentada y los sentimientos numinosos y las visiones que buscas en las meditaciones se produzcan en tus sueños—. Son muchos los meditadores que tienen estos sueños. Con frecuencia los reconocemos por su luz y colorido, por el numinoso brillo del que están impregnados, el cual es un claro atisbo de otro mundo. Estas también son experiencias meditativas —la única diferencia es que llegan en el estado de sueño.

La meditación sincera crea cambios en tu vida. Finalmente, siempre te transformará.

EJERCICIO: INVESTIGAR LA NADA

Cierra los ojos. Céntrate en el «espacio» vacío que aparece ante tus ojos. Mira el vacío, el campo que tienes ante ti. ¿Qué aspecto tiene? Tal vez veas un campo gris tornasolado con pequeños reflejos o puntos de luz. Quizá sea negro, o azul con reflejos dorados.

Este campo es el campo de tu conciencia. Es la conciencia de fondo dentro de la cual emergen y se hunden todas tus experiencias. Permítete estar en él. Si surgen pensamientos, deja que estén allí, dentro del campo de tu propia conciencia. Mantén tu atención centrada en el propio espacio, en la «nada» interna que ves cuando cierras los ojos.

Cuando te sientas preparado, siente que te mueves a través de este campo interno de nada. No es tu cuerpo el que se mueve a través de él, sino tú como atención, como Conciencia. Permite que tu conciencia flote, nade o navegue a través del campo de vacío. Advierte qué encuentras en él. Percibe los diferentes campos de energía que se elevan y se hunden dentro de tu campo de conciencia. Explora tu conciencia –mientras comprendes que este vacío, este espacio dentro de ti, es Conciencia en sí misma–. Este campo de vacío es el Ser, la realidad suprema. Con el tiempo te será revelada.

Notas

INTRODUCCIÓN. Despertar a la meditación

1. *Bhagavad Gita* 13.25.
2. Robert Bly, ed.; *When grapes turn to wine: Versions of Rumi* (Cambridge, MA; Yellow Moon Press, 1986).

CAPÍTULO 1. El atractivo de la meditación

1. Shunryu Suzuki, *Zen Mind, Beginner's Mind* (Nueva York: Weatherhill, 1970).
2. *Shvetashvatara Upanishad.*
3. Frank Mead, ed., *12,000 Religious quotations* (Gran Rapids, MI: Baker, 1989).
4. Robert Bly, ed., *The Kabir book: fourty-four of the ecstatic Poems of Kabir* (Boston: Beacon Press, 1977).
5. Stephen Mitchell, ed., *Tao Te Ching: A New English Version* (Nueva York: HarperCollins, 1988), verso 52.
6. Bly ed., *The Kabir book.*

CAPÍTULO 2. ¿Cómo experimentamos el Ser Interior?

1. Atribuido a Francisco de Asís.
2. David Godman, ed., *Be as you are: The Teachings of Sri Ramana Maharshi* (Londres: Penguin, 1985).
3. Stephen Mitchell, ed., *The Enlightened Mind: An anthology of Sacred Prose* (Nueva York: HarperCollins, 1991).
4. Godman, ed., *Be As You Are*, 69.
5. *Vijnana Bhairava* 131.
6. Swami Muktananda, *The Self Is Already Attained* (South Fallsburg, NY: SYDA Foundation, 1993).

7. William Johnston, ed., *The Cloud Of Unknowing and The Book of Privy Counseling* (Nueva York: Doubleday, 1973).

8. Coleman Barks, trad., *Feeling the Shoulder of the Lion: Poetry and Teachings Stories of Rumi* (Putney VT: Threshold Book, 1991).

9. *Kena Upanishad.*

10. Robert Bly, ed., *The Soul Is Here For Its Own Joy: Sacred Poems From Many Cultures* (Hopewell, NJ: Ecco Press, 1995).

11. *Kena Upanishad.*

12. Swami Prabhavananda, adaptación de *The Upanishads: Breath of the Eternal* (Hollywood, CA: Vedanta Press, 1975): *Taittiriya Upanishad* 3.6.1.

13. *Taittiriya Upanishad* 2.7.1.

14. Fiona Bowie, ed., y Oliver Davies, trad., *Beguine Spirituality: Mystical Writings of Mechthild of Magdeburg, Beatrice of Nazareth, and Hadewijch of Brabant* (Nueva York: Crossroad Publishing, 1990).

15. Douglas Bloch, ed., *I am with You Always: A Treasury Of Inspirational Quotations, Poems and Prayers* (Nueva York: Bantam, 1992).

16. *Katha Upanishad* 1.2.23.

CAPÍTULO 3. Prepararse para la práctica

1. Coleman Barks, trad., *The Essential Rumi* (Nueva York: HarperCollins, 1995).

2. Daniel Ladinsky, trad., *The Subject Tonight Is Love: Sixty Wild and Sweet Poems of Hafiz* (North Myrtle Beach, SC: Pumpkin House Press, 1996).

3. Atribuido a Jnaneshwar Maharaj.

4. *Katha Upanishad* 1.2.8-9.

5. Citado por Swami Muktananda, *The perfect relationship: The Guru and the disciple* (South Fallsburg: NY: SYDA Foundation, 1999), 71.

6. Swami Prabhavananda, adaptado de *The Upanishads: Breath of the Eternal* (Hollywood, CA: Vedanta Press, 1975).

7. *Nectar of Chanting* (South Fallsburg, NY: SYDA Fountation, 1983): *Guru Gita* 9.

8. *Bhagavad Gita* 9.29

9. Sogyal Rinpoche, *The Tibetan Book Of Living and Dying* (Nueva York: HarperCollins, 1992).

10. Trad. Barks, *The Essential Rumi.*

CAPÍTULO 4. Elegir la puerta de entrada adecuada

1. Atribuido a Jnaneshwar Maharaj.

2. *Yoga Sutras,* 1.39.

3. Malini Vijaya *Tantra.*

4. *Shiva Sutras* 3.16.

5. Atribuido a Julian de Norwich.

6. Atribuido Baal Shem Tov.

7. Atribuido a Tukaram Maharaj.

8. T. S. Eliot, «Ash Wednesday», *The Waste Land* (Nueva York: Harcourt Brace, 1958).

9. M. P. Pandit, *Kularnava Tantra* (Pondicherry: All India Press, 1973).

10. *Shiva Sutras* 2.3.
11. Swami Muktananda, *Lalleshwari* (Ganeshpuri, India: SYDA Foundation, 1981), verse 117.
12. Bly, ed. *The Kabir Book*.
13. Godman, ed., *Be As You Are*.
14. Mitchell, ed., *The enlightened mind*.
15. *Pratyabhijna Hrdayam* 17
16. Atribuido a Julian de Norwich.
17. T. S. Eliot, «Burnt Norton», *Four Quartets* (Nueva York: Harcourt Brace, 1971).
18. *Tripura Rahasya* 17.2-3.
19. Thomas H. Jonson, ed., *Final Harvest: Emily Dickinson's Poems* (Boston: Little Brown, 1961)
20. Garma C. C. Chang trad., *The Hundred Thousand Songs of Milarepa,* Vol. 1 (Boston: Shambhala, 1962).
21. *Vijnana Bhairava* 46-47.
22. Godman, ed., *Be As You Are*.

CAPÍTULO 5. Ir hacia dentro: la práctica de la unidad

1. Adaptado por Swami Jagadananda, *Upadeshasaharsri: A Thousand Teachings* (Mylapore, Madras: Sri Ramakrishna Math, 1949), verso 2.4.5.
2. Bly, ed., *The Kabir Book*.
3. Mitchell, ed., *Tao Te Ching*.
4. Bowie, ed., *Beguine Spirituality*.
5. Constantina Rhodes Bailly, trad., *Meditations on Shiva: The Shivastotravalai of Utpaladeva* (Albany: State University of New York Press, 1995) stotra 5.
6. *Vijnana Bhairava* 63, citado por Swami Muktananda en *Secret of the Siddhas* (South Fallsburg, NY: SYDA Foundation, 1994). 198.

CAPÍTULO 6. Trabajar con la mente, Parte I: Navegar por el río del pensamiento

1. Daniel Ladinsky, trad., *The Gift: Poems by Hafiz* (Nueva York: Penguin Putnam, 1999).
2. *Yoga Sutras* 1.12.
3. Hari Prasad Shastri, *World within the Mind (Yoga Vasihta)* (Londres: Shanti Sadan, 1975).
4. Kieran Kavanaugh, ed., *John of the Cross: Selected Writings* (Mahway, NJ: Paulist Press, 1987).
5. Godman, ed., *Be As You Are*.

CAPÍTULO 7. Trabajar con la mente, Parte II: Liberar tus pensamientos

1. Travor P. Leggett, trad., *A First Zen Reader* (Boston: Tuttle, 1991).
2. Chang, trad., *The Hundred Thousand Songs of Milarepa*.
3. Lex Hixon, *Mother of the Universe: Visions of the Goddess and Tantric Hymns of Enlightenment* (Wheaton, IL: Quest Books, 1994).

4. Timothy Freke, *Zen Wisdom: Daily Teachings from the Zen Masters* (Nueva York: Sterling, 1997).
5. *Vijnana Bhairava* 116.
6. *Spanda Karikas* 1.22.
7. Mitchell, ed., *The Enlightened Mind*.

CAPÍTULO 8. Dejar que la Shakti dirija.

1. Adaptación de Arthur Avalon (Sir John Wodroffe), *The Serpent Power* (New York: Dover, 1974).
2. Hixon, *Mother of the Universe*.
3. Hixon, *Mother of the Universe*.
4. Grace Turnbull, ed., *The Essence of Plotinus* (Nueva York: Oxford University Press, 1934).
5. Hixon, *Mother of the Universe*.
6. Atribuido a Ramakrishna Paramahamsa.
7. Stephen Mitchell, ed., *The Enlightened Heart: An Anthology of Sacred Poetry* (Nueva York: HarperCollins, 1989).
8. Aurobindo Ghose, *The Mother* (Twin Lakes, WI: Lotus Press, 1998).
9. Hixon, *Mother of the Universe*.

CAPÍTULO 9. ¿Dónde te encuentras? Un mapa del viaje de meditación

1. Bly, ed., *The Kabir Book*.
2. *Shiva Samhita*.
3. *Yogashikha Upanishad 1.26-30*.
4. *Brihadaranyaka Upanishad 4.4.3-6*.
5. Bly, ed., *The Kabir Book*
6. A.K. Ramanujan, *Speakinvekg of Siva* (Londres: Penguin, 1973).
7. *Shvetashvatara Upanishad*, 2.11
8. Grace Warrack, ed., *Revelations of Divine Love: Recorded by Julian, Ancores at Norwich* (Londres: Methuen, 1952).
9. Bly, *The Soul Is There for Its Own Joy*.
10. Atribuido a Tevekkul-Beg.
11. Turnbull, ed., *The Essence of Plotinus*.
12. Mitchell, ed., *Tao Te Ching*, verso 1
13. Evelyn Underhill, ed., *The Adornment of Spiritual Marriage* (Londres: John M. Watkins, 1951).
14. Hixon, *Mother of the Universe*.
15. Mitchell, ed., *The Enlightened Herat*.
16. Godman, ed., *Be As You Are*.
17. *Shiva Sutras* 1.5.
18. Atribuido a Simeon, el nuevo teólogo.
19. *Viveka Chudamani* 482.
20. E. Allison Peers, trad., *The Light of Teresa of Jesus: The autobiography of Teresa of Avila*. (Nueva York: Doubleday, 1991).
21. Atribuido a Meister Eckhart.

22. Catalina de Genova, *Life and Doctrine of Saint Catherine of Genoa* (Christian classics Ethereal Library: ccel.org/ccel/Catherine_g/life.toc.html).
23. Catalina de Genova, *Life and Doctrine of Saint Catherine of Genoa* (Christian classics Ethereal Library: ccel.org/ccel/Catherine_g/life.toc.html).
24. Jnaneshwar Maharaj, *The Nectar of Self-Awareness* (South Fallsburg, NY: SYDA Foundation, 1979), verse 7.174-75.
25. Bailly, trad., *Meditations on Shiva,* stotra 13.
26. Rabindranath Tagore, *Songs of Kabir: Mystical and Devotional Poetry* (York Beach, ME: Samuel Weiser, 1991).
27. Atribuido a Martin Buber.

CAPÍTULO 10. Salir de la meditación: Contemplación, recuerdo y redacción de un diario

1. Jane Hirschfield, ed., *Women in Praise of the Sacred; 43 Centuries of Spiritual Poetry by Women* (Nueva York: HarperCollins, 1994).
2. Comentario sobre el *Pratyabhijna Hrdayam.*
3. Stephen Mitchell ed., y trad., *The Selected Poetry of Raine Maria Rilke.*
4. Godman, ed., *Be As You Are*
5. Mitchell, ed., *The Enlightened Mind.*

CAPÍTULO 11. La vida cotidiana del meditador: Mantener la atención interna

1. Leggett, trad., *A First Zen Reader.*
2. Mitchell, ed., *The Enlightened Mind.*
3. Rabbi Rami M. Saphiro. *Wisdom of Jewish Sages : A Modern Reading of Pirke Avot* (Nueva York: Bell Tower, 1993).
4. Coleman Barks, trad., *Rumi: One-handed Basket Weaving: Poems on the Theme of Work* (Atenas, GA: Maypop Books, 1991).
5. Mitchell, ed., *Tao Te Ching*, verso 16.
6. *Yoga Sutras* 2.33.
7. *Bhagavad Gita* 2.47.
8. Leggett, trad., A First Zen Reader.

CAPÍTULO 12. Programa intensivo de tres semanas

1. Hari Prasad Shastri, trad., *Indian Mystic Verse* (Londres: Shanti Sadan, 1984)
2. Kiernan Kavanaugh y Otilio Rodríguez, trad., *The Collected Works of St. Teresa of Avila,* Vol.2 (Washington, DC: ICS Publications, 1980).
3. Bhagavad Gita 6.17
4. Mitchell, ed., *The Enlightened Mind.*
5. Mitchell, ed., *The Enlightened Mind.*
6. Warrack, ed., *Revelations of Divine Love.*
7. Adaptación de Swami Venkatesananda, *Vasishtha's Yoga* (Albany: State University of New York Press, 1993).

8. Gurumayi Chidvilasananda, *Courage and Contentment: A Collection of Talks on Spiritual Life* (South Fallsburg, NY: SYDA Foundation, 1999), 117.

9. Barks, trad., *The Essential Rumi*

CAPÍTULO 13. El proceso de maduración

1. Rainer Maria Rilke, *Letters to a Young Poet,* traducción de Stephen Mitchell (Nueva York: Vintage, 1986).

2. *Bhagavad Gita* 2.40.

3. Swami Venkatesananda, *Concise Yoga Vasishtha.*

APÉNDICE 1. Kundalini

1. Hixon, ed., *Mother of the Universe.*

2. Jean Varenne, *Yoga and Hindu Tradition,* traducción de Derek Coltman (Chicago: University of Chicago Press, 1976).

3. El tantra (literalmente «tejido») es una tradición yóguica sobre la que se escribió por primera vez durante la temprana Edad Media. Se caracteriza por sus extensas reflexiones sobre la Shakti y la kundalini. Aunque en Occidente el tantra se ha asociado con el sexo, en realidad se trata de una tradición de la práctica del yoga muy amplia y diversa, que reflexiona sobre la transmutación interna de la energía e incluye algunos de los textos filosóficos más elevados de la tradición hindú, incluyendo los del shivaísmo de Cachemira.

4. Citado en *Principles of Tantra*, de Sir John Woodroffe (Madrás: Ganesh and Company, 1986).

5. Adaptación de Jaideva Singh, trad., *Pratyabhijna Hrdayam* (Delhi: Motilal Banarsidass, 1977), sutras 1-2.

6. Elaine Pagels, *The Gnostic Gospels* (Nueva York: Ramdom House, 1979).

7. John Marshall, *N/um Tchai: The Ceremonial Dance of the ikung Bushmen* (Somerville, MA: Documentary Educational Resources, Inc., 1957).

8. Frank Waters, *The Book of the Hopi* (Nueva York: Penguin 1977).

9. Carlos Suarès, *The Chipre of Genesis: The Original Code of the Qabala as Applied to the Scriptures* (Boston: Shambhala, 1981).

10. Lorin Roche, *The Radiance Sutras: A New Version of the Vijnana Bhairava Tantra* (Marina del Rey, CA: Syzygy Creations, 2008), 77.

APÉNDICE 2. Guía para la resolución de problemas

1. *Bhagavad Gita* 6.26

2. *Bhagavad Gita* 6.16

3. Mitchell, *Tao Te Ching,* verso 10.

4. Rilke, *Letters to a Young Poet.*

5. *Spanda Karikas* 22.

6. Barks, trad., *The Essential Rumi.*

7. Bly, ed., *The Soul Is Here For Its Own Joy.*

8. *Pratyabhijna Hrdayam* 8.

9. William K. Mahony, *The Artful Universe: An Introduction to the Vedic Religious Imagination* (Albany: State University of New York Press, 1998): *Brahmabindu Upanishad* 13-14.

Glosario

Abhinavagupta: (975 a. de C. - 1025 d. de C.) importante sabio y gurú de Cachemira, cuyos textos en sánscrito se consideran la base de los tantras Shaiva y Shakta. Su tratado de estética es un texto básico de la teoría teatral de la India.

Ajna chakra: centro espiritual localizado en el centro de la cabeza, también conocido como tercer ojo.

Amrita Anubhava: (literalmente, néctar de la autoconciencia) texto poético en que el poeta del siglo XIII Jnaneshwar Maharaj describe su experiencia de la realidad no dual.

Arjuna: héroe de la obra épica india *Mahabharata*. El *Bhagavad Gita* es un diálogo entre Arjuna y su amigo y gurú Krishna.

Asana: (literalmente, asiento) postura utilizada para fortalecer y purificar el cuerpo y adquirir estabilidad en la meditación.

Ashram: monasterio o centro de retiro espiritual.

Atman: el verdadero Ser, Conciencia pura sin objeto, que reside en el núcleo de todas las cosas vivientes.

Avadhita Gita: texto sánscrito de no dualidad vedanta que describe el estado de total libertad.

Bhagavad Gita: (literalmente, Canción del Señor) texto esencial de la religión hindú, y para el trabajo yóguico y la práctica espiritual.

Contiene las instrucciones para el yoga y la vida que Arjuna recibe de su gurú Krishna.

BHAVA: (literalmente, convertirse, ser) actitud o estado emocional en que uno se deja absorber totalmente o se identifica con algo. Con frecuencia se utiliza en la vida espiritual como una forma de reorientar la propia conciencia hacia un estado de iluminación o devoción.

BINDU: un punto. Punto de luz que a veces se observa en los estados de meditación más elevados. En la metafísica tántrica se considera que el *bindu* contiene el poder concentrado de la realidad absoluta.

BRAHMAN: en el hinduismo, miembro de la casta sacerdotal.

BRIHADARANYAKA UPANISHAD: uno de los diez principales Upanishads, importantes textos filosóficos de la India. Contiene enseñanzas sobre el Ser universal y explora las enseñanzas hindúes sobre la experiencia después de la muerte.

CHAKRA: (literalmente, rueda) centro de energía ubicado dentro del cuerpo sutil. Según el mapa tántrico del cuerpo sutil, hay siete chakras principales así como otros chakras menores. Los principales forman redes de corrientes nerviosas en el cuerpo, y se dice que están relacionados con el sistema endocrino. Ver ajna chakra, kundalini, nadi y sushumna nadi.

CHIT; CHITI: (literalmente, conciencia suprema) el poder creativo de la Conciencia universal que expresa la absoluta libertad de conocimiento, acción y voluntad.

CHITTA: 1. Sustancia mental —energía dentro de la cual los pensamientos se manifiestan—. 2. Conciencia humana, con capacidad de cognición, sensación y volición.

CONCIENCIA: 1. La atención absoluta omnisciente que trasciende la dicha, descrita en la tradición vedanta y la filosofía del shivaísmo de Cachemira como la fuente divina y la base de todo. 2. La capacidad humana de ser consciente, una forma limitada de la Conciencia absoluta que puede experimentarse en la meditación como la propia Conciencia absoluta.

DHARANA: 1. Centramiento meditativo, o concentración. 2. Práctica para centrar la mente y expandir la conciencia.

ECKHART, MEISTER (JOHANNES): (1260-1327) fraile dominico y gran místico de la no dualidad.

EGO: en yoga, el sentido del yo individual que se identifica con el cuerpo, la mente y los sentidos.

EKNATH MAHARAJ: (1528-1609) importante santo del oeste de la India, autor de muchos poemas y canciones devocionales.

GURÚ: (literalmente, pesado) maestro espiritual capaz de iniciar y guiar a sus alumnos a los estados más elevados de conciencia.

GURU GITA: canción sagrada sánscrita que describe la relación mística entre un gurú y un discípulo.

HATHA YOGA: disciplinas para purificar y fortalecer el cuerpo, despertar la kundalini y estabilizar el prana.

HILDEGARDA DE BINGEN: (1098-1179) abadesa benedictina y mística. Fue pintora, compositora y poetisa.

JNANESHWAR MAHARAJ: (1275-1296) yogui desde niño, filósofo de la no dualidad y poeta místico. Su comentario sobre el *Bhagavad Gita* —*Jnaneshwari*— escrito en lengua marathi, está considerado uno de los más importantes sobre este texto.

KABIR: (1440-1518) místico y poeta; sus canciones todavía se cantan en la India. Sus enseñanzas hermanaron a musulmanes e hindúes.

KRISHNA: el héroe Dios juguetón de la mitología hindú, considerado la encarnación de Vishnu, la energía que sustenta el universo. Sus enseñanzas espirituales están presentes en el *Shrimad Bhagavat Purana* y en el *Bhagavad Gita.*

KRIYA: (literalmente acción o actividad) 1. El poder de la acción, descrito en los tantras como algo intrínseco tanto del Absoluto como de la conciencia humana. 2. Una manifestación física o sutil de la kundalini despertada, a través de la cual la kundalini purifica y fortalece el organismo humano.

KSHEMARAJA: (siglo X de nuestra era) discípulo de Abhinavagupta y autor prolífico de muchas obras, entre ellas el *Pratyabhijna Hrdayam.*

KUMBHAKA: retención del aliento, práctica yóguica que estabiliza la mente y es precursora del *samadhi.*

KUNDALINI: (literalmente, enrollada) forma de energía universal que existe en el cuerpo con el propósito de desarrollar la conciencia humana de modo que pueda reconocer su unidad con la suprema Conciencia (ver el apéndice 1 para más detalles).

MAHARASHTRA: (literalmente, gran país) estado del oeste de la India.

MALINI VIJAYA TANTRA: texto clave del tantra del norte de la India

MANTRA: (literalmente, herramienta de la mente) palabra o sílaba sagrada usada como un medio para centrar la mente, entrar en comunión con el poder más elevado, acceder a estados devocionales y adquirir diferentes tipos de poder.

MAYA: el poder que divide el Uno en muchos y oculta la realidad de manera que la conciencia experimenta separación y multiplicidad.

MUDRA: (literalmente, sello) 1. Gesto que expresa e invoca un estado interno de conciencia. 2. Gesto que sella la energía dentro del cuerpo para facilitar la meditación.

NADA: (literalmente, sonido) 1. Sonidos internos que pueden escucharse en la meditación. 2. Vibración primordial; se dice que es la vibración que da origen al universo.

NADI: (literalmente, canal o nervio) canal extremadamente sutil del sistema energético humano, a través del cual fluye la fuerza vital. A través del cuerpo sutil discurre una red de *nadis*, pero son tres los que se consideran relevantes en el yoga: el *ida* y el *pingala*, que regulan el flujo de la respiración, y el *sushumna*, o *nadi* central, que es el camino de la kundalini despertada y despliega estados elevados de conciencia.

NANAK, GURU: (1469-1539) primer gurú sikh y fundador del sikhismo. Fue un brillante maestro que introdujo ideas religiosas liberales en la India.

NITYANANDA: (fallecido en 1961) poderoso y excéntrico yogui y gurú del oeste de la India, considerado un *siddha*, o maestro totalmente iluminado.

OM: la forma primordial de sonido, la forma vibratoria a partir de la cual se origina el universo según la filosofía india.

PATANJALI: (siglo II a. de C.) sabio y autor de los *Yoga Sutras*, un texto en sánscrito considerado uno de los principales tratados de *raja yoga*, el camino de la iluminación a través de la meditación.

PRANA: la fuerza vital dentro del cuerpo humano y el universo.

PRATYABHIJNA HRDAYAM: (literalmente, el corazón de la doctrina del reconocimiento) breve texto del siglo XI que ofrece una explicación resumida de las enseñanzas de la escuela de autoconocimiento del shivaísmo de Cachemira. Describe cómo la conciencia universal se manifiesta bajo la forma del mundo, y el camino a través del cual un ser humano puede reconocer que su propia conciencia es idéntica a la suprema Conciencia.

RAMAKRISHNA PARAMAHAMSA: (1836-1886) venerado santo y gurú de Bengala, cuyas inspiraciones ayudaron a revolucionar el hinduismo moderno a través de sus discípulos Swami Vivekananda y otros.

RAMANA MAHARSHI: (1879-1950) influyente maestro iluminado y principal exponente moderno del camino advaíta (no dual) vedanta de la autoindagación.

RUMI, JALALLUDIN: (1207-1273) importante gurú sufí y fundador de la orden Mevlavi de derviches. Su extasiada y sabia poesía es muy popular en todo el mundo.

SADHAKA: aspirante en el camino espiritual.

SADHANA: disciplina, práctica o camino espiritual.

SAHAJA SAMADHI: (literalmente, estado natural de unión) estado supremo de unidad con el Absoluto considerado la fase culminante de realización en muchas tradiciones místicas de la India. Recibe el calificativo de «natural» porque en él el ensimismamiento en el Absoluto es ininterrumpido y no precisa de una práctica especial.

SAMADHI: estado meditativo de total ensimismamiento.

SAMSKARA: impresión latente de acciones y pensamientos pasados que quedan en el inconsciente así como en el cuerpo físico y energético.

SER: el *atman*, o conciencia sin objeto del ser humano. A menudo se describe como la Conciencia pura del Yo, o como el testigo de la mente.

SHAKTI: (literalmente, poder) 1. El femenino divino 2. Aspecto dinámico de la realidad suprema, la energía cósmica que se manifiesta como el universo y realiza todas sus funciones.

SHAKTIPAT: (literalmente, descenso de poder) proceso cósmico que despierta la capacidad de evolución espiritual en el ser humano.

SHANKARACHARYA (SHANKARA): (788-820) reconocido filósofo y sabio indio que disertó sobre la filosofía advaíta vedanta y fundó una orden de monjes renunciantes (*sannyasi*) que todavía existe en India bajo el nombre de la orden Dasmani de Sannyasa.

SHIVA: (literalmente, aquel que subyace) 1. Un nombre de la realidad absoluta o Conciencia suprema. 2. Uno de los dioses de la trinidad hindú que representa el aspecto destructor de Dios. 3. Primer yogui y gurú de la tradición yóguica de la India. Su papel es el de destructor de la ilusión de la multiplicidad y la separación. Considerado la fuente de muchos textos de yoga y tantra.

SHIVA SUTRA: texto en sánscrito compuesto de setenta y siete aforismos que describen la naturaleza de la realidad desde el punto de vista de un yogui totalmente iluminado y revelan un camino para la autorrealización. Se dice que fue revelado al sabio Vasugupta por el propio Shiva. Es uno de los principales textos del shivaísmo de Cachemira.

SHIVAÍSMO DE CACHEMIRA: sistema filosófico monista y no dual originado en el valle de Cachemira. También conocido como Trika, porque trataba de explicar la naturaleza de lo divino, el mundo y lo individual. El shivaísmo de Cachemira describe la realidad como una manifestación de la energía de Dios y enseña que la divinidad existe en cada una de las partículas del universo.

SIDDHA: (literalmente, consumado) yogui o maestro iluminado con poderes que le permiten transmitir su estado a los demás.

SPANDA: (literalmente, latido o pulsación) La vibración primordial en la raíz de toda manifestación; una forma de Shakti.

SPANDA KARIKAS: obra del siglo IX compuesta por cuarenta y cinco versos que describen el universo como una representación del spanda, la vibración divina, y ofrece un conjunto de prácticas radicales para lograr la autorrealización.

SUSHUMNA NADI: canal central de energía que se extiende desde la base de la columna hasta la parte superior de la cabeza. Cuando la mente y la respiración se funden en el *sushumna nadi*, surge de forma natural el estado interno de *samadhi*.

SUTRA: (literalmente, hilo) aforismo que encierra una enseñanza filosófica de forma concentrada.

TANTRA: (literalmente, tejido) 1. Serie de prácticas esotéricas destinadas a dirigir la fuerza vital con el propósito de la autorrealización. 2. Uno de los numerosos textos que exponen estas prácticas y la filosofía que hay detrás de ellas.

TUKARAM MAHARAJ: (1608-1650) santo del oeste de la India, intérprete de canciones devocionales que celebraban su camino espiritual y su relación con lo divino.

TURIYA: (literalmente, el cuarto) estado trascendental de conciencia, más allá de los estados de vigilia, sueño y sueño profundo. En el estado *turiya* se percibe directamente la Conciencia pura como el propio Ser. El *turiya* atraviesa los otros estados.

UPANISHADS: (literalmente, sentarse cerca) las enseñanzas de los sabios de los bosques de la India sobre la unicidad del alma individual con la divina. Las enseñanzas principales de los Upanishads se encierran en afirmaciones como «Yo soy Eso» y «Yo soy Brahman».

VAIRAGYA: desapasionamiento.

VEDANTA: (literalmente, final de los Vedas) una de las grandes tradiciones mundiales sobre la no dualidad que enseña la unicidad del alma con el Absoluto. El núcleo de las enseñanzas de la tradición vedanta sostiene que la conciencia es la verdadera realidad y que el mundo manifiesto es una ilusión superpuesta.

VEDAS: los textos fundacionales de la espiritualidad de la India, contemplados como la base de toda la filosofía hindú. Los *Rig Veda*, *Atharva Veda*, *Sama Veda* y *Yajur Veda* son conjuntos de himnos, ceremonias y enseñanzas sobre la naturaleza de lo divino y de las formas que tiene el ser humano de relacionarse con la fuente divina.

VIJNANA BHAIRAVA: texto fundacional de tantra, integrado por ciento doce prácticas para acceder a la conciencia divina.

YOGA: (literalmente, yugo o unión) disciplinas espirituales orientadas a lograr la unidad con el Ser. Hay varios caminos yóguicos, como el *hatha yoga*, el *bhakti yoga*, el *karma yoga* y el *raja yoga*, los cuales desarrollan y equilibran diferentes aspectos del ser humano, con el objetivo de la experiencia interna de la unión con el Absoluto.

Lecturas recomendadas

Sobre la práctica y el yoga

Bhagavad Gita, traducción al inglés de Winthrop Sargeant.
The Concise Yoga Vasistha, Swami Venkateshananda.
How to Know God: The Yoga Aphorisms of Patanjali, Swami Prabhavananda y Christopher
    Isherwood.
Yo soy Eso: Conversaciones con Sri Nisargadatta Maharaj, Nisargadatta Maharaj.
Jnaneshwar's Gita: A Rendering of the Jnaneshwari, Swami Kripananda.
My Lords Loves a Pure Heart: The Yoga of Divine Virtues, Swami Chidvilasananda.
Paths to God: Living the Bhagavad Gita, Ram Dass.
Poised for Grace: Annotations on the Bhagavad Gita from a Tantric View, Douglas Brooks.
The Upanishads: Breath of the Eternal, traducción al inglés de Swami Prabhavananda y
    Frederick Manchester.
La sabiduría del yoga: guía de la vida extraordinaria para el buscador espiritual, Stephen Cope.
The Yoga of Discipline, Swami Chidvilasananda.
Yoga Philosophy of Patanjali, Swami Hariharananda Aranya.
Los yoga sutra de Patanjali, Chip Hartranft.
The Yoga tradition: Its History, Literature, Philosophy and Practice, George Feuerstein.

Sobre el shivaísmo de Cachemira

Textos originales:

The Doctrine of Recognition: A translation of Pratyabhijnahrydayam, Kshemeraja, traducción
    al inglés de Jaideva Singh.
The Radiance Sutras: A New Version of the Bhairava Tantra, Lorin Roche.

Shiva Sutras: The Yoga of Supreme Identity, comentado por Kshemaraja. Traducción al inglés de Jaideva Singh.

The Stanzas on Vibration, traducción al inglés de Mark S. G. Dyczkowski.

Vijnana Bhairava or Divine Conciousness, traducción al inglés de Jaideva Singh.

Vijnana Bhairava: The practice of Centering Awareness, comentado por Swami Lakshman Joo.

The Yoga of Vibration and Divine Pulsation: A Translation of the Spanda Karikas, con comentarios de Kshemaraja.

Spanda Nirnaya, traducción al inglés de Jaideva Singh.

Textos contemporáneos e interpretaciones:

Consciousness is everything, Swami Shankarananda.

The Doctrine of Vibration: An Analysis of the Doctrines and Practices of Kashmir Shaivism, Mark S. G. Dyczkowski.

The Splendour of Recognition: An Exploration of the Pratyabhijnahrydayam, A Text on the Ancient Science of Soul, Swami Shantananda y Peggy Bendet.

Tantra: The Path of Ecstasy, Georg Feuerstein.

The Triadic Heart of Shiva: Kaula Tantricism of Abhinavagupta in the Non-dual Shaivism of Kashmir, Paul Eduardo Muller-Ortega.

Sobre la kundalini

Devatma Shakti: Divine Power, Swami Vishnu Tirtha Maharaj.

Eastern Body, Western Mind: Psychology and the Chakra System as a Path to the Self, Anodea Judith.

Kundalini Raising, varios autores.

Kundalini: The Arousal of the Inner Energy, Ajit Mookerjee.

Kundalini: The Secret of Life, Swami Muktananda.

Play of Consciousness: A Spiritual Autobiography, Swami Muktananda.

The Sacred Power: A Seeker's Guide to Kundalini, Swami Kripananda.

The Serpent Power: The Secret of Tantric and Shaktic Yoga, Arthur Avalon (sir John Woodruffe).

The Soul's Journey: Guidance from the Divine within, Lawrence Edwards.

Índice temático

Sobre la autora

Sally Kempton ha dedicado más de cuarenta años a la práctica, el estudio y la enseñanza de la meditación y la espiritualidad, y fue *swami* de una orden Saraswati durante veinte años. Anteriormente, durante las décadas de los sesenta y setenta, había trabajado como periodista y cronista de los movimientos culturales de Nueva York. Vivió y estudió durante muchos años con su gurú, un maestro indio iluminado, durante los cuales recibió una extensa formación sobre los textos de filosofía yóguica hindú, entre ellos los del shivaísmo de Cachemira, y ha impartido clases desde comienzos de la década de los ochenta. Escribe periódicamente una columna en la revista *Yoga Journal*, imparte talleres y clases a distancia y dirige retiros espirituales en Estados Unidos y Europa. Posee una habilidad especial para conducir a sus alumnos a estados profundos de meditación y aplicar la sabiduría del yoga a las situaciones de la vida cotidiana. Su página web es sallykempton.com.

Índice